_____ 님의 소중한 미래를 위해
이 책을 드립니다.

우울과 불안을 이기는 작은 습관들

우 울 과 불 안 을 끌 어 안 는 심 리 학

우울과 불안을 이기는 작은 습관들

임아영 지음

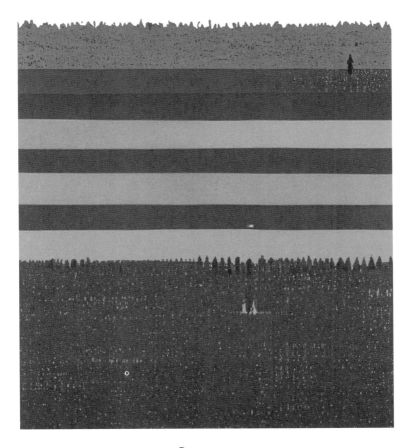

초록북스

초록북스

우리는 책이 독자를 위한 것임을 잊지 않는다.
우리는 독자의 꿈을 사랑하고,
그 꿈이 실현될 수 있는 도구를 세상에 내놓는다.

우울과 불안을 이기는 작은 습관들

초판 1쇄 발행 2024년 5월 25일 | **지은이** 임아영
펴낸곳 (주)원앤원콘텐츠그룹 | **펴낸이** 강현규·정영훈
편집 안정연·신주식·이지은 | **디자인** 최선희
마케팅 김형진·이선미·정채훈 | **경영지원** 최향숙
등록번호 제301-2006-001호 | **등록일자** 2013년 5월 24일
주소 04607 서울시 중구 다산로 139 랜더스빌딩 5층 | **전화** (02)2234-7117
팩스 (02)2234-1086 | **홈페이지** matebooks.co.kr | **이메일** khg0109@hanmail.net
값 18,000원 | **ISBN** 979-11-6002-888-1 03180

낙천주의는 꿈을 이루게 하는 신념이다.
희망과 확신이 없이는 아무것도 이룰 수 없다.
두려움에 떨고 있는 영혼이 무엇을 할 수 있겠는가?

• 헬렌 켈러(저술가·사회사업가) •

PROLOGUE

이 고통스러운 삶을
왜 살아야 하나요?

　임상심리전문가로 일하다 보면 사람들에게서 심리학에 대한 호기심 어린 질문을 받곤 합니다. "왜 심리학을 전공하셨나요?"도 그중 하나인데, 이 질문에는 "어릴 때부터 인간에 대한 호기심이 많았습니다"라고 대답하곤 했습니다.

　언뜻 들으면 인간에 대한 풍부한 지적 호기심이 저를 임상심리학으로 이끈 동기 같지만, 사실 조금 더 적나라한 이유가 있었습니다. 물론 인간에 대한 호기심이 많았던 것은 사실이지만, 제 호기심은 인간에 대한 순수한 관심과 애정의 산물은 아니었습니다. '인간은 왜 이렇게 생각하고 행동할까요?'보다는 '저 인간은 왜 저 따위로 구는 거지?' '인간은 왜 죄다 이 모양 이 꼴인 거야?' 같은 인간에 대한 혐오와 냉소가 오히려 더 큰 동기였습니다.

어린 제 눈에 세상은 이해할 수 없는 일들로 가득 찬 위험하고 소란스러우며 예측이 불가한 곳이었습니다. 다양한 인간이 느끼고, 생각하고, 행동하는 방식을 '그런가 보다' 하고 넘길 수 없었던 꼬마는 '왜?'에 몰두했습니다. 세상에서 벌어지는 모든 일에 합당한 이유가 있을 테고, 그 이유를 알면 이 예측불가한 세상을 통제할 수 있을 것이라는 환상에 빠져들었습니다.

그 위태로운 세상을 지탱하는 내적 질서를 유지하고자 많은 규칙과 습관을 만들어내고 철저히 지켜나갔습니다. 그리고 제가 만들어낸 질서와 규칙에 위배되는 사람들을 마주할 때면 부아가 치밀기도 했습니다. '도대체 왜 저러는 거야?'

어쨌든 '왜'라는 질문에 대한 답을 심리학에서 찾으려는 시도가 저를 이 길로 이끈 건 어느 정도 진실이었습니다. 하지만 본격적으로 심리학을 전공하고, 정신건강의학과와 상담소에서 많은 사람을 마주하면서 깨닫게 된 한 가지 사실은 세상에는 필연적으로 '그럴 만한 이유가 없는' 일이 너무나 많고, 반드시 '그래야만 하는' 절대 원칙도 없다는 것이었습니다.

음주운전 차량에 치어 하반신 마비와 함께 외상후스트레스장애(PTSD)를 얻게 된 남성이 있었습니다. 그에게 그런 일이 닥칠 만한 합당한 이유를 어디에서 찾을 수 있을까요? 그는 그저 한 가정의 가장으로서 성실하게 살아갔을 뿐이었습니다.

물론 그 모든 것이 우연이라고, 불행의 다른 이름이라고 단정지을 수는 없습니다. 그 불행의 가장 큰 책임은 사고를 낸 음주운전자에

7

게 있으며 음주운전을 방조한 동승자, 이런 사고가 반복됨에도 여전히 솜방망이 처벌에 그치는 법체계 등도 불행에 기여한 실질적 원인이니 이에 대해서는 책임을 물어야 합니다. 그러나 그 많고 많은 이유를 모두 소명한 뒤에도 또 하나의 질문이 여전히 마음을 어지럽힐 것입니다.

"이 불행의 희생자가 왜 하필 나야?"

답할 수 없는 질문에 대한 해답을 찾으려는 시도는 또 다른 불행을 만들어냅니다. 그날 몇 년 만에 대학 동창 모임에 갔다가 돌아가는 길이었습니다. 그의 아내는 평일 저녁 술자리에 가는 남편을 말렸습니다. 아내를 생각해 거의 술을 마시지 않은 그는 만취한 친구를 먼저 택시에 태워 보낸 뒤 다른 택시를 잡아타고 집 근처 도로변에 내렸습니다. 옷에 밴 술 냄새를 털어내려고 천천히 걷다가 편의점에 들러 딸아이에게 줄 아이스크림도 한 통 샀습니다. 음주운전 차량이 뒤에서 덮친 것은 편의점을 나선 바로 그때였습니다.

이해하기 힘든 불행의 이유를 개인에게서 찾으려고 할 때, 우리는 많은 가정문을 끌어들입니다. 아내의 말을 듣고 술자리에 가지 않았더라면, 만취한 친구를 모른 체하고 먼저 택시를 타고 갔더라면, 아파트 입구 바로 앞에서 내렸더라면, 냄새 따위에 아랑곳하지 않고 빠르게 걸었더라면, 마침 그때 아이스크림을 좋아하는 딸아이가 떠올라 편의점에 들르지 않았더라면…. 후회와 번민을 거듭하며 어디까지 과거를 거슬러 올라가야 이 불행의 꼬리를 자를 수 있을까요? 회한 끝에 남는 것은 '차라리 세상에 태어나지 않았더라면' 같은 파국적인 귀결일 것입니다.

 그 많은 가정문을 뒤로하고 그저 일어날 일은 일어나게 되어 있다는 사실을 받아들이기까지, 때가 되면 꽃이 피고 지듯이 세상에는 내가 어쩔 수 없는 일이 많이 일어나고 지나가기를 반복한다는 것을 받아들이기까지 얼마나 많은 '왜?'를 던지고 단념하기를 반복해야 할까요? 불행의 희생자가 하필 나일 마땅한 이유가 없듯이, 굳이 내가 아니어야 할 이유 또한 존재하지 않는다는 것을 언제쯤이면 받아들일 수 있을까요?

 최근에도 한 후배에게서 익숙한 질문을 받았습니다.

 "선생님은 왜 심리학을 하셨어요?"

 저는 저 자신에게 조금 더 솔직해지기로 했습니다.

 "사는 게 괴로워서… 이 고통의 이유를 알고 싶었어."

 제가 던진 수많은 '왜?'가 고통의 다른 얼굴이었다는 것을 덤덤하게 인정하기로 했습니다. 그동안 이렇게 답하기를 꺼렸던 이유는 '세상에는 나보다 힘든 사람들이 천지인데, 내가 너무 유난스러워 보일까봐'였습니다. 주관적 고통에도 등급을 매겨 합당한 사유가 있을 때만 힘들어할 자격이 있다고 생각했던 것입니다. 세상만사에 그렇게 합당한 이유가 항상 존재하는 것이 아닌데, 제 마음속에서 일어나는 경험에도 일일이 정당성을 부여해야만 논리적으로 말이 된다는 그 융통성 없는 태도야말로 저를 가장 힘들게 하는 요소였습니다.

'나는 왜 사소한 것에 고통스러워하고, 왜 이렇게 약해 빠졌으며, 힘들어할 만한 그럴싸한 이유도 없는데 매사 전전긍긍하며 사는 것인가?'에 대한 합리적 이유를 더는 찾지 않아도 될 것 같았습니다. '다른 사람은 나보다 더 힘든 상황도 꿋꿋하게 이겨내고, 늘 긍정적인 눈으로 세상을 보며 씩씩하게 사는데 나는 왜 이것밖에 안 되지?' 같은 질문도 내려놓기로 했습니다.

세상에는 설명되지 않는 이런 일도 있고 저런 일도 일어나듯이, 그저 이런 사람도 있고 저런 사람도 있을 뿐입니다. 누군가는 고통에 더욱 민감하게 반응하고 누군가는 무던합니다. 누군가는 더 비관적이고 누군가는 더 긍정적입니다. 누군가는 세상의 부조리를 더 견딜 수 없어 하고 누군가는 부조리를 웃어넘기거나 이용합니다. 누군가는 더 내향적이고 누군가는 더 외향적입니다. 누군가는 더 감수성이 풍부하고 누군가는 더 논리적으로 사고합니다. 누군가는 즉흥적이고 누군가는 계획적입니다. 아마 저는 삶의 기쁨과 행복보다는 고통과 불행을 먼저 찾아내는 사람이었을 것입니다.

"그래서 결국 행복해졌나요?"

이 또한 제가 많이 받는 질문 중 하나입니다. 심리학을 통해 삶에서 벌어지는 모든 고통의 이유를 찾아내려는 제 시도는 실패했습니다. 하지만 꼭 그 이유를 찾아내는 것만이 고통에서 벗어나는 유일한 길은 아니라는 것을 알게 되었습니다. 이 우울과 불안이 어디에서 오는지, 그 명징한 이유를 알지 못하더라도 그럭저럭 관리하며 살아갈 수 있는 것입니다. 원인을 밝혀내 그 뿌리를 완벽하게 제거해야만 제대로 살 수 있을 거라는 환상을 내려놓으면 됩니다.

우울, 불안, 무기력 등 우리 마음을 힘들게 하는 증상은 언제 어디서나 찾아올 수 있습니다. 저는 이러한 심리적 고통이 고혈압이나 당뇨 같은 신체 질병과 크게 다를 것 없다고 생각합니다. 유전적 원인이 있다고 한들 알아도 뾰족한 수가 없고, 좋은 약이 많이 개발되었다고 한들 완치에 이르기도 어려우며, 살아가는 동안 악화와 완화를 반복합니다. 하지만 건강한 식습관, 적당한 운동, 규칙적인 생활은 질병에 따른 증상을 완화하며, 그 덕분에 병을 안고도 괜찮은 삶을 살아갈 수 있습니다. 심리적 고통 또한 그에 대응하는 기술을 익히고 마음의 근력을 키우면, 고통을 안고도 그럭저럭 괜찮은 삶을 살아갈 수 있습니다. 때로는 그 고통 덕분에 삶의 빛나는 측면을 더 많이 발견하고 겸허히 받아들이기도 합니다.

인생의 초반부에 삶의 고통과 불행에 더욱 민감했던 저는 심리학을 통해 삶의 후반부로 갈수록 이전보다 기쁨과 행복을 더 수월하게 발견하게 되었습니다. 그렇다고 완전한 행복에 이른 것은 아니어서 어떤 날은 조금 더 행복하고 어떤 날은 조금 더 불행하다고 느낍니다. 비관적이고 냉소적인 제 근본은 여전하지만, 세상에 힘든 일만 있는 것도 아니고 저 또한 비관적인 모습만 있는 것은 아니라는 점을 받아들이게 되었습니다.

하지만 머리로 아는 것과 아는 바를 실천하며 사는 것은 또 다른 이야기입니다. 심리학 서적이나 자기계발 서적을 읽는 분들 또한 궁

금한 것이 있을 겁니다. '이 책의 저자는 자기가 사람들에게 알려준
대로 살아갈까?' 건강하게 오래 살려면 균형 잡힌 식단, 규칙적인 운
동, 충분한 수면, 금연과 금주가 필요하다는 것을 상식적으로 알고
있습니다. 하지만 이를 실천하기는 얼마나 어려운 일인가요? 마찬
가지로 심리적 건강에 도움이 되는 여러 이론과 기술을 섭렵했지만,
제가 일상에서 이것들을 늘 실천하며 살아가는 것은 아닙니다. 때로
는 지식을 무기 삼아 더 많은 변명을 늘어놓고, 더 교묘하게 문제를
회피하기도 합니다.

이 책을 쓰기로 결심한 뒤 한 가지 다짐을 했습니다. '적어도 이
책을 쓰는 동안 나도 이렇게 살아보겠다. 독자에게 권하는 방법을
직접 시도해보고, 내 경험을 토대로 쓰겠다'고 말입니다. 그러니 이
책은 우울과 불안에 취약한 불완전한, 한 인간이 그 불완전함을 딛
고 삶의 균형을 찾아가는 방법을 기록한 책이라고 볼 수 있습니다.
어쩌면 '완전한 통제가 가능한 세상'을 꿈꾸던 꼬마가 살면서 자연
스럽게 배워야 할 것들을 배우지 못하고, 책에서 배운 지식들을 다
시 삶으로 녹여내는 여정의 기록일 수도 있습니다.

책에서 소개한 기법들은 주로 수용전념치료(Acceptance and
Commitment Therapy), 긍정심리치료(Positive Psychotherapy), 자비중심치
료(Compassion Focused Therapy), 변증법적 행동치료(Dialectical Behavioral
Therapy)와 같이 효과성이 입증된 대표적인 근거기반 심리치료
(Evidence based psychotherapy)에 뿌리를 두고 있습니다. 여러 심리치료
를 아우르며 제 마음에 가장 와닿고 효과적일 뿐 아니라, 누구나 일

상에서 손쉽게 활용 가능한 방법을 찾아내 일상의 언어로 소개하고 자 했습니다.

　만일 여러분도 끝날 것 같지 않은 심리적 고통 속에서 길을 헤매고 있다면, 이 책을 읽고 부정으로 기울어진 삶의 무게추를 점차 회복하고 저마다 적당한 균형점을 찾게 되길 바랍니다.

* 책에서 인용한 사례는 각색했음을 밝힙니다.

이 고통스러운 삶을 왜 살아야 하나요?

CONTENTS

CHAPTER
I
우울하고 불안한 사람들

CHAPTER 2 있는 그대로 봅니다

우울과 불안은 피해야 할 부정적 감정이 아니며 위험에 대비하고 삶에 대한 성찰을 돕는 적응적 기능을 가지고 있습니다. '나 우울해' '나 불안해' 같은 추상적 언어를 넘어 그 감정에 담긴 메시지에 주의를 기울입니다. 다가오는 감정을 피하지 않고 귀한 손님으로 맞아봅니다. 이 손님들이 언제, 어떤 상황에서 찾아오는지, 이들을 어떻게 대하는 것이 좋을지, 감정에 가만히 귀를 기울이고, 이들과 더불어 살아가는 법을 익힙니다.

우울하고 불안한 사람들

내 우울과 불안은
어떤 모습인가요?

'우울' '불안'이라는 추상적인 언어를 넘어
우울과 불안을 경험하는 나 자신에 대한
구체적이고 실질적인 이해가 필요합니다.

우울과 불안은 심리적 고통의 양대 산맥

우울과 불안은 누구나 일상적으로 흔히 겪으며, 마음에 딱 달라붙어서 떨쳐내기 어렵고 집요하게 우리를 괴롭히는 특성이 있습니다. 우울과 불안을 일시적으로 느낀다고 해서 병으로 취급되지는 않습니다. 생활사건에 따라서 다양한 부정적 감정을 느끼는 것은 지극히 자연스러우며, 감정을 느낀다는 것은 인간성을 뒷받침하는 근거이기도 합니다. 오랫동안 함께해온 친구가 세상을 떠났는데 우울함을

우울하고 불안한 사람들

전혀 느끼지 않는 사람을 보면 어떤 생각이 드나요? 중요한 시험을 앞두고 전혀 불안해하지 않고 게임만 하는 사람은 어떤 인생을 살게 될까요? 이렇듯 제아무리 부정적인 감정이라도 모든 감정은 경험에 대한 반응의 지표이자 적응적 행동을 동기화하는 나름의 기능성을 지녔습니다.

하지만 일상생활이 힘들 정도로 우울과 불안을 강하게 느끼거나 이것이 만성적으로 지속된다면 이는 일종의 정신질환으로 보아야 합니다. 우울장애는 우울하고 침체된 기분, 매사에 의욕과 흥미가 없고 활력이 저하된 상태가 지속되는 질환을 일컫습니다. 불안장애는 과도한 긴장과 걱정, 근심 때문에 신체적으로나 정신적으로 괴로움을 겪는 일련의 질환을 말합니다.

정신건강의학과나 심리상담소를 찾아오는 사람들은 대부분 우울과 불안을 함께 호소합니다. 과거 정신의학에서는 우울과 불안을 별개의 독립된 질환으로 다루었으나 최근에는 우울과 불안의 기저에 깔린 공통 요인에 주목하고, 우울과 불안을 일반적인 정서적 고통으로 이해하려는 시도가 많아지고 있습니다. 많은 사람이 우울한 동시에 불안하고, 불안한 동시에 우울하기 때문입니다.

제가 임상심리전문가가 되려고 한창 병원에서 수련을 받던 시절, 너무 어려웠던 부분 중 하나가 우울장애와 불안장애를 감별 진단하는 것이었습니다. 심리평가를 받은 환자가 우울장애에 속하는지 불안장애에 속하는지 판단해서 알맞은 진단명을 부여해야 하는데, 우울과 불안을 함께 호소하는 경우가 많으니 도대체 어느 쪽을 밀어줘야 할지 난감했던 것입니다. 교과서에 소개될 만한 전형적인 우울장애나 불안장애의 양상을 띠는 사람들도 있지만, 대다수는 우울과 불안이 혼재된 다채로운 모습을 하고 있었습니다. 그렇게 이론과 현실은 다르다는 것을 절감하며 진단명을 여러 개 늘어놓고 답을 찍는 수험생의 마음으로 고심을 거듭하기 일쑤였습니다.

당시 저는 제 무지와 임상가로서 자질 부족을 탓하며 몹시 위축되었습니다. 이런 고민을 선배에게 털어놓았더니 한 선배가 쿨하게 답했습니다. "그것은 네가 부족해서가 아니라 환자를 있는 그대로 보고 있다는 거야. 원래 우울과 불안은 함께 있는 경우가 비일비재하거든. 헷갈리는 게 당연하지." 실제로 불안장애와 우울장애는 높은 공병률(다른 병과 함께 걸리는 비율)을 보이는데, 우울증이나 불안증을 호소하는 환자들 중 30~50%가 두 증상을 함께 겪는 것으로 보고된 바 있습니다.

하지만 우리가 정신질환을 진단하려고 사용하는 진단체계[일반적으로 미국 정신의학협회에서 발행하는 정신질환 진단 및 통계편람(Diagnostic and Statistical Manual of Mental Disorders-Fifth Edition: DSM-5)을 사용한다]는 사람들이 겪는 심리적 고통의 실제 양상을 있는 그대로 반영하지 못하는 경우가 많습니다. 우울과 불안은 공존하는 경우가 흔하지만 진단체계에서는 우울장애와 불안장애를 독립된 범주로 구분합니다. 따라서 이 체계에 따라 진단을 내리려면 인위적으로 어느 하나의 진단명을 택해 하나의 범주에 귀속시켜야 할 것만 같은 압박감을 느끼게 됩니다. 무 자르듯이 딱 떨어지지 않는 복합적인 증상들 속에서 숙련되지 않은 임상가는 '내가 놓친 정보가 있을 거야' 하고 자기 의심에 시달립니다. 분명히 정답이 존재하는데 나만 그 정답을 모르는 것 같습니다. 나아가 눈앞에 있는 복합적인 양상을 띠는 환자를 책에 나오는 진단체계에 끼워 맞추려고 분투합니다. 진단 기준에 맞게 이리저리 재단하고, 말이 되는 그럴듯한 이유와 서사를 부여하려 애씁니다. 이렇듯 '인간'이라는 불확실성을 견디지 못하는 임상가는 실제 인간을 마주하면 길을 잃고 자기 세계에 갇혀버릴 확률이 높습니다.

'우울'과 '불안'의 실체를 구체적으로 들여다보자

진단체계는 사람들이 겪는 정신장애의 모습을 있는 그대로 기술하는 것이 목적이라기보다는 전문가들 간의 의사소통과 행정적 편의를 위한 도구에 가깝습니다. 진단명을 대신해 모든 개별 환자의 증상을 상세하게 기술하는 것은 자료 관리나 의사소통 측면에서 너무 비효율적이기 때문입니다. 따라서 우울과 불안이 흔히 동반된다고 해서 오랜 세월 구분해온 우울장애와 불안장애라는 범주를 하루아침에 하나로 묶어버릴 수는 없습니다. 물론 이러한 실용적 이유 외에 우울과 불안은 생리적 기전이나 해부학적 병소 등에서 실질적 차이점이 존재하는 것도 사실입니다.

그러나 진단체계에 따라 인위적으로 환자를 구분하는 데 익숙해지다 보면 임상가의 머릿속에서 환자의 실제 모습은 점차 멀어지고 진단명이라는 추상적인 언어적 개념으로만 존재하게 됩니다. 이 사람이 구체적으로 어떤 상황에서 우울과 불안을 느끼는지, 그 우울과 불안이 어떤 모습으로 드러나는지 이해할 틈도 없이 '우울장애' 또는 '불안장애'라는 명칭으로만 기억하는 것입니다.

마찬가지로 우울과 불안을 호소하는 사람들 역시 '나는 우울증 환자야' '나는 불안장애 환자야' 같이 증상과 스스로를 동일시하며, 언어적 틀 속에 자신을 가두게 됩니다. '나는 우울증 환자라서 이런 거야. 어쩔 수 없어.'

우리가 사용하는 언어는 우리의 정체성을 규정합니다. 진단명으로 자신을 규정할 때, 우울과 불안은 자기 마음속에 지나가는 찰나의 정서 경험이 아니라 자신을 집어삼키는 압도적인 힘으로 경험됩니다. 또한 전형적인 우울장애, 불안장애 환자의 기준에 맞게 스스로를 몰아갑니다.

우리는 '우울'과 '불안'이라는 추상적인 언어적 개념을 넘어서야 합니다. 개념(concept)은 다양한 개체의 공통적 특성을 추출(abstract) 해서 만들어진 하나의 보편적 관념입니다. 보편적 관념에는 개인의 고유한 특성이 빠져 있습니다.

우리는 일상에서 '우울해' '불안해' 같은 표현을 남발하면서도 그 우울과 불안이 내게 어떤 모습으로 다가오는지, 이들을 어떻게 맞이해야 할지 구체적인 이해를 시도해본 적은 드물 것입니다. 이 장에서는 머릿속에서 추상적 언어로만 존재하던 '우울'과 '불안'의 실체를 구체적으로 들여다보려고 합니다. 그래야만 우울하고 불안한 내가 어떤 모습인지, 이런 나에게 어떤 도움이 필요한지, 어떻게 이를 감당할 수 있을지 구체적인 답을 찾을 수 있기 때문입니다. 우울과 불안의 실체를 가까이에서 볼수록 그에 속수무책으로 휘둘리지 않고, 그것을 감당할 수 있을 만큼의 작은 크기로 내 마음 안에 간직할 수 있습니다.

생각하고 또 생각해봐도
뾰족한 수는 없습니다

반복적인 부정적 사고(Repeated Negative Thoughts)는
우울과 불안을 통제하려는 인지적 전략이지만
오히려 우울과 불안을 증폭하는 결과를 낳습니다.

생각이 많아도 너무 많아서

우울과 불안에 취약한 사람들의 대표적인 인지적 공통점이 하나 있습니다. 바로 생각이 많아도 너무 많다는 것입니다. 저 또한 예외가 아니었는데, 어린 시절 현실을 살기보다 내적인 사고의 세계에 빠져 있었습니다. 따라서 현실에서 누구와 무엇을 하든 그 경험들은 저에게 별다른 자취를 남기지 못했고, 누군가와 함께 있어도 혼자만의 생각이 메아리치는 고립무원 속에 있는 것과 같았습니다.

어린 나이에 감당이 안 될 정도로 생각을 하다 보니 저의 뇌는 일종의 과부하를 겪기도 했습니다. 초등학교 입학 후 오랫동안 두통에 시달렸는데, 별다른 이유도 없이 어지럽고 속이 울렁거리는 증상이 지속되었습니다. 그래서 신경과를 방문해 당시로선 흔치 않던 MRI까지 찍어보았으나 아무런 의학적 이상도 발견되지 않았고, 단지 조금 '예민한 아이'라는 소견을 들었습니다. 훗날 임상심리학을 전공하면서 아마도 그때의 두통은 과도한 긴장과 스트레스로 인한 신체화(somatization, 심리적 갈등이 신체적 증상으로 표출되는 것으로, 심리적 스트레스를 잘 인식하거나 표현하지 못할 때 주로 발생함) 증상의 일종이었을 거라는 답을 얻게 되었습니다.

조그만 애가 무슨 스트레스를 얼마나 받았기에 그럴까 싶기도 하겠지만, 당시 제 불안은 아이의 치기라고 하기엔 분명 과도한 면이 있었습니다. 기억나는 한 가지 에피소드를 들면, 초등학교 2학년 때 구구단을 외워 오라는 숙제를 받아 들고 '구구단을 완벽하게 다 외우지 못하면 어떡하지'라는 걱정에 사로잡혔습니다. 집에 돌아와서 2층 침대의 1층에 누워 구구단을 외우고 있었는데, 너무 막막하고 힘든 나머지 '2층 침대가 내 몸 위로 무너져서 이대로 죽어버렸으면 좋겠다'고 바랐던 기억이 생생합니다.

지금 시점에서 보면 구구단이 뭐라고 구구단과 생명을 맞바꾸나 싶어서 실소가 나옵니다. '아니, 걱정은 되겠지만 이렇게까지 극단적일 필요는 없지 않아?' 싶기도 하고요. 하지만 당시 저에게는 '무엇이든 완벽하게 해내야 한다'는 사명이 그토록 중대했고, 실수를 해서 다른 사람들에게서 조롱받는 상황을 떠올리면 차라리 죽어 없어지는 편이 낫다고 생각할 정도로 두려웠나 봅니다.

우울과 불안에 취약한 사람들의 사고 과정을 들여다보면, 일반적으로 이와 같이 극단적인 구석이 있습니다. 하지만 자신은 이러한 생각이 드는 구체적 맥락과 극단성을 알아차리지 못합니다. 자신에게는 이 생각이 절대 거역할 수 없고 의심할 여지도 없는 명령으로 경험되고, 자신이 그 명령에 따라 살아가고 있다는 자각조차 하지 못합니다. 오랜 시간 제 마음에 새겨진 절대 명령은 '누군가 나에게 무언가를 해내길 기대한다면, 나는 무조건 그것을 해내야만 한다'였습니다.

이 사고과정을 하나하나 뜯어보면 그다지 논리적이지도, 이성적이지도 않습니다. 누구든 처음 배우는 걸 완벽하게 해내기는 어렵고, 사람은 실수하며 배우고, 실수를 한다고 해서 살 가치가 없어지는 건 아니니까요. 하지만 우울과 불안에 취약한 사람들은 생각의 길이 고정된 한 갈래로 가파르게 닦여 있기 때문에 어떤 자극으로 생각이 촉발되면 이미 정해진 궤도를 따라 생각이 질주하기 시작합니다.

당시 저도 제가 무엇을 걱정하고 무엇을 두려워하는지 결코 깨닫지 못했고, 저에게 필요한 게 무엇인지 가늠조차 하지 못했습니다. 아이는 혼자의 힘으로 내적경험을 인식하고 표현하기가 어렵습니다. 그래서 그 경험들을 대신 읽어주고 표현해주는 외부의 대상이 필요합니다.

"처음 배우는 거라서 많이 어렵지? 실수할까봐 두렵기도 하고 말이야. 그럴 수 있지. 하지만 반복해서 하다 보면 점점 쉬워질 거고, 지금 느끼는 두려움도 지나갈 거야."

이러한 소통이 질주하는 생각에 브레이크를 걸어줍니다. 한 갈래로 뻗은 길만 있는 것이 아니라 그 밖의 다른 길이 몇 갈래 존재할 수 있음을 보여주는 것입니다. 혹은 내가 가고 있는 이 길의 종착지가 예상만큼 파국적인 결과와 맞닿아 있는 것이 아니고 그럭저럭 견딜 만한 곳임을 알게 됩니다. 하지만 아쉽게도 저에게는 외부 세계와 소통할 기회가 부족했고, 소통으로 해소될 기회를 잃은 부정적인 생각들이 시시각각 머릿속을 헤집고 다녔습니다.

우울에 반추가 있다면 불안에 걱정이 있다

모든 사람이 똑같은 상황에서 똑같이 반응하는 것은 아닙니다. 구구단 외우기 미션 앞에서 과도하게 불안을 느끼고 울적해지는 아이가 있는 반면, 그다지 스트레스를 받지 않고 무난하게 과제를 수행해내는 아이도 있고, 애초에 숙제에는 관심도 없고 학교에 가면 친구들과 신나게 뛰어놀 생각에 즐거운 아이도 있습니다. 하지만 저는 전자에 해당해서 사소한 과제 앞에서도 늘 과도하게 걱정했으며, 나는 왜 후자와 같은 사람이 될 수 없는지 반추했습니다.

걱정(worry)과 반추(rumination)는 반복적 부정 사고(RNT: Repeated

Negative Thoughts)의 대표적인 예입니다. 반복적 부정 사고는 부정적인 주제에 대해 되풀이되는 통제하기 어려운 사고를 의미합니다. 반추의 사전적 정의는 되새김질인데, 소가 한번 삼킨 먹이를 게워내 씹고 또 씹는 것을 말합니다. 심리학 용어로 반추 또한 생각을 씹고 또 곱씹는 것을 의미하며, 우울증에 동반되는 중요한 인지적 특징으로 거론됩니다. 즉 자신이 경험하는 부정적 정서와 관련된 문제의 발생원인과 예상되는 결과 등을 집요하게 반복해서 생각하는 것입니다. 예를 들어, 구구단 외우기 숙제로 기분이 침체되었다고 해보겠습니다. 침체된 기분은 이와 관련한 과거의 기억과 후회를 자극합니다. '미리 구구단을 외워놨어야 했는데 난 정말 바보 같아' 하고 스스로를 깎아내리기 시작합니다. 중요한 면접을 망치고 돌아온 경우도 마찬가지입니다. '그 질문에는 이렇게 대답했어야 했는데!' '미리 정보를 찾아보고 갔어야 했는데!' 이미 지나가버린 시간을 되짚으며 그때 내가 했어야 할 일과 하지 말았어야 할 일들을 낱낱이 고하고, 더 완벽하고 현명한 선택을 하지 못한 자신을 책망하느라 여념이 없습니다.

반복적 부정 사고의 또 다른 유형인 걱정은 불안장애에서 흔히 나타나는 인지적 특징으로, "만약 ~하면 어떡하지?"와 같은 언어적 형태를 띱니다. '만약 구구단을 제대로 못 외우면 어떡하지?' '실수해서 아이들이 비웃으면 어떡하지?' '내가 구구단도 모른다고 선생님이 엄마에게 전화하면 어떡하지?' 같은 생각이 연쇄작용을 일으켜 파국적인 결과로 질주하는 것입니다.

반복적 부정 사고를 많이 할수록 우울해지거나 불안해지기 쉽고, 이런 생각을 많이 하는 사람들도 대개는 자기 생각이 스스로를 좀먹는다는 사실을 알고 있습니다. 그럼에도 왜 이 생각들을 멈출 수 없을까요?

일반적으로 '인간은 생각하는 동물이다'라고 할 때 생각한다는 것은 고등 생명체로서 인간의 우월함을 보여주는 긍정적 의미를 내포하고 있습니다. 본능적인 충동에 사로잡히지 않고 이성적으로 숙고한다는 의미로 사용되니까요. 하지만 걱정과 반추 같은 반복적 부정 사고는 교묘하게 자기 자신을 속입니다. 언뜻 보기에 문제를 해결하고 대비책을 마련하려고 엄청나게 인지적 노력을 쏟는 것 같지만 사실은 근본적 문제를 회피하는 수단에 지나지 않습니다.

반추와 반성은 다르다

우리는 종종 문제를 해결하고자 반추를 한다고 믿습니다. 과거의 실수를 잘 되짚어보면 문제해결의 실마리를 찾을 수 있을 것 같고, 과거를 반성함으로써 좀더 성숙한 사람이 될 것 같은 착각에 빠집니다. 하지만 반추와 반성(reflection)은 다릅니다. 둘 다 문제의 발생원인을 되짚어보는 사고 활동이라는 점에서 유사하지만, 반추는 의식적 통제에서 벗어나 자동으로 과거의 잘못을 파헤치는 사고 유형입니다. 반면에 반성은 의식적으로 목표를 달성할 해결책을 모색하는 능동적 사고입니다. 반추는 기대에 도달하지 못한 현재의 자신을 직면하기가 두려워 '그때 그랬더라면' 하고 과거에 갇혀 있는 것입니다. 반성은 과거를 점검하고 더 나은 미래를 비추기 위해 거울 앞에 당당히 서서 현재 자신의 모습을 직면하는 것입니다.

우울한 기분에 사로잡혀 반추를 할 때, 그 생각의 궤도는 우울한 감정의 주파수에 맞춰져 있어서 대안적인 생각을 떠올리기가 어렵습니다. 이미 진흙탕 위에 선명하게 찍혀 있는 궤적을 따라 같은 자리를 계속 밟고 지나가는 것과 같습니다. 기대와 달리 땅은 굳지 않고 점점 더 깊은 수렁으로 빠져들 뿐입니다. 그렇다고 해서 궤도에서 벗어나 새로운 영역으로 발을 내디딜 수도 없습니다. 잘못 내디디면 끝 모를 진흙 구덩이에 완전히 빠져버릴까봐 두렵기 때문입니다. 그래서 '그래, 그때 나는 정말 슬프고 힘들었지. 하지만 이미 지나간 일이야. 지난번과 같은 실수를 하지 않으려면 어떻게 해야 할까?' 같은 건설적 사고로 좀처럼 넘어가지 못한 채 '우울해. 바보같이 내가 왜 그랬지? 나는 왜 이것밖에 안 되는 거야?' 하고 같은 자리를 맴도는 것입니다.

반추에서 벗어나는 첫걸음은 우울한 기분이 들 때 내가 익숙한 생각의 궤도를 따라 달리기 시작했음을 알아차리는 것입니다. '아! 내가 또 이 생각을 하네. 난 이런 상황에서 이렇게 생각하는 습관이 있지' 하고 브레이크를 걸어주는 것입니다. 일단 브레이크를 잡아야 다음 단계를 선택할 기회가 있습니다. 이미 수십, 수백 번 지나갔던 그 궤도를 따라갈지, 이제 다른 길을 개척해나갈지 말입니다.

모호한 걱정이 두려움의 실체를 가린다

걱정도 반추와 비슷하게 작용합니다. 걱정이 많은 사람들은 원치 않는 부정적 결과를 맞닥뜨리지 않으려고 걱정을 지속하는 경향이 있습니다. 걱정은 "만약 ~하면 어떡하지?" 같은 언어의 형태를 띠는데, 이러한 언어는 모호하고 추상적입니다. 걱정을 많이 하는 사람들일수록 사고의 구체성(concreteness)이 떨어지는 경향이 종종 있습니다.

얼핏 보기에는 미래를 많이 걱정하는 사람일수록 일어나지 않기를 바라는 끔찍한 결과를 자주 떠올릴 테니 구체적으로 미래의 결과를 생각할 것 같지만, 실제로는 그와 반대입니다. 걱정이 많고 불안한 사람일수록 미래를 구체적으로 생각하지 않고 막연하고 모호하게 지각하는 경향이 있습니다. 즉 구체적으로 무슨 일이 벌어질지 짐작할 수 없지만 막연히 무언가 예상 밖의 사건이 벌어지는 게 두려운 것입니다.

신기하게도 걱정을 반복할수록 걱정의 내용이 점점 더 구체화되는 것이 아니라 추상화되는 경향이 있습니다. 걱정을 반복할수록, 구체적으로 어떤 일이 벌어질 것을 그토록 두려워하는지 생생하게 맞닥뜨릴 기회는 줄어듭니다. 그저 "만약 ~하면 어떡하지?"로 치환된 언어의 포장지로 자신의 두려움을 어설프게 싸매놓는 것과 같습니다. 그 포장지가 평생 유효하면 좋겠지만 안타깝게도 두려움의 실체는 사라지지 않고 포장지 한 겹 아래에 그대로 있기 때문에 눈 가리고 아웅하기에 불과합니다.

따라서 걱정하면 할수록 뿌연 안개 속을 정처 없이 헤매는 느낌을 받게 되고, 이는 불안을 점점 더 가중합니다. 이들에게 삶은 위험한 퀘스트가 연속적으로 제시되는 통곡의 게임과 같습니다. 게임에 참여할 의사를 자발적으로 밝힌 적도 없건만 태어났더니 이미 게임은 시작되었고, 멈출 수도 없습니다. 마음을 졸이고 한 고비 넘기면 또 한 고비, 언제 어디서 튀어나올지 모를 유령을 피하고자 눈을 반쯤 가리고 잔뜩 긴장한 채 안개 속을 헤매며 하루하루를 살아갑니다.

머릿속에 달라붙은 '유령이 나오면 어떡하지?'라는 걱정은 구체적인 실체가 결여된 의미론적 문장으로만 존재합니다. '유령은 무서워' '나는 유령을 이겨낼 만큼 강하지 못해' '아무도 나를 도와주지 않을 거야' 같은 자신과 세상을 규정하는 말, 말, 말…. 이 말들에 둘러싸여 좀처럼 세상을 있는 그대로 보지 못합니다.

사실 이 실체 없는 걱정을 지속하는 이유는 걱정을 하는 것 자체가 두려워하는 실체를 회피하는 수단으로 작용하기 때문입니다. '만약 유령이 나오면 어떡하지?'라는 생각에 머물러 있는 동안에는 실제 유령과 대면하지 않을 수 있습니다. '유령은 어떻게 생겼지? 유령이 실제로 나타날 가능성은 얼마나 될까? 유령이 나에게 어떤 해를 가할 수 있지? 내가 가진 무기는 무엇이지? 유령과 맞서 싸우려면 뭐가 필요할까?' 등 걱정에 사로잡혀 있는 동안에는 이와 같은 구체적인 질문에 열심히 대답하지 않아도 되는 것입니다.

따라서 막연한 걱정을 지속하면서 불안해하는 사람들을 돕는 한

가지 방법은 두려워하는 상황을 가급적 구체적으로 떠올리고, 이에 대처하는 전략을 구체적으로 세우는 것입니다. '만약 내일 발표를 망하면 어떡하지?'와 같이 막연한 걱정을 구체화해 발표를 망한다는 것이 나에게 어떤 의미인지, 발표 장면을 떠올리니 내 몸에서 어떤 감각이 느껴지는지, 청중은 어떤 표정으로 나를 바라보고, 그들이 나를 어떻게 생각할 것 같은지, 그들이 나를 부정적으로 평가한다면 나에게 무슨 일이 벌어질지 등을 지금 마치 발표 상황에 있는 것처럼 생생하게 그 경험을 맞닥뜨리는 것입니다.

그 구체적인 생각의 끝에 '그래, 이런 상황을 대비하려면 발표 연습을 충분히 해야 해. 오늘 한 시간 발표 준비하고, 내일 아침에 두 번 더 연습하자' 같은 현실적인 대안에 다다를 수도 있고, '에잇, 할 만큼 했다. 남들이 나를 어떻게 생각하든 내가 어떻게 할 수 없는 노릇이지. 그만 생각하고 잠이나 자자'같이 배포를 가지게 될지도 모릅니다.

막상 구체적으로 떠올려 보니 발표 한 번 망한다고 해서 인생이 박살 날 정도로 두려운 일은 아닐 수도 있습니다. 어찌 되었든 두려움의 실체를 구체적으로 떠올리면 떠올릴수록 뿌연 안개는 점점 걷히고, 두려움은 내가 통제할 수 있을 만큼 손에 잡히는 작은 무언가로 변모할 가능성이 커집니다.

그러니 '만약 ~하면 어떡하지?'라는 걱정에 사로잡힐 때는 먼저 내가 걱정의 굴레에 빠져들고 있음을 알아차릴 필요가 있습니다. 또 스스로에게 말해야 합니다. 내가 걱정하는 것은 구체적인 현실이 아니라 내 머릿속에 존재하는 추상적 생각일 뿐이라고 말입니다. 그리고 추상적 언어의 포장지를 벗겨내고 두려움의 실체를 마주하는 질문을 던져봅니다.

"지금 나는 무엇을 피하고 싶은 거지?"

우울과 불안으로부터 온전함을 위한 워크북

'그때 이렇게 했어야 했는데' 같은 반추 사고와 '만약 ~하면 어떡하지?' 같은 걱정에 사로잡힐 때 이러한 생각들이 내 의지와 무관하게 반복되는 자동적 사고임을 알아차릴 필요가 있습니다.

처음부터 이러한 생각들을 뿌리 뽑으려고 애쓸 필요는 없습니다. 그저 지금은 브레이크를 짧게 밟아주는 것만으로 충분합니다. 한두 번 브레이크를 잡다 보면 브레이크를 언제, 어떻게 밟아야 할지 감이 오고, 점점 더 능숙하고 부드럽게 운전하는 요령이 생깁니다. 그러니 처음부터 욕심낼 필요가 없습니다.

생각들이 물밀듯이 밀려올 때 브레이크를 잡기 위한 주문을 다음과 같이 외워봅니다.

"잠깐! 나 또 이 생각 하고 있네."
"잠깐! 내가 생각의 덫에 빠졌네."
"잠깐! 내가 생각의 굴레에 빠져들고 있구나."

마음속으로 읊조려도 좋고 큰 소리로 외쳐도 좋습니다. 이어서 크게 심호흡을 합니다. 지금은 여기까지만 해도 충분합니다. 이후에 또 삽시간에 걱정과 반추가 머릿속을 점령할 수도 있습니다. 그래도 괜찮습니다. 한동안 생각이 펼쳐지게 두고 보다가 그저 생각이 나면 때때로 위의 주문을 외우며 브레이크를 잡습니다.

　이런 시도는 내가 의식할 새도 없이 반복적으로 재생되는 자동적 사고에 대해 의식적인 통제를 회복하는 첫걸음이 됩니다. 이후에 무엇을 해야 할지는 벌써 고민하지 않아도 괜찮습니다. 주문을 떠올리고 외칠 때마다 '그렇지! 지금 내 생각 알아차렸다. 잘했다' 하고 흡족함을 누리시기 바랍니다.

정서적 고통은 피할수록
커질 뿐입니다

정서적 고통에는 에누리가 없습니다.
고통을 피하기 위한 술책은 단기적으로는 효과적일지라도
언젠가 더 큰 대가를 치르게 됩니다.

내가 그토록 피하고 싶은 것은?

반추와 걱정은 맞닥뜨리기 힘든 정서적 고통을 회피하려는 술책입니다. '그때 그렇게 했으면 안 되는데'라고 반추에 사로잡힐 때 우리가 피하고자 하는 궁극적인 두려움은 상실에 따른 슬픔과 실패로 인한 좌절감입니다. 중요한 면접을 망쳤다는 자책에 사로잡혀 '이렇게 했어야 했는데'라며 과거를 곱씹는 동안에는 적어도 내가 간절히 원하던 목표를 이제는 놓아주어야 한다는 상실감을 피할 수 있습니다.

또한 내가 들여온 노력에도 불구하고 결코 내가 바라던 사람이 될 수 없다는 좌절감을 피할 수 있습니다.

'만약 실패하면 어떡하지?' 같은 걱정에 사로잡힐 때 우리가 피하고자 하는 궁극적 두려움은 그러한 일이 실제로 벌어졌을 때 어떠한 대응도 하지 못하고 얼어붙어버릴 듯한 공포 그리고 속수무책으로 무너져 내릴 자신에 대한 무력감입니다. 그 공포와 무력감을 직면하지 않고자 끝도 없이 이어지는 걱정 속으로 도망치는 것입니다.

정서적 고통을 피하려고 생각을 동원하는 전략은 정서를 고립시키는 효과를 낳습니다. 감정을 느끼지 않는 대신 생각이 분주하게 머릿속을 점령합니다. 정서적 고통에 속수무책으로 휘둘릴 것은 두렵지만 생각하는 주체는 어디까지나 '나'라고 믿기에 생각은 내가 통제할 수 있으리라는 착각에 빠집니다. 내가 감당할 수 있을 만한 작은 괴로움, 어쩌면 내 통제 아래에 있다고 착각하고 있는 반추와 걱정에 파묻히게 됩니다.

하지만 그러한 노력이 무상하게도 정서적 고통에는 에누리가 없습니다. 이리저리 요령을 부려봐도 고통은 사라지지 않으며, 언제나 제 몫의 몸값을 요구합니다. 제값을 쳐서 제때 달래주지 않으면 이자가 눈덩이처럼 불어나 심리적 파산에 직면합니다.

저 또한 그러했고, 제가 병원에서 일하는 동안 만난 많은 분이 자신을 괴롭히는 정서적 고통으로부터 해방되길 원했습니다. 더이상은 견디기 힘들다며 자신을 괴롭혀온 정서적 고통을 더 느끼지 않을 방도를 찾았습니다. "이 고통을 더는 느끼고 싶지 않습니다. 어떡해야 하죠?" 하지만 그동안 부정적 정서를 피하고자 동원했던 전략들 때문에 결국 더 고통스러워지는 굴레로 빠져들었다는 것을 어떻게 납득할 수 있을까요?

고통을 유발하는 정서 자극을 회피하려고 하면, 자극과 관련된 불편감과 불안감이 더욱 증폭되고, 결국 원하지 않는 상황을 맞이할 가능성이 커집니다. 일례로 스키점프 선수들은 굳이 장애물을 피하려고 애쓰는 대신 자신이 가야 할 길을 직시하며 설원을 내달린다고 합니다. 장애물을 피하려고 하면 도처에 도사리고 있는 장애물에만 온 신경이 집중되고, '이걸 어떻게 다 피하지?'라는 생각에 사로잡힙니다. 심리적으로 위축되면 시야가 좁아지고, 결국 그토록 피하고자 했던 장애물에 부닥쳐버리고 맙니다.

게다가 정서 경험을 억제할수록 기분은 더욱 더디게 회복됩니다. 부정적 정서를 피하려다 보니 긍정적 정서마저 느낄 수 없게 되는 것입니다. 살아가는 동안 즐거움도 고통도, 그 무엇도 느낄 수 없다면 우리는 왜 살아갈까요? 정서적 고통을 피하고자 애쓰는 동안 우리가 지불해야 할 대가는 정서적으로 마비된 삶입니다. 고통을 피하는 데 온 에너지를 쏟기 때문에 다른 좋은 것들을 누리는 데 쓸 에너지가 남아 있지 않습니다.

또한 아무리 정서를 마비시키며 피하려 해도 의식의 끈이 느슨해지면 고통의 그림자가 드리웁니다. 마음이 초조하고 불안하면 잠자리에 들 때까지 복잡한 생각이 들러붙어 악몽에 시달려본 경험이 있을 것입니다. 어느 날, 정체 모를 존재에게 쫓기는 꿈을 반복적으로

꾸어 꿈자리가 사납다고 투덜대던 때였습니다. 제 하소연을 듣던 선배가 물었습니다.

"누구인 것 같아?"

"모르겠어요. 도망가느라 바빠서."

"뒤로 돌아서서 물어봐. 도대체 누구냐고. 너를 찾아온 이유가 있을 것 아냐."

보통 내가 그토록 피하고 싶은 것들이 내가 언젠가 반드시 조우해야 할 내 안의 잃어버린 조각들임을 깨닫게 됩니다.

비에 젖어도 별일 없다

몇 해 전 드라마를 보다가 까맣게 잊고 지내던 추억을 떠올리게 되었습니다. 〈어느 날 우리 집 현관으로 멸망이 들어왔다〉라는 다소 엉뚱한 제목의 드라마였습니다. 박보영 배우가 연기한 동경은 생일날 뇌종양으로 시한부 선고를 받은 불운한 여인이었습니다. 그날 밤, 어릴 때 사고로 부모를 잃고 기구한 인생을 살아온 그녀가 신세를 한탄하며 "세상 다 망해버려라"라고 외치자 그 절규를 들은 멸망이 동경을 찾아옵니다. 서인국 배우가 연기한 멸망은 세상에서 사라지는 모든 것의 이유가 되는, 파괴와 죽음을 불러오는 신비한 존재입니다. 그의 눈짓 한 번, 손짓 한 번이면 생명이 깃든 무엇이든 죽음이나 불행을 맞이할 수 있습니다. 멸망은 자신의 존재 이유에 회의를 느낍니다. 언제나 누군가에게 불행의 원인이 되는 삶을 끝내고 싶습니다. 서로의 처지를 딱하게 여기던 동경과 멸망은 함께할수록 애틋한 마음을 키우게 됩니다.

어느 날, 퇴근길에 비를 만난 동경이 버스정류장에서 비를 피하게 되었습니다. 마침 동경을 기다리던 멸망에게 우산이 있냐고 묻자 그도 우산이 없다고 답합니다. 동경은 그럴 줄 알았다며 체념 섞인 푸념을 늘어놓습니다.

"뭔 놈의 인생이 맨날 비고 비가 와도 우산 하나 없고."

그 말을 들은 멸망은 동경의 손을 잡고 빗속을 달립니다. 사실 그는 내리는 비를 손짓 하나로 멈추게 할 수도 있는 신묘한 힘이 있었지만, 기적을 행해 비를 피하는 대신 정면으로 비를 맞닥뜨립니다. 한참을 뛰어 집 앞에 도착한 멸망은 동경에게 '아직 힘드냐'고 묻고, 이미 홀딱 젖은 동경은 "이제 좀 괜찮네"라고 답합니다. 이에 멸망은 동경의 눈을 마주보며 말합니다.

"그것 봐. 비 별거 아니지. 너만 우산 없어도 별거 아니야. 그냥 맞으면 돼. 뛰어오면 금방 집이야."

제가 다닌 중학교는 집에서 꽤 멀리 떨어져 있어서 버스를 타고 등하교를 했습니다. 학교에서 버스정류장까지 가는 데도 한참 걸어야 했습니다. 마침 하교시간에 폭우가 내렸는데 우산이 없었습니다. 어떻게 집에 가야 할지 몰라 망설일 때 저와 달리 여러모로 비범했던 친구가 제안했습니다.

"야, 우리 그냥 뛰어가자!"

친구는 제 손을 끌어당기며 냅다 빗속으로 뛰어들었습니다. 빗줄기를 피하려고 할 때는 손바닥만 한 처마 아래에서 안절부절못했는데, 빗속으로 내달려보니 몸에 닿는 빗줄기가 시원했습니다. 처음에는 빨리 뛰어서 조금이라도 비를 피하려고 애썼지만, 흠뻑 젖은 뒤에는 친구와 깔깔 웃으며 여유롭게 걸을 수 있게 되었고, 나아가 물웅덩이에 발을 첨벙 굴러보기도 했습니다. 버스에 타자마자 비가 그쳤기 때문에 버스에 있던 승객들은 의아한 눈빛으로 비 맞은 생쥐 꼴로 깔깔대는 소녀들을 쳐다봤습니다.

비를 피하고자 했다면 그날은 역수같이 내리는 비에 우산도 없이 길을 나선 재수없는 날로 기억되었을 것입니다. 하지만 빗속으로 뛰어들었던 그 선택으로 20년도 훌쩍 지난 지금, 그날은 친구와 잊지 못할 추억을 만든 날로 남았습니다.

반추와 걱정 뒤에 가려진 슬픔과 상실, 좌절과 무력감에 몸을 담가봐도 괜찮습니다. 물에 들어가기 전에는 두렵지만, 막상 젖고 나면 그것들은 내가 살아 있기에 필연적으로 느낄 수밖에 없는 감정임을 깨닫게 됩니다. 비에 젖은 옷이 마르듯이 시간이 흐르면 반드시 이 고통의 순간도 지나간다는 것을 알게 됩니다.

감정은 자연현상과 같습니다. 해가 뜨고, 해가 지고, 바람이 불고, 흐린 날씨 뒤에 맑은 날이 찾아오기도 하듯이, 살아 있는 동안 우리 감정도 끊임없이 시시각각 벌어지는 이벤트를 맞이해 격랑의 파고를 지날 수밖에 없습니다.

우울하고 불안한 사람들

우울과 불안으로부터 온전함을 위한 워크북

　'우울해' '불안해' 같은 추상적인 말의 기저에 깔린, 내가 피하고 싶은 진짜 두려움이 무엇인지, 그 두려움을 구체적으로 적어봅니다. 이 활동에는 용기가 필요합니다. 그동안 우리는 두려움을 회피하려는 여러 전략을 발달시켜왔기에 이런 두려움이 내 안에 있다는 것조차 자각하기 어려운 경우가 많습니다. 따라서 우울과 불안의 기원을 거슬러 올라가려면 약간의 도움이 필요합니다.

　우울은 보통 '이런 삶은 살고 싶지 않았어. 하지만 앞으로도 달라질 것 같지 않아' 하는 불만족과 무망감을 담고 있습니다. 불안은 '이런 일이 벌어진다면 정말 끔찍할 거야. 이런 상황에서 나는 아무것도 할 수 없을 거야' 같은 생각에서 비롯합니다.

　밑줄 친 '이런 삶' '이런 일' '이런 상황'이 나에게는 어떤 모습을 의미하는지 되도록 구체적으로 떠올려보고 다음 질문에 답을 적어봅니다.

▶ '이런 삶은 살고 싶지 않았어.' 나에게 살고 싶지 않은 삶은 어떤 모습인가요? 나는 무엇에 대해 불만족을 느끼고 있나요?

〈예〉 열심히 노력했지만 취업에 실패했다. 다른 사람들에게 '나 이 회사 다녀' 하고 당당히 말할 수 있는 삶을 살고 싶다. 지금처럼 밥값도 못 하고, 쓸모없는 사람이 된 것 같은 기분을 느끼고 싶지 않다.

_____

_____

_____

_____

▶ '이런 일이 벌어진다면 정말 끔찍할 거야. 이런 상황에서 나는 아무것도 할 수 없을 거야.' 나에게 정말 끔찍한 일과 아무 대처도 할 수 없을 것 같은 상황은 무엇인가요?

〈예〉 탈락 소식을 들으면 정말 끔찍할 것 같다. 같이 취업을 준비하던 동기들은 모두 취업하고, 나만 패배자가 될까봐 두렵다. 나를 위해 고생한 부모님께도 얼굴을 들 수가 없고, 다들 나를 한심하게 볼 것이다.

_____

_____

_____

_____

우울하고 불안한 사람들

✔ 이와 같은 생각들을 구체적으로 떠올리면 일시적으로 우울감과 불안감이 증폭될 수 있습니다. 그럴 때면 잠시 브레이크를 잡고 '나 지금 이런 생각을 하고 있네' 하고 알아차립니다.

✔ 떠올리기 두려운 생각들을 구체화하는 이유는 평소 나도 모르게 이런 생각들을 막연하게 품고 있을 확률이 높기 때문입니다. 모호한 생각들은 안개처럼 여기저기로 뻗어 나가기 쉽습니다. 내가 어떤 생각을 하며, 무엇을 두려워하는지 명확하게 할수록 그 두려움을 다루기 쉬워집니다. '내가 무엇을 두려워하는지 끝까지 지켜보겠다' 하는 마음으로 자신의 두려움을 자세하게 써봅니다.

✔ 자신이 적은 내용을 읽으면서 그 상황 속으로 들어가 내가 피하고 싶었던 그 감정의 자리에 서봅니다. 가만히 신체에서 느껴지는 감각과 마음속에 떠오르는 감정을 느껴봅니다. 눈시울이 뜨거워지고 코끝이 찡해지는 느낌, 가슴이 시린 느낌, 어깨가 움츠러드는 느낌, 구역질이 날 것 같은 느낌 등 그 무엇을 느끼든 환영해줍니다. '슬픔은 이런 느낌이구나.' '좌절은 이런 느낌이구나.' 하나하나 감정을 배우는 소중한 기회가 될 것입니다.

✔ "나에게 찾아온 감정들을 소중하게 대하자. 어떤 감정이든 나에게 찾아온 이유가 있을 테고, 이 감정들을 충분히 누리고 나면 잘 떠나보내는 법도 알게 될 거야" 하고 속삭여

봅니다.

✔ 이는 고통을 피해 도망가는 것이 아니라 고통을 마주 보는 과정입니다. 피하고자 했던 그 생각과 감정들 속으로 내가 직접 뛰어드는 것입니다. 두려운 생각과 감정, 감각을 느껴본 뒤 그 장면에서 걸어 나옵니다. "오늘은 여기까지야. 나 엄청 용기 있네" 하고 스스로에게 말합니다.

우울하고 불안한 사람들

벗어날 수는 없지만
데리고 살 수는 있습니다

우울과 불안을 '없애는' 방법은 어디에도 존재하지 않습니다.
하지만 우울과 불안을 느끼면서도
그럭저럭 괜찮은 삶을 살아가는 방법은 배울 수 있습니다.

우울과 불안, 비슷하기도 하고 다르기도 하다

높은 신경성(neuroticism) 성향은 우울과 불안의 성격적 토대로 작용합니다. 신경성은 불쾌한 부정적 정서를 쉽게 느끼는 성격적 특성으로, 신경성이 높은 사람들은 우울, 불안, 분노, 죄책감 등의 부정정서를 흔히 경험하며, 사소한 자극에도 과민 반응해 스트레스를 받기 쉽습니다.

일상에서 흔히 '신경이 예민하다'라는 표현을 쓰는데, 이는 신경성이 높은 사람들을 일컫는 것으로 볼 수 있습니다. 신경성은 유전적 소인이 강한 것으로 알려져 있으며, 이들에게 유전되는 특성은 뇌 기저핵 부위의 과민 반응성과 이러한 과민 반응을 억제해주는 전두엽 기능의 감소입니다. 따라서 의식적인 노력으로 뇌 심층부에서 일어나는 정서적 과민 반응을 조절하기가 어렵습니다.

신경성이 높은 사람들은 이러한 유전적 취약성뿐 아니라 일반적인 심리적 취약성을 공유하고 있습니다. 이들은 자신의 삶을 예측할 수 없고 통제할 수 없다는 느낌에 만성적으로 시달립니다. '무슨 일이 벌어질지 모르며, 그런 일이 벌어지면 나는 아무것도 할 수 없다'는 예측불가능성(unpredictability)과 통제불가능성(uncontrollability)은 우울하고 불안한 사람들의 인지적 특징을 관통하는 키워드이기도 합니다.

이들에게 삶에서 벌어지는 사건들은 대부분 언제 어디서 나타나 노략질을 일삼을지 모르는 도적떼로 경험되며, 이렇게 촉발된 부정적 생각과 정서에 대한 통제감이 부족합니다. 삶에서 벌어지는 사건들을 예측할 수 있고, 어떠한 일이 벌어지더라도 내가 통제할 수 있다는 감각은 생애 초기에 경험하는 고난의 정도와 부모의 양육 방식에 크게 의존합니다. 감당하기 어려운 스트레스 사건에 반복 노출되거나, 아이의 정서적 요구에 반응해주지 않거나 비일관적으로 반응하는 부모의 양육 방식은 예측가능하고 통제가능한 안전한 세상에 대한 신념을 파괴합니다.

우울과 불안을 쉽게 느끼는 사람들은 이러한 생물학적·심리적·환경적 취약성을 공유하고 있습니다. 하지만 우울과 불안은 이런 공통점 외에 차이점도 있습니다. 일반적으로 우울은 우리 마음이 과거의 시점에 머물러 있을 때, 불안은 미래의 시점에 머물러 있을 때 경험하기 쉽습니다. 과거의 일을 후회하고 자책할 때 우울에 빠지기 쉽고, 미래에 벌어질 일을 걱정할 때 불안을 경험하게 됩니다. 하지만 둘 다 현재를 살지 못하고 통제할 수 없는 시점에 머물러 있을 때 경험한다는 점에서는 같다고 볼 수 있습니다.

일련의 뇌 영상 연구 결과들은 우울·불안과 관련되는 뇌 부위에도 차이가 있음을 보여줍니다. 우울은 주로 심층 변연계의 기능 이상과 관련됩니다. 심층 변연계는 감정의 뇌라고도 불리는데, 기분에 따라 자신에게 벌어진 일들을 해석하고 분류해 감정을 덧입히는 필터 역할을 합니다. 이 부위가 지나치게 활성화하면 부정적 사고와 감정이 활성화하고, 이런 상태에서는 중립적인 일도 부정적 필터를 거쳐 부정적으로 해석되곤 합니다.

심층 변연계는 감정적으로 각성되었던 순간에 대한 기억을 저장하는 역할을 합니다. 감정이 실린 기억은 우리의 전반적 기분에 영향을 미칩니다. 따라서 긍정적 순간에 대한 기억이 많은 이들은 긍정적 기분이 심리적 밑바탕을 형성하는 반면, 부정적인 기억이 많은 이들은 부정적 기분이 삶의 토대가 됩니다.

반면에 불안은 주로 기저핵의 과잉 활성화와 관련되는 것으로 알려져 있는데, 기저핵은 감정과 생각, 신체 움직임을 통합하는 기능을 담당합니다. 즉 감정과 생각 같은 정보를 받아들이고, 이에 부합하는 신체 움직임을 발생시켜 기분과 행동을 결합합니다. 기저핵의 과잉 활성화는 과도한 긴장과 불안을 불러일으키고 두통, 소화불량, 메스꺼움, 어지러움 등 불안과 관련한 일련의 신체 반응을 야기합니다.

우울과 불안의 또 다른 차이점은 불안은 우울에 비해 생리적 각성 수준이 높다는 것입니다. 따라서 우울한 사람들은 만사가 귀찮고, 몸이 물먹은 솜처럼 축축 처지며, 손 하나 까딱할 여력이 없다고 느낄 때가 많습니다. 그러나 불안한 사람들은 안절부절못하며 발을 동동 구르고, 심장이 빨리 뛰어 터져버릴 것 같은 느낌을 받게 됩니다. 이러한 긴장을 해소하고자 충동적으로 행동하게 될 가능성도 높아집니다.

만일 우울과 불안이 공존하면 불안을 연료 삼아 에너지를 발산하며 자기 패배적 행동을 일삼다가 에너지가 고갈되면 자신이 저질러 놓은 일을 수습하지 못하고 깊은 우울의 나락으로 떨어지는 일을 반복합니다. 불안을 낮추려고 폭음을 하고 다음 날이 되면 자괴감에 빠져 자신을 비난하는 식입니다.

우울과 불안을 구별하는 또 다른 특징은 우울한 사람들은 흔히 무쾌감증(anhedonia)을 보인다는 것입니다. 무쾌감증은 말 그대로 긍정적 정서를 느끼지 못하는 상태로, 과거에는 즐거움을 유발했던 자극에 더는 반응을 보이지 않고, 매사에 흥미가 떨어지는 것을 뜻합니다. 일반적으로 불안이 주가 되는 경우, 감정의 결이 살아 있어 부정적 정서를 느끼는 와중에도 긍정적 정서 자극에 반응성을 보이곤 합니다.

그러나 심각한 우울증에서는 무쾌감증이 동반되기 쉽고, 이렇게 긍정정서에 대한 반응성이 떨어지면 우울증이 더 오래가고, 재발 위험성과 자살 가능성도 높아집니다. 감정을 느낄 수 없는 삶은 곧 죽음으로 이어지는 것입니다.

바꿀 수 있는 것과 바꿀 수 없는 것

누군가 정서적 고통을 많이 느끼는 이유는 앞서 살펴본 것처럼 우울과 불안에 취약한 유전적 소인, 인지적 특징, 뇌의 구조적·생리적 기반, 부모의 양육 방식, 각종 스트레스와 그에 대한 대처 방식 등이 모두 상호작용한 결과입니다.

우울과 불안에 압도되어 있을 때는 이 모든 요소가 내 통제에서 벗어난 비극의 씨앗처럼 여겨집니다. '나는 그저 이렇게 태어났을 뿐이고, 내가 바꿀 수 있는 것은 하나도 없으며, 재수 없게 나에게만 이런 일이 벌어지는 것 같다'고 말입니다. 누군가는 예민한 기질과 불안정한 환경을 물려준 부모를 원망하고, 누군가는 당면한 스트레스를 탓하며, 누군가는 바보 같은 선택과 대처로 인생을 수렁으로 몰아넣은 자기 자신을 비난합니다.

현재 경험하는 정서적 고통의 원인을 찾으려는 시도는 내가 바꿀 수 없는 요소와 과거에 대한 원망으로 이어지기 쉽습니다. 그러나 원인을 찾아서 제거하면 문제가 해결될 것이라는 착각은 내가 통제할 수 없는 세상에 대한 통제권을 회복하고 싶은 환상적 욕구에서 비롯합니다. 이미 지나간, 내가 어쩔 수 없는 요인들을 탓하며 원망하는 동안에는 내가 겪고 있는 이 고통을 내가 책임지지 않아도 되기 때문입니다. 혹자는 '내 잘못으로 겪게 된 고통도 아닌데 왜 내가 책임을 져야 하냐'고 반문할지도 모르겠습니다.

우리는 '책임지는 것'을 마치 처벌처럼 받아들이는 경향이 있습니다. '네 책임이야'라고 하면 '네 잘못이야'라고 받아들입니다. 그러나 이것은 책임의 의미를 너무 좁게 해석한 결과입니다. 우리는 내가 저지른 잘못만 책임지는 것이 아니라 내 인생을 책임져야 합니다. 내 인생에 대한 책임을 인정하는 것은 내 인생을 선택하고 가꾸어갈 자유와 권한이 나에게 있음을 인정하는 것과 같습니다.

내 인생에 대한 책임을 다하려면 먼저 내가 바꿀 수 있는 것과 바꿀 수 없는 것을 구분해야 합니다. 불운한 사고로 하반신 마비와 함께 외상후스트레스장애를 겪게 된 남성이 바꿀 수 없는 것은 사고를 당하게 된 자신의 운명입니다. 바꿀 수 있는 것은 사고 후 인생을 어떻게 살아갈지에 대한 자신의 태도입니다.

가해자에게 합법적 보상을 요구하고 법적 절차를 마무리하는 것, 재활 노력을 하는 것, 사고 이전과 같이 신체 기능을 회복하지 못하더라도 현재의 몸으로 살아가려고 적응하는 것, 내가 겪은 고통을 피하지 않고 돌보면서 사는 것, 자기 일상을 잃어버리지 않고 가족과 함께 식사하고 아이스크림을 나눠 먹으며 살기로 선택하는 것 등입니다.

물론 누구나 이러한 성공적 회복에 쉽게 도달하는 것은 아닙니다. 회복의 모양과 과정은 사람마다 다르고 필요한 시간도 다릅니다. 혹여 '자기 인생에 대한 책임은 자신에게 있다'는 말이 '네가 그렇게 사는 건 네 잘못이야'라는 말로 들리지 않기를 바랍니다. 진실로 자기 인생에 대한 책임을 무겁게 받아들인다면, 그 누구도 남의 인생을 함부로 판단할 자격이 없다는 것 또한 알게 될 것입니다. 혹시 내가 아직 과거의 상처에서 헤어 나오지 못하고 있다면, 그저 "아직 아프구나. 조금 더 시간이 필요해"라고 스스로에게 말해주기 바랍니다.

시간이 흘러 상처가 어느 정도 아물고, 내 인생에 대한 책임을 다하기로 마음먹는다면 바꿀 수 있는 것과 바꿀 수 없는 것을 구분해 나가야 합니다. 내가 바꿀 수 있는 쪽을 선택하면 내가 나아가야 할 길이 드넓게 펼쳐지기 시작합니다. 더이상 '내가 할 수 있는 것은 아무것도 없어'라는 관점에 갇혀 있지 않고 내가 선택할 수 있는 옵션이 점점 많아지는 인생을 살게 됩니다.

우울과 불안을 대하는 우리의 자세도 마찬가지입니다. 바꿀 수 있는 것과 바꿀 수 없는 것을 구분하고 바꿀 수 있는 것을 한 가지씩 실천해나갑니다. 이 책에서 소개하는 작은 습관들이 그다지 효과적이지 않고 너무 소소해서 '이거 하나로 뭐가 얼마나 바뀌겠어?' 싶은 생각이 들 수도 있습니다.

중요한 것은 내가 하는 행동이 얼마나 효과적이고 생산적인지를 객관적으로 판단하는 것이 아닙니다. 이 행동이 얼마나 효과적인지보다 중요한 것은 '내가 내 의지로, 나를 위해서 이 행동을 스스로

한다'는 감각입니다. 이는 결여된 예측가능성과 통제가능성의 씨앗을 뿌리는 행위입니다. 그러한 작은 선택과 행동이 모여 내 인생에 책임을 다하는 삶을 살게 됩니다.

감정에는 다 그럴 만한 사정이 있다

감정을 느끼는 것 자체는 우리가 바꿀 수 없지만 그 감정을 어떻게 대할지는 바꿀 수 있는 쪽에 해당합니다. 여러분은 나를 찾아온 감정들에 어떤 태도를 보이나요? 나를 망치러 온 달갑지 않은 불청객으로 생각하나요? 이들을 발본색원해 다시는 내 주변에 얼쩡거리지 못하도록 씨를 말려야 한다고 생각하나요? 어떤 태도를 취할지는 내 마음이지만, 감정에 불친절한 태도를 취할수록 감정의 흉포함은 심해집니다. 우리가 감정을 외면할수록 그들의 목소리는 점점 더 커지고, 그 영향력은 광범위하게 퍼져 나갑니다. 어떤 경우이든 감정은 우리에게 인식되길 원합니다. 전달되고 소통되길 원합니다.

다양한 감정에는 저마다 사정이 있습니다. 실상 감정은 우리에게 무언가를 알려주려고 찾아온 손님과도 같습니다. 분노를 느끼지 않는다면, 우리는 자기주장의 필요성을 깨닫지 못하고, 타인의 횡포로부터 자신을 보호하지 못합니다. 불안을 느끼지 않는다면, 우리는 위험을 가리지 못하고, 미래를 대비할 수도 없습니다. 우울을 느끼지 않는다면, 우리는 지난 삶을 되돌아볼 필요성을 느끼지 못하고,

어떻게 해야 지금까지와 다른 삶을 살아갈지 숙고하지 못합니다. 어떤 감정이든 우리에게 전달할 메시지를 가지고 우리를 찾아오기 마련입니다. 그 메시지를 충분히 귀 기울여 듣고 이행하고 있습니까? 감정의 목소리를 들어보기도 전에 문전박대하며 내쫓거나 강도에게 안방 금고까지 단숨에 내어주듯이 그들의 횡포에 마구 끌려다닌 것은 아닌가요?

감정이 우리에게 전달할 메시지를 가지고 찾아온 손님이라면, 그에 맞게 귀한 손님으로 대하면 됩니다. 이 손님은 예고없이 불쑥 찾아오는 경우가 많지만, 급히 전할 말이 있어서 그런 거라고 선의로 봐주길 바랍니다. 느닷없이 찾아온 귀한 손님을 어떻게 맞이할까요? 먼저 누구인지, 어떤 볼일이 있어서 왔는지, 필요한 게 무엇인지를 정중하게 물어볼 것입니다.

우울과 불안을 대하는 태도도 마찬가지입니다. 내가 그들을 잘 안다면, 그들의 성향을 파악해서 귀하게 대접하고, 그들을 잘 알지 못한다면 알아가는 단계부터 시작하면 됩니다. 주로 언제, 어떤 상황에서 찾아오는지, 이 친구들이 찾아오면 내 몸과 마음은 어떻게 반응하는지, 한번 찾아오면 어느 정도 머물렀다 가는지, 어떻게 대하면 이들이 만족하고 떠나게 되는지 등을 관찰하고 파악하는 시간을 갖습니다. 이것이 나를 알아가는 과정이고, 내 인생에 책임을 다하며 살아가는 태도입니다. 누군가 나를 부정적 감정의 구렁텅이에서 꺼내주길 바라며 웅크리는 것이 아니라 내가 나에게 필요한 것을 채워주는 것입니다.

저는 보통 해야 할 일이 한꺼번에 몰리면 불안이 치솟습니다. 마감 기한이 있는 여러 일을 빨리 해내려고 잠자는 시간을 줄이고, 끼니를 놓치고, 친구와 만남을 미루다 보면 어느덧 우울해져서 '뭐 하러 이러고 사나. 언제까지 이렇게 살아야 하지?' 하는 비관적인 생각에 사로잡힙니다. 가만히 제가 느끼는 불안을 관찰한 결과 아무래도 이 불안이라는 친구는 과한 면이 있다는 것을 알게 되었습니다. 아직 마감 기한이 충분하고 분명히 이전에도 잘해낸 적이 있는 일에도 호들갑을 떨며 경고 신호를 울려대는 경향이 있었습니다. 그를 어느 정도 알게 된 뒤에는 불안에 제 솔직한 심경을 전하며 대화할 수 있게 되었습니다.

"무엇을 걱정하는지 잘 알아. 제때 못 끝낼까봐 그런 거지? 그렇지만 나를 믿어봐도 괜찮아. 잘 생각해봐. 지금까지 제때 일을 못 끝내서 큰일 났던 적은 없어. 그래, 물론 너 덕분에 미리 준비해서 그런 것도 있지. 그 점은 정말 고맙게 생각해. 하지만 잠자는 시간, 밥 먹는 시간까지 줄여가면서 할 필요는 없어. 그럼 더 빨리 지치고 우울해지는 걸 알잖아."

마찬가지로 우울에도 대화를 건넬 수 있게 되었습니다.

"네가 온 걸 보면, 지금 뭔가 내 인생이 불만족스러운가 보다. 좀 다르게 살아야 한다고 알려주려고 온 거지? 아무래도 한동안 과로했던 것 같아. 오늘은 맛있는 거 먹고, 따뜻한 물에 샤워하고, 일찍 잘 거야. 이번 주말에는 무슨 일이 있어도 일을 집에 가져가지 않고 가족들이랑 나들이도 가고 기분 전환을 할 거야. 더 필요한 건 없어?"

그들을 친절하게 대하고 대화하는 방법을 익히면, 그들을 꼭 내 마음에서 쫓아내지 않아도 함께 살아갈 수 있습니다. 그들이 보내는 신호를 잘 알아차리면, 실상 그들 덕분에 인생이 더 윤택해지고 풍요로워질 수도 있습니다. 그들에게 말을 걸어줌으로써 언제 어디서나 나를 외면하지 않고 나를 돌보는 손길이 있다는 것을, 그게 바로 나 자신이 될 수 있다는 것을 깨닫게 될 것입니다.

우울과 불안으로부터 온전함을 위한 워크북

우울하거나 불안감이 느껴질 때면, 이들을 손님처럼 맞이해봅니다. 친절하게 다음 질문을 차례대로 던져보고 답하며 대화하는 기회를 마련합니다.

1. 무슨 일로 나를 찾아왔니?
2. 너는 어떤 모습으로 나를 찾아오지?
3. 무엇이 필요하니?
4. 내가 어떻게 대해주길 원하니?

〈예〉

1. 무슨 일로 나를 찾아왔니?

할 일이 한꺼번에 몰려서 이 일들을 다 해낼 수 있을까 걱정이 되어서 왔지.

2. 너는 어떤 모습으로 나를 찾아오지?

잠을 못 들게 하고, 밥을 제때 못 먹게 하지. 그 시간이라도 줄여서 빨리 일을 끝내길 바라거든. '네가 지금 이러고 있을 때가 아니야. 그렇게 편하게 놀고 먹으면 일을 망쳐버릴 거야'라고 경고하는 거지.

3. 무엇이 필요하니?

나를 안심시켜주길 바라. 사실 나도 이렇게 너를 닦달하고 싶지 않아. 너를 믿고 내버려두고 싶은데 그게 잘 안 돼.

4. 내가 어떻게 대해주길 원하니?

괜찮을 거라고, 잘해낼 거라고 말해주면 좋겠어. 그리고 내가 좀 너를 성가시게 하고 닦달하더라도 나를 너무 미워하지 마. 나 덕분에 네가 좋은 성과를 거둔 적도 많잖아. 그러니 나를 너무 매몰차게 대하지 말아줘.

자신과 타인에 대한 비판적인 생각과 감정으로부터 한 걸음 떨어져서 대상을 있는 그대로 바라봅니다. 생각은 생각이고 감정은 감정일 뿐, 생각과 감정이 곧 우리의 전부는 아닙니다. 잠시 우울함을 느낀다고 해서 스스로를 우울한 사람으로 낙인찍을 필요는 없습니다. 자신을 규정하고 있는 언어의 덫에서 벗어나 시시각각 변화하는 나의 모습을 있는 그대로 관찰합니다. 나를 관찰하고, 나를 알아가는 것이 자기존중과 자기사랑의 실천입니다.

CHAPTER 2

있는 그대로 봅니다

우리는
모두 달라요

우리는 모두 다릅니다. 그렇기에 서로 도울 수 있고 세상이 유지됩니다.
그렇기에 남들과 나를 비교하는 것은 무의미합니다.
그저 내가 더 잘 살아갈 방법을 찾으면 충분합니다.

개인차를 인정합니다

심리학은 인간이 지각하고, 느끼고, 생각하고, 행동하는 방식을 과학
적으로 연구하는 학문 분야입니다. 인간을 과학적으로 연구한다는
것은 기존의 연구 결과와 문헌, 경험을 바탕으로 합리적인 가설을
세우고, 수많은 사람을 대상으로 조사를 진행한 뒤 그들에게서 얻은
데이터를 통계적으로 분석해 실제로 가설과 일치하는 경향성이 나
타나는지 검증한다는 의미입니다.

예를 들어, '내향적인 사람은 외향적인 사람보다 우울증에 취약할 것이다'라는 가설을 세웠다고 해보겠습니다. 이러한 가설을 검증하는 한 가지 방법은 연구 참여자들을 충분히 모집한 뒤 내향성-외향성의 정도와 함께 우울증상의 심각도를 측정하는 것입니다. 다음으로 척도 점수를 기준으로 내향성 집단과 외향성 집단을 구분한 뒤 두 집단의 우울 점수 평균을 비교합니다. 만일 내향성 집단의 우울 점수가 외향성 집단의 우울 점수보다 유의미하게 높게 나타난다면, 가설이 참으로 입증되었다고 볼 수 있습니다. 이러한 연구 결과가 다른 참여자들을 대상으로 반복적으로 재검증된다면, 가설은 확고한 이론으로 자리 잡게 됩니다.

　이러한 경험적 연구방법론으로 도출된 이론은 일반적 사실로 받아들여집니다. 하지만 과학적 접근을 했다고 해서 그것이 절대불변의 확고한 진리를 의미하는 것은 아닙니다. 앞서 살펴보았듯이 어떤 가설을 검증하려고 모집된 연구 참여자들은 한정적입니다. 참여자가 많으면 많을수록 가설을 일반화할 가능성이 커지지만, 현실적으로 전 세계 모든 사람을 연구 대상으로 하기는 불가능합니다. 또한 통계적 검증을 위해 도출된 집단의 대푯값이 집단에 속하는 모든 개인을 합리적으로 대변하지도 못합니다.

　예를 들어, 내향성 집단이 외향성 집단보다 평균적으로 높은 우울 점수를 보인다고 해서 내향성 집단에 속하는 모든 사람이 외향성 집단에 속하는 모든 사람보다 반드시 더 우울하다고 결론 내릴 수는 없습니다. 게다가 '내향성과 외향성을 어떻게 정의하고, 어떤 도구로 측정할 것인가?' '내향성 집단과 외향성 집단을 구분하는 기준 점수를 어떻게 정할 것인가?' '분석 결과를 어떤 기준으로 해석할 것인가?' 등의 영역에서 연구자의 주관성과 가치판단이 반영되기 마련입니다.

아무리 과학적으로 엄정한 방식으로 연구하더라도 연구에서 도출된 결과는 늘 오류의 가능성을 품고 있고, 주관성의 개입을 완전히 통제할 수 없습니다. 따라서 과학적 연구로 모든 사람에게 적용할 수 있는 만고불변의 진리를 도출해내는 것은 불가능합니다. '모든 인간은 언젠가 죽는다' 정도의 가설이라면 절대 진리로 받아들여지겠지만, 굳이 이러한 가설을 검증하려고 많은 시간과 노력을 들여 연구하는 심리학자는 찾아보기 어려울 것입니다. 오히려 과학으로서 심리학이 다루는 가설은 만고불변의 진리가 아니라 오류 가능성이 내포된, 언제든 반박될 가능성이 있는 가설이어야 합니다. 카를 포퍼(Karl Popper)는 이를 반증가능성(falsifiability)이라 일컬으며 끊임없는 반증으로 오류를 제거해나감으로써 과학은 진리를 향해 진보한다고 제안했습니다.

이러한 관점에서 보면 심리학 연구로 밝혀진 사실들은 인간에 대한 만고불변의 진리를 확증하는 것이 아니라, 인간의 다양성과 개인차에 대한 이해의 지평을 넓혀주는 역할을 합니다. 대체로 심리학에서 밝히고자 하는 연구 주제는 '이 사람과 저 사람 사이에는 어떠한 차이가 존재하는데, 이 차이는 무엇과 관련되었을까? 이 차이의 원인은 무엇일까? 어떻게 하면 차이를 줄이거나 늘릴 수 있을까?' 같은 것들입니다.

인간의 심리적 고통을 다루는 임상심리학은 특히 이러한 개인차(individual differences)를 설명하는 데 초점을 둡니다. '왜 어떤 사람은 심리적 고통에 더 취약하고, 어떤 사람은 심리적으로 더 건강한가?' 이와 관련된 요인들을 찾아내 개입할 수 있다면, 고통에 몸부림치는 사람들을 조금 더 건강하고 행복하게 살도록 도와줄 수 있을 거라고 믿는 것입니다.

통제에 대한 환상을 깨닫습니다

이렇듯 심리학은 '모든 인간은 다르다. 개인차가 있다'는 것을 전제로 합니다. 만일 모든 인간이 똑같이 느끼고 생각하고 행동한다면, 굳이 인간을 이해하려고 이렇게 많은 노력을 기울일 필요가 없습니다. 하지만 현대인은 인간의 동질성에 대해 비현실적 환상을 가지기 쉽습니다. 문명화된 사회에서 인간의 기술과 노력으로 통제가능한 요소가 늘어날수록, 랜덤하게 벌어지는 우연적 요소에 대한 반발심이 커집니다.

기술문명이 발전하지 않은 시대에 살던 원시인들은 비가 오면 오는 대로, 눈보라가 치면 치는 대로, 더우면 더운 대로, 추우면 추운 대로 주어진 여건을 견디는 삶을 당연시했습니다. 하지만 오늘날 기본적인 냉난방이 되지 않는 환경에 거주하는 것은 비인간적 처사가 됩니다. 자연에 대한 인간의 통제력은 놀라울 정도로 커졌고, 이 통제력을 발휘해 살기 좋은 세상을 만드는 것이 당연히 기본이 되어야 한다고 믿습니다. 사실 인간의 통제가 가미된 살기 좋은 세상은 당연히 주어지는 기본이 아니라 엄청나게 발전된 문명의 산물이라는 것을 간과합니다.

통제가능성에 대한 인간의 끝없는 욕망은 심리적 영역에도 예외가 아닙니다. 심리적 고통에 대한 이해가 깊어지고 이것을 효과적으로 줄일 수 있는 방법이 개발된다면, 누구나 똑같이 행복을 누리는 평등한 사회가 도래할 거라는 환상이 생겨납니다. 통제불가능성을 인간이 타파해야 할 목표로 여길수록, 나에게 주어진 것에 불만족할 가능성도 커집니다. 나와 타인은 다른 것이 당연하고 그것이 자연의 섭리인데, '왜 너와 나는 다르지? 이것은 불평등해!'라고 말하는 셈입니다.

모든 인간은 행복해질 권리가 있지만 어떤 사람은 다른 사람들보다 더 쉽게 행복해하고, 어떤 사람은 더 쉽게 불행해진다는 사실을 받아들이기 어렵습니다. 더군다나 불행해지기 쉬운 그 사람이 바로 나라면 더더욱 이를 거부하고 싶습니다. 하지만 자신에게 주어진 현실을 거부하는 것은 더 큰 불행을 낳습니다.

그렇다고 해서 타고난 불평등을 받아들이고 주어진 운명대로 살아야 한다는 뜻은 아닙니다. 각자가 서 있는 위치가 다르다는 것을 인정해야만 각자에게 맞는 변화의 가능성을 모색할 수 있습니다.

정신건강에서 유전을 어떻게 볼 것인가?

정신건강의 개인차를 이해하려고 시도할 때 거론되는 대표적 원인론 중 하나가 바로 '유전(heredity)'입니다. 정신건강의학과나 심리상담소에 처음 내원하게 되면, 빠지지 않고 받게 되는 질문이 바로 가족력에 대한 것입니다. 누군가 우울감을 호소한다면, 직계가족이나 친척들 중에서 유사한 문제를 겪은 사람이 있는지 꼭 확인하게 됩니다.

누군가는 이러한 질문을 받으면 난색을 표합니다. 굳이 알리고 싶지 않은 가족의 정신병력까지 말해야 할 필요가 있냐고 되묻기도 합니다. 그러나 가족력은 정신질환의 발병과 경과를 예측하는 중요한 인자입니다. 만일 직계가족 중 양극성 장애(조증과 우울증을 함께 보이는 기분장애)의 병력이 있다면, 이 사람이 현재 우울증상을 보이지만 향후 양극성 장애로 이환될 가능성까지 염두에 두어야 합니다.

정도의 차이는 있으나 우울장애, 불안장애, 양극성 장애, 조현병 스펙트럼 장애, 각종 성격장애 등의 병인론에서 유전과 생물학적 요인은 큰 축을 담당하고 있습니다. 물론 유전이 유일한 요인은 아니며 환경적·사회적·심리적 요인도 다른 축을 각각 담당하고 있습니다. 정신장애의 발현에는 다양한 요인이 상호작용하기 때문에 특정한 하나의 원인을 꼭 집어 말하기가 어렵습니다. 그러나 각종 정신질환이나 심리적 고통을 겪는 사람들이 이러한 질환과 고통에 대한 취약성(vulnerability)을 타고난다는 것은 부인할 수 없는 사실입니다.

취약성을 타고난다는 것은 그 누구의 잘못도 아닙니다. 부모를 잘

못 만나서도 아니고, 전생에 죄를 지어서도 아니고 그냥 그렇게 태어난 것일 뿐입니다. 우리는 자신이 행한 것만 책임을 질 수 있습니다. 애초에 선택할 여지가 없고 스스로 행하지 않은 것에 잘못을 물을 수는 없습니다. 그러나 내 '탓'이 아닌데도 나에게 주어진 이 취약성을 끌어안고 평생을 살아가야 한다는 것이 인생의 근본적 비극이 됩니다.

하지만 이것은 비극이기만 할까요? 우리가 어떤 특성을 물려받았다는 것은 바꿔 말하면, 진화적으로 그 특성이 생존에 유리했기에 살아남았다는 의미입니다.

저는 위험회피(harm avoidance) 기질이 매우 높은 편인데, 위험회피는 위험하거나 두려움을 유발하는 상황 또는 자극을 회피하고 행동을 억제하는 성향을 의미합니다. 위험회피 성향은 신경전달물질 중 하나인 세로토닌과 밀접한 관련이 있는 것으로 알려져 있으며, 세로토닌은 뇌의 억제 체계를 활성화하는 역할을 합니다. 위험회피 성향이 높은 사람들은 억제 체계가 쉽게 활성화하며, 이로써 우울과 불안에 취약하고 행동이 위축되기 쉽습니다.

이런 특성은 살면서 많은 불편함을 초래했는데, 낯선 장소를 혼자 찾아가야 할 때면 극도로 스트레스를 받았습니다. 버스는 어디에서 타야 할지, 어떤 노선이 운행되는지, 시간이 얼마나 걸릴지, 제시간에 도착하지 못하면 어떡할지 등 수많은 걱정과 예기치 못한 변수들을 떠올리며 불안에 시달렸습니다. 다른 사람들이 보면 '뭐 저런 걸 걱정하나' 싶은 사소한 문제들이 저에게는 너무나 큰 고민거리로 다가왔습니다.

위험회피 기질이 높으면 불확실성을 견디기 어려워하고 자연스레 행동 반경이 줄어듭니다. 버스를 타면 빠르게 갈 수 있지만, 새로운 방법을 시도하는 것이 두려워 꾸역꾸역 걸어서 아는 길로 힘들게 돌아가는 식입니다. 다행히 저는 무슨 일이든 한번 겪고 나면, 다음부터는 어떤 상황이 벌어지는지 알기에 불안이 크게 줄어들었습니다.

하지만 이렇게 작은 일을 해내는 데도 엄청난 에너지가 필요했으므로 집에 돌아오면 녹초가 되어 뻗어버리기 일쑤였습니다. 행여나 낯선 사람과 통화할 일이라도 생기면, 주고받을 대화를 예상해 스크립트를 모두 작성해놓는 식이었습니다. 지친 하루를 보낸 어느 날, 멍하게 천장을 보면서 생각했습니다. '다른 사람들도 이렇게 인생을 힘들게 사나?'

한때 저는 타고난 제 기질을 원망하고 저와 다른 사람들을 선망했습니다. 저와 달리 과감하게 새로운 일에 도전하고 어떠한 난관에도 쫄지 않는 사람들이 부러웠습니다. 그들의 일상은 흥미로운 일들로 가득 차 보였고, 그들은 나만큼 인생을 힘들게 살지 않는 것 같아 불공평하다고 생각했습니다. 하지만 병원과 상담소에서 다양한 사람들을 만나면서 대범함은 무모함의 다른 얼굴이고, 소심함은 신중함의 다른 얼굴이기도 하다는 것을 서서히 받아들이게 되었습니다.

저는 위험회피 성향이 높아 작은 도전에도 걱정하고 마음을 졸여야 했지만, 그 덕분에 준비성이 철저하여 큰 실수를 저지르는 경우가 드물었습니다. 새로운 활동을 주저하여 단조롭고 지루한 일상을 살았지만, 그 덕분에 꾸준히 한 우물만 파는 끈기와 성실함을 가지게 되었습니다. 누군가에게는 소심하고 융통성 없는 사람이라는 평을 들었지만 누군가에게는 신중하고 믿음직스러운 사람이라는 평을 들었습니다.

이렇듯 인간이 지니는 심리적 속성은 모두 트레이드오프가 있고, 어떤 면에서는 부적응성을, 어떤 면에서는 적응적 가치를 지니고 있습니다. 제가 높은 위험회피 기질을 타고난 것은 먼 옛날 제 조상들 중 이러한 기질을 지닌 사람이 적자생존에 성공했다는 의미이기도 합니다. 위험 자극에 민감하고 조심성이 많았던 그 원시인은 눈치 빠르게 위험을 모면해 후대에 자손을 남길 수 있었던 것입니다. 마찬가지로 위험회피 성향이 낮고 자극추구가 높았던 원시인들은 적극적으로 적을 무찌르거나, 더는 같은 자리에 머무르면 안 될 때 새로운 보금자리를 개척하여 살아남았을 것입니다. 각자 자기에게 주어진 무기를 담금질해 자기만의 방식으로 살아남았을 뿐입니다.

그러니 '나는 왜 이 모양이지?' '왜 이거밖에 안 되는 거야?' 하는 의문을 내려놓아도 좋을 것입니다. 제가 아무리 제 근본을 부정하고 다른 사람을 동경한다 해도 위험회피가 높은 사람처럼 살아갈 수는 없는 노릇입니다. 변증법적 행동치료(Dialectical Behavioral Therapy)의 창시자인 마샤 리네한(Marsha Linehan)[1]은 자서전에서 "당신이 튤립이

---

1 마샤 리네한: 미국 워싱턴대학교의 심리학 교수이자 변증법적 행동 치료(Dialectical Behavior Therapy)의 창시자. 청소년기에 심한 자살충동을 겪었으며, 폐쇄 병동에 입원한 적이 있다고 고백했다. 자신과 유사한 어려움을 겪는 사람들을 돕고자 임상심리학을 전공하고 DBT를 창시했다. 자세한 내용은 그의 자서전 『인생이 지옥처럼 느껴질 때』(비잉, 2022. 4) 참고.

75
•
있는 그대로 봅니다

라면 장미가 되려 애쓰지 말고, 대신 튤립 정원을 찾아가라"라는 말을 남겼습니다. 그 말처럼 '이번 생에 내게 주어진 삶이 이런 모양이구나'를 인정해야만 '어떻게 내게 맞는 정원을 잘 가꾸어갈까?'라는 다음 질문으로 넘어갈 수 있습니다.

다양성이라는 선물

생물학적으로 멸종의 시그널은 개체의 다양성이 감소하는 것이라고 합니다. 한 종에 속하는 서로 다른 개체가 다양한 특성을 보유해야만 환경 변화에 유연하게 적응하고 다른 개체의 생존을 도울 수 있습니다. 어떤 한 개체의 모습이 좋아 보여 너도나도 그 모습을 추구하다 보면 개체 간의 변산(variance)이 줄어들고, 결국 변화에 대한 적응력을 잃어버립니다.

오늘날 한국 사회가 이상적이라고 여겨지는 정답을 추구하며 그 기준에 도달하지 못하면 전부 무가치하다는 신념에 사로잡혀 개인들 간의 다양성을 부정하는 것, 너도나도 마땅히 이상적인 모습으로 살아야 하고 그렇게 살지 못할 바에야 태어나지 않는 것이 낫다는 믿음, 이러한 통제에 대한 비현실적 신념이 인구절벽에 직면한 우리 사회의 소멸을 향한 전주곡처럼 들리는 것은 우연이 아닐 것입니다.

우리는 모두 다릅니다. 다른 것이 당연하고 기본입니다. 오늘날 우리가 꽤나 비슷한 가치와 문화를 공유하며 살게 된 것은 인류 역사를 통해 이루어진 문명의 산물이지 마땅히 부여받은 권리가 아닙니다. 그러니 '왜 너와 나는 다르지? 불공평해!'라는 생각이 들 때면, '같아야 할 이유도 없다. 같아야 한다는 생각이 나를 더욱 힘들게 만든다'라고 되뇌어보길 바랍니다. 그리고 내 모습을 전체적으로 봐주세요. 내가 단점이라 못마땅하게 여기는 그 모습 이면의 장점에도 공평하게 관심을 기울여봅니다. 외부 세상에서 공평함을 찾기 전에 나 스스로에게 먼저 공평한 시각을 적용해봅니다.

우울과 불안으로부터 온전함을 위한 워크북

내 마음에 들지 않는 나의 심리적 특징을 한 가지 떠올려 봅니다. '나는 소심하다' '나는 게으르다' '나는 조심성이 없다' 등 어느 것이든 좋습니다. 다음으로 그 특징에 따른 단점과 장점을 각각 세 개씩 써봅니다.

〈예〉
마음에 들지 않는 특징: 나는 소심하다

이에 따른 단점
1. 걱정하느라 잠을 못 잔다.
2. 도전을 망설이다가 지나고 나서 '그때 한번 해볼 걸' 하고 후회한다.
3. 일상이 단조롭다.

이에 따른 장점

1. 준비성이 철저하다.

2. 크게 다쳐본 적이 없다.

3. 사람들에게 신뢰를 준다.

나의 단점이 크게 느껴질 때면 '그래, 나는 이런 단점이 있지' 하고 인정합니다. 그리고 이어 '이런 장점도 있지' 하고 의식적으로 말해봅니다.

다음으로 내가 부러워하는 사람의 심리적 특징을 한 가지 떠올립니다. '그 사람은 대범하다' '그 사람은 외향적이다' 등 어느 것이든 좋습니다. 그리고 그 특징에 따른 장점과 단점을 각각 세 개씩 써봅니다.

〈예〉

부러워하는 특징: 그 사람은 대범하다

이에 따른 장점

1. 사소한 일에 스트레스를 덜 받는다.

2. 사업에 도전해서 돈을 잘 번다.

3. 처음 만나는 사람과 쉽게 친해진다.

이에 따른 단점

1. 일을 빨리하는 대신 완성도가 부족하다.

2. 공격적인 주식 투자로 돈을 잃었다.

3. 무모한 제안을 해서 사람들이 부담스러워하기도 한다.

✔ 누군가 너무 부러울 때면 '그래, 그 사람은 이런 장점이 있지' 하고 인정합니다. 그리고 이어 '이런 단점도 있지' 하고 의식적으로 말해봅니다.

✔ 의식적으로 하는 것이 중요합니다. 가만히 있어도 기본적으로 나와 타인에 대한 균형 잡힌 시각이 주어지는 게 아닙니다. 우리는 의식적으로 노력해서 자신의 정원을 가꾸어갈 수 있습니다. 한번 해보고 '별 소용 없네' 하고 체념하지 않길 바랍니다. 우리가 앞으로 배울 기술들은 씻고, 밥 먹고, 양치하고, 잠드는 것처럼 매일 반복해 마음의 습관을 만들어나가는 일과 관련된 것입니다.

그래, 나 예민해.
그게 뭐 어때서?

내 모습을 있는 그대로 수용하는 것은
'이번 생에 내게 주어진 카드패를 가지고
최선을 다해 카드놀이에 임하겠다'는 다짐과 같습니다.

진실한 자기 모습으로 살고 싶은 것

올리비아 핫세 닮은 꼴로 유명한 한가인 배우가 출연한 영화 〈말죽
거리 잔혹사〉를 처음 보았을 때, 그녀의 아름다운 모습에 충격을 받
았습니다. 인기 절정을 달리던 어린 나이에 돌연 결혼하고, 이후 작
품활동이 뜸해서 그녀의 선택에 대중은 의아해했죠. 한참 시간이 흘
러 이제는 두 아이의 엄마가 되어 예능 프로그램에 출연한 그녀는
젊은 시절 이미지와 사뭇 달라져 있었습니다. 과거 청초한 첫사랑의

이미지로 신비주의 콘셉트를 고수했던 것과 달리 엉뚱하고 수다스러운 사차원 캐릭터로 돌아온 것입니다. 사람들은 그녀의 변신에 깜짝 놀랐지만 정작 자신은 "이게 본래 내 모습이다. 그동안 하고 싶은 말을 마음대로 못 해서 너무 답답했다"라고 했습니다. 한 인터뷰에서 '자기 자신의 모습으로 솔직하게 말하고 표현했던 건 기억이 나는데, 거짓으로 꾸며내 말한 것들은 기억이 잘 나지 않는다'고도 했습니다. 그리고 이제 더는 자기 모습을 숨기지 않고 편안하게 대중에게 다가가고 싶다는 소망을 덧붙였습니다. 그런 그녀의 모습은 어쩐지 예전보다 편안하고 자연스러워 보였습니다.

그녀의 변신에 누군가 인터넷에 남긴 글을 보았습니다.

"이렇게 예쁘고, 모든 면에서 성공하고, 다 가진 것 같은 사람도 진실한 자기 모습으로 살고 싶은 것에 큰 가치를 두는군요."

타고난 본연의 모습을 긍정하며 사는 것, 그렇게 함으로써 내 잠재력을 실현하고 있는 그대로 내 모습으로 살아가는 것을 자아실현(self-actualization)이라고 합니다. 욕구 5단계설[2]을 제안한 미국의 심리학자 에이브러햄 매슬로(Abraham Maslow)는 자아실현의 욕구를 인간이 지닌 최상위 욕구라고 보았습니다. 그는 자아실현을 다음과 같이 정의했습니다.

"자아실현의 욕구는 자신이 잠재적으로 될 수 있는 그 무엇을 실

---

2 미국의 심리학자 매슬로가 발표한 동기이론으로, 인간은 낮은 단계의 욕구가 충족되면 위계상 더 높은 다음 단계의 욕구를 추구하게 된다고 보았다. 1단계는 생리적 욕구, 2단계는 안전의 욕구, 3단계는 애정 및 소속의 욕구, 4단계는 존중의 욕구, 5단계는 자아실현의 욕구다.

현하고자 함을 의미한다. 이것은 한 개인이 점점 더 자신의 특유함을 찾으려는 욕구, 자신이 될 수 있는 모든 것이 되려는 욕구라고 할 수 있다."

'자신이 될 수 있는 모든 것이 되고자 한다'는 것은 달리 말하면, 내가 아닌 것은 결코 될 수 없다는 뜻이기도 합니다. 내가 아닌 모습으로, 남들이 원하는 모습, 더 그럴싸하고 멋진 모습을 가장하며 살아가는 것이 일시적으로 가능할지 모르지만 그 대가는 자아가 사라지는 듯한 불안과 공허감으로 가득한 삶입니다. 아마도 그녀가 대중이 원하는 이미지에 맞춰 신비롭고 아름다운 이미지를 고수하려 했다면, 카메라 앞에 서는 것이 점점 고역이 되고, 자신이 하는 일을 사랑하기 어려웠을 것입니다.

이번 생에 내게 주어진 카드패

내 모습을 전체적으로 봐주는 것, 나의 장점과 단점을 공평하게 고려하는 것은 결국 나를 있는 그대로 수용하라는 뜻이기도 합니다. 사람은 저마다 다르고 각자 특유한 모습을 지니고 있다는 것, 나 또한 예외가 아니기에 나의 어떤 점은 남들과 비슷하고 어떤 점은 유달리 별나기도 하다는 것을 인정하는 것이 바로 자신을 수용하는 길입니다.

그렇다면 도대체 어떻게 해야 나 자신을 있는 그대로 수용할 수 있을까요? 내가 남들보다 불안과 우울에 대한 취약성을 더 많이 가지고 있다는 것, 예민하고 별난 기질을 타고나서 남들보다 더 불행해지기 쉬운 사람이라는 것을 인정하면 뭐가 남을까요? 과연 그런 인정이 우리를 행복의 길로 인도할 수 있을까요? 이러한 수용이 타고난 운명에 대한 굴복, 체념과 뭐가 다를까요?

사실 타고난 운명을 수용하는 것을 마치 선택의 문제로 여기는 것, 그래서 주어진 운명에 수긍하거나 저항하기를 스스로 선택할 수 있다는 신념은 인류사에 등장한 지 얼마 되지 않은 사조라고 합니다. 신과 자연의 섭리를 따르던 시대에는 운명을 관장하는, 개인을 넘어선 더 큰 원리가 존재한다는 것을 당연하게 받아들였습니다. 그러나 그러한 원리와 종교적 신념이 빛을 잃은 시대에는 온전히 내 인생을 통제하고 선택해야 하는 막중한 책임이 개인에게 남겨졌습니다. 미국의 현대 철학자 휴버트 드레이퍼스(Hubert Dreyfus)는 이 무거운 책임을 다음과 같이 서술했습니다.

"그것은 신 자신이 한때 행했던 무(無)로부터의 창조와 마찬가지로 무로부터 행복한 의미를 구성할 책임이요, 이로써 무의미와 신 없는 세계의 고달픔에서 벗어날 책임이다. 이것은 우리 스스로 신이 되라는 요구나 다를 바가 없다."[3]

그러나 우리는 신과 같은 전능함을 발휘해 내게 주어진 인생을 완전히 통제하고 선택할 수 있을까요? 나의 타고난 모습, 나에게 찾아

---

3   휴버트 드레이퍼스·숀 도런스 켈리, 김동규 옮김, 『모든 것은 빛난다』, 사월의책, 2023, 88쪽 인용.

오는 행운과 불행을 수용하는 것이 과연 선택권이 있는 문제일까요? 변증법적 행동치료의 창시자인 리네한은 환자들에게 수용 개념을 설명하려고 카드놀이 비유를 예로 들었습니다. 그녀는 자신의 취약성과 한계를 수용하지 못하는 사람들은 마치 카드놀이에서 자기 패에 만족하지 못해 생떼를 쓰는 것과 같다고 표현했습니다. '이번 판에 내 패가 마음에 들지 않으니 나는 카드놀이에 참여할 수 없다'고 우기는 것과 마찬가지라는 것입니다. 카드놀이에서 나에게 어떤 패가 주어질지는 랜덤으로 결정되는데, 그들은 자신에게 선택권이 없었다는 사실 자체에 분노하느라 게임을 즐기지 못합니다. "왜 내게 이런 별 볼 일 없는 카드를 줬어? 불공평해!"라고 외치는 셈입니다. 그런 사람들에게 리네한은 단호하고 일관된 태도를 취했습니다.

"여보세요. 이게 당신의 패라고요."

'이번 생에 내게 주어진 패가 지금 내 모습이구나'를 수용하지 않으면 자기 삶을 살아가지 못합니다.

내 어깨에 짊어진 짐

2013년 한 대학의 졸업식에서 졸업생 대표로 연설한 학생의 연설문이 회자된 적이 있습니다. 그 학생은 장애인으로는 처음으로 졸업생 대표 연설을 맡았는데, 자신이 청각장애로 순탄하지 않은 삶을 살아왔다고 고백했습니다. 많은 좌절을 겪었고 그 끝에 죽음을 생각해본 적도 있지만, 홀로 떠난 제주 여행에서 내면 세계를 깊이 탐색한 끝에 한 가지를 깨달았다고 합니다. 자신에게 주어진 장애는 평생 함께해야 할 숙명이라는 것을 말입니다. 하지만 그는 숙명을 받아들이는 데 그치지 않고 한 발짝 더 나아갔습니다.

"우리가 짊어지고 있는 모든 것은 나름대로 의미가 있다. 기쁨뿐 아니라 슬픔, 괴로움까지도."

"자신이 짊어지고 있는 것을 수용하는 것이 변화의 시작이다."

이러한 사고의 전환과 함께 그는 숙명을 받아들이고 변화를 향한 희망을 품게 되었습니다. 이것이 바로 수용의 본질입니다. 수용은 포기나 체념의 동의어가 아닙니다. 내 모습을 있는 그대로 수용하는 것은 이번 생에 내게 주어진 카드패를 가지고 최선을 다해 카드놀이에 임하겠다는 다짐입니다. 그러한 다짐과 함께 카드놀이를 해나갈 때 내 카드패로 만들 수 있는 최선의 수를 생각하게 되고, 이 게임에 함께 참여하는 다른 플레이어들의 동작이 눈에 들어오게 됩니다. 살아가다 보면 그들 중 나와 뜻을 같이하는 팀원을 만나기도 하고, 누군가와 적대하기도 하며, 때로는 운수 없는 날이, 때로는 눈먼 행운이 찾아오기도 할 것입니다.

오랫동안 우울증을 앓아온 한 남성이 우울증을 받아들이게 된 과정을 이야기하는 것을 들었습니다. 한때 그는 자신의 우울함과 싸워 이기려고 했지만, 더는 그러한 싸움이 무의미하다는 것을 깨달았다고 합니다. 어느 날, '내가 원래 그런 사람이다. 타고나기를 남들보다 우울하게 태어났다'를 받아들이게 되었습니다. 그러고 나니 되레 마음이 편안해지면서 어떻게 살아가야 할지가 보이는 것 같았다고 합니다. '큰 욕심 부리지 않고 한평생 내가 가진 우울을 잘 관리하며 살아가는 것만으로도 성공한 인생이다. 이런 내가 이만큼 견디며 살아온 것만으로 장하다'고 여기게 된 것입니다. 더이상 스스로를 다그치지 않고 자신이 가진 특성들을 끌어안으며 사이좋게 지내보기로 마음먹은 것입니다.

저 또한 우울과 불안에 대한 취약성, 높은 신경성과 예민함을 내게 주어진 카드패의 일부로 받아들이는 과정이 필요했습니다. "왜 나에게 이 따위 카드를 줬어? 감당 못 하겠어!"가 아니라 "내가 가진 패 중에는 꽤 까다로운 카드도 몇 장 있지" 정도로 여기며 살아가는 것입니다.

살아가면서 이 카드들을 운용하는 법을 익혀가는 것, 내 어깨에 짊어진 짐을 내려놓는 것이 아니라 충분히 짊어질 수 있는 근력을 키우겠노라 마음먹는 것, 그것이 이번 생에 나에게 주어진 과업이고 자기를 실현하는 길입니다.

나를 수용하면 예민하게 굴 필요가 없어진다

일찍이 본성을 수용하며 사는 법을 배웠더라면 좋았겠건만 어째서 우리는 자신에게 주어진 카드패를 부정하는 삶을 살게 되었을까요? 삶의 기쁨과 행복보다는 고통과 불행에 예민한 사람들이 성장 과정에서 마주하는 여러 난관이 있는데, 그중 하나는 다음과 같은 타인의 반응입니다.

"너는 왜 별것도 아닌 것 가지고 난리를 치냐? 너무 예민한 거 아니야?"

나에게는 충분히 괴롭고 고통스러운 자극을 아무것도 아닌 것으로 취급하는 타인의 반응은 자기 자신에 대한 불신으로 이어집니다. 나는 어딘가 이상하고 잘못된 사람 같습니다. 분명히 실재하는 고유한 경험이 별것도 아닌 일로 취급되는 세상은 점점 더 무섭게 다가오고, 주변을 둘러싼 자극에 점점 더 예민해집니다. 어디에도 내 편은 없고 내가 마치 지구에 불시착한 외계인처럼 느껴집니다. 만일 나를 부정하는 그 대상이 다름 아닌 부모라면 아이는 부모를 부정하는 대신 한 치의 망설임도 없이 자신을 부정하고 맙니다.

리네한은 정서적 자극에 대한 개인의 취약성과 정서적 반응에 대한 비수용적 환경(invalidating environment)이 정서적 고통을 증폭한다고 설명합니다. 고통스러워하는 사람에게 "그건 고통스러울 만한 일이 아니야. 아무것도 아니야"라고 열심히 말해준다고 해서 결코 고통이 사라지지 않습니다. 고통을 달래는 유일한 방법은 "그래, 많이 고통스럽구나"라고 그 마음을 수용하고 기다려주는 것입니다. 누군가 대신 고통을 감당할 수도 없으며, 스스로 그 고통이 여기 있음을 알아차리고 끌어안아야만 고통에서 벗어나는 한 걸음을 내디딜 힘이 생깁니다.

저도 한때 "너 왜 그렇게 예민해?" 같은 말들에 참 날카롭게 반응했습니다. 그런데 희한하게도 남들이 하는 말에 어느 정도 초연해질 수 있게 된 것은 저 자신이 예민하다는 것을 인정하면서부터였습니다. 심리학을 공부하고 다양한 사람을 만나면서 제 취약성을 있는 그대로 보게 되니 저는 상당히 예민한 사람이 맞았습니다. 내가 그렇게 예민하고 취약한 사람이라는 사실을 수용하지 못했을 때는 남들이 하는 한마디 한마디가 공격적으로 느껴졌고, 나를 정당화하려고 타인의 승인을 구하느라 바빴습니다. "아니, 이건 내가 예민한 게 아니라 그렇게 말하는 사람이 잘못된 거 아닌가요?"라고 말입니다. 그래야만 내가 이상한 게 아니라는 걸 증명할 수 있을 것 같았기 때문입니다.

그런데 '그래, 나 좀 예민해. 이 성깔로 지금까지 사느라 고생했다'라고 인정하고 나니 제 예민성이 별것 아닌 듯 느껴졌고, 심지어 어떤 면에서는 고맙기도 했습니다. 고통과 불행을 알아채는 그 예민함이 없었다면 이 길로 들어서지도 않았을 테고, 이 일을 잘해내지도 못했을 것이라는 생각이 들었습니다. 나의 한쪽 측면을 수용하고 나니 그동안 보지 못했던 동전의 뒷면까지 볼 수 있게 된 것입니다. 나라는 존재는 뭔가 속부터 꼬여서 잘못 설계된 것이 아니라 그저 그렇게 타고났을 뿐이고, 그것도 나쁘지 않다는 생각이 들었습니다.

나아가 '나의 이 예민함을 수용하며 살려면 무엇이 필요했을까?'를 생각하다 보니 '만일 나를 꼭 닮은 아이가 있다면 뭐라고 말해주면 좋을까?'라는 질문에 대한 답을 떠올리게 되었습니다. '어린 나에게는 무슨 말이 필요했을까?' 질문 끝에 제가 찾은 답은 다음과 같습니다.

"너의 그런 특징이 사는 데 불편하기도 할 거야. 남들보다 쉽게 상처받고 힘들다고 느껴질 때도 있겠지. 그래도 괜찮아. 잘 다스리면서 사는 법을 배우면 돼. 때로는 너의 그 예민함이 장점이 되고 특별한 무기가 되기도 할 거야."

이 말을 떠올릴 때마다 저는 누군가의 보살핌을 받는 느낌과 함께 세상을 살아갈 힘을 얻었습니다. 그것은 저를 꼭 닮은 아들에게 해주고픈 말이기도 하면서 성인이 된 지금의 내가 어린 나에게 해주는 말 같기도 했습니다.

그 뒤로는 남들이 하는 말에 일일이 예민하게 반응하기보다 조금 여유롭게 대처하게 되었습니다. 누군가 "너 참 예민하구나!" 하면 "맞아요. 정확하게 보셨네요" 하고 받아칠 배짱이 생긴 것입니다. 또 '예민하다'는 말 자체에 걸려 넘어지지 않게 되니 순수하게 제 모습을 알아봐주는 사람과 비난할 의도로 말하는 사람을 구분하게 되었고, 인간관계에도 층위가 생겼습니다. 모든 사람에게 잘 보이려 애쓰는 것이 아니라 나를 아끼고 소중하게 대해주는 사람을 가까이에 두고, 나를 부정하고 힘들게 하는 사람과는 거리를 두게 되었습니다. 멀리 있는 그들이 아무렇게나 던지는 말 몇 마디에 나 자신이 몽땅 부정당하는 것처럼 느끼거나 기분을 송두리째 망치는 일이 줄었습니다.

우울과 불안으로부터 온전함을 위한 워크북

내가 수용하기 힘든, 마음에 들지 않는 내 특징을 한 가지 떠올려봅니다. '나는 예민하다' '나는 겁이 많다' '나는 충동적이다' 등 어느 것이든 좋습니다.

어떤 말을 들었다면 그런 내 모습을 수용하는 데 도움이 되었을까요? 나의 소중한 아이가 내가 수용하기 힘든 내 모습을 꼭 닮았다고 상상해보십시오. 아이가 그러한 모습을 수용하며 살아가려면 어떤 말이 필요할까요? 아이를 사랑하고 보살피는 마음을 담아 아이에게 하고 싶은 말을 써봅니다.

그 말을 나에게도 다정하게 건네봅니다. 내가 나의 엄마가 되어 보듬어준다고 생각해봅니다. 어른에게도 좋은 부모가 필요한 법이니까요.

〈예〉

1. 내가 수용하기 힘든 내 모습: 나는 겁이 많다.

2. 어떤 말을 들었다면 내 모습을 수용하는 데 도움이 되었을까? 내 아이가 나를 꼭 닮았다면 어떤 말을 해줄 수 있을까?

- ○○는 처음 시작하는 걸 무서워하지. 맞아. 그럴 수 있어. 엄마도 처음 하는 일은 낯설고 무서운 마음이 들어. 그래도 괜찮아. 처음에는 무섭지만 하다 보면 익숙해지고, 또 재미를 느낄 수도 있거든.

3. 내 아이에게 해주고 싶은 말을 나에게도 건네봅니다. 나 자신이 마음에 들지 않고 한심하게 느껴지는 순간마다 나에게 들려줄 따뜻한 말 한마디를 간직해둡니다.

말은 말일 뿐이고
생각은 생각일 뿐입니다

대상을 있는 그대로 보려면 거리가 필요합니다.
나와 타인 사이에 적절한 거리를 유지하려면
판단적인 언어의 덫에서 벗어나야 합니다.

어차피 내려갈 걸 알면서도 올라가는 맛이 있다

자기 모습을 있는 그대로 수용하지 못하면 세상은 적의로 가득 차고 자신을 부정할지도 모르는 수많은 적을 상대하느라 고달픈 삶을 살게 됩니다. 별 의미 없는 말에도 상처받을 요소를 찾아내고, 타인의 개인적 취향과 가치를 인정하기가 어렵습니다.

대학생 때 있었던 일입니다. 과방에 모여 있던 동기들 중 한 명이 "나는 산에 올라가는 사람 이해가 안 되더라. 어차피 내려갈 거 뭐

하러 올라가는 거야?"라고 말했습니다. 저는 그 말에 미간이 찌푸려졌습니다. 당시 저는 산책 삼아 집 근처 산에 오르는 것을 즐겼기 때문입니다. 그때 저는 비난을 당한 것처럼 느꼈고, 그 비난으로부터 저 자신을 보호하고자 '다른 사람의 취향에 대해 단정적으로 말하는 사람은 무례하다. 가까이하기 싫다'고 마음속으로 판단을 내리고 입을 꾹 다물었습니다.

그 후 그 장면을 여러 번 곱씹어 보았습니다. 그 자리에 있던 사람들 중 그의 말을 이렇게 생생하게 기억하는 사람은 드물 테고, 그 한마디에 꽂혀서 앙심을 품은 사람도 드물 텐데 무엇이 그토록 저를 자극했을까요? 그것은 아마도 '나와 다른 사람은 나를 이해하지 못할 테고 나를 부정할 것'이라는 제 안의 불안 때문이었을 것입니다.

타인을 통해 내 안의 불안을 달래고자 하는 이유는 내가 나 자신을 수용하지 못하기 때문입니다. 만일 등산을 좋아하는 내 모습을 자연스럽게 받아들이고 이에 대한 확실한 자기감이 있다면 타인의 승인을 구하려고 연연하지 않을 것입니다. 다른 사람이 등산을 싫어한다고 해서 그게 곧 내 이상함을 증명하는 일도 아니고, 내 취향과 선호를 당당하게 밝힌다고 해서 위협적으로 느끼지도 않습니다.

지금의 저라면 그 상황에서 불쾌감만 느끼며 속앓이를 하지는 않을 것 같습니다. "어? 나는 등산 좋아해! 내려갈 걸 알면서도 올라가는 맛이 있잖아"라고 제 생각을 말할 것 같습니다. 동기의 말에 '너는 나와 취향이 다르네'라고 단순하게 받아들이면 얼마든지 할 수 있는 말입니다. 혹은 "에이, 좋아하는 사람도 있는데 그렇게 말하면

섭섭하지"라고 가볍게 받아칠 수도 있습니다.

어쨌든 내 모습을 수용하고 솔직한 말과 행동을 해야만 상대가 어떤 사람인지 알 수 있습니다. 제가 던진 말에 상대가 "어, 그래? 그렇구나. 내가 걷는 걸 싫어하다 보니 세게 말한 거야. 나쁜 뜻은 없었어"라는 식으로 반응한다면, 상대의 의도를 곡해하거나 앙심을 품을 일은 없을 것입니다.

반면 "야, 너 진짜 취향 특이하다. 뭐 그런 걸 좋아하냐?"라는 식으로 반응한다면 '저 사람은 나와 가치관이 많이 다르구나. 멀리하는 편이 좋겠다'고 생각할 것입니다.

혹은 굳이 제 생각을 밝히지 않더라도 상대가 나쁜 의도로 타인을 비난한다고 단정짓기보다는 '저 사람은 등산을 싫어하고 자기 생각을 세게 표현하는 경향이 있네' 정도에 그칠 수도 있습니다. 상대가 자기 의견을 강하게 표현한다고 해서 그것이 곧 나에 대한 비난으로 연결될 필요는 없습니다. 눈에 보이지 않는 연결을 추정하고 의심하는 것은 내 안의 불안이 한 일이지 타인이 한 일이 아닙니다.

내 모습을 있는 그대로 수용하면 타인의 모습도 있는 그대로 보는 눈이 뜨입니다. 머릿속에서 타인이 어떤 사람인지 혼자 판단하고 선을 긋거나 '왜 그 따위로 말하는 거야?'라며 알 수 없는 타인의 의도를 추정하느라 진을 빼는 대신 상대에게 질문을 던지고 솔직한 내 의견을 표명하면 됩니다. 그것이 불안이 창조한 마음속 감옥에서 빠져나와 현실에 땅을 붙이고 살아가는 길입니다. 만일 내 의견을 밝히고 질문을 던질 용기가 없다면 최소한 '이것은 내 생각일 뿐 저 사

람이 실제로 나를 비난한 것인지 아닌지는 알 수 없어' 정도의 자각
을 갖추어야 합니다.

개인적인 것은 안전하다

"나는 산에 올라가는 사람 이해가 안 되더라"라는 동기의 말을 등산
을 좋아하는 나에 대한 비난으로 받아들인 데는 제 몫이 있습니다.
상대가 단정적으로 자기 의견을 표현한 면도 있지만, 서로 아는 사
이니 편하게 자기 생각을 말한 것일 수도 있습니다. 그 말에 '저 사
람은 등산을 싫어하는구나'로 받아들인 사람도 있을 테고, '저 사람
은 산에 올라가는 사람의 심경을 잘 모르는구나'라고 받아들인 사람
도 있을 것입니다. 등산에 별 생각이 없는 사람이라면 '그런가 보네'
하고 신경도 쓰지 않을 것입니다. 어쨌거나 자신의 개인적 선호와
생각을 표현한 것이라고 본다면 굳이 상대의 말을 자신에 대한 공격
이나 비난으로 해석하지 않을 것입니다.

　'저 사람은 나와 다른 생각과 감정, 의견이 있고 나는 내 의견이
있다'는 태도를 견지하면 타인을 지나치게 경계하거나 곡해하는 일
이 줄어들고 자기중심성에서 벗어나 다양한 관점으로 세상을 보게
됩니다. 관점의 다양성을 염두에 두면 내 생각이나 의견이 꼭 유일
한 정답은 아니라는 것을 알게 되고, 타인에게 좀 더 관대한 태도를
취할 수 있습니다.

타인에 대한 관대함은 자신에게도 더 많은 자유를 허락합니다. 그 사람은 그 사람만의 사정이 있듯이 나도 나만의 사정이 있고, 내 취향과 선호와 가치도 내 안에서 얼마든지 허용될 수 있기 때문입니다. 개인적인 것은 안전합니다. "나는 눈이 예쁜 사람이 좋아"라고 말할 때 이러한 개인적 선호가 눈이 예쁘지 않거나 앞이 보이지 않는 사람에 대한 비하나 차별로 이어지는 것이 아니라면 얼마든지 존중받아야 합니다.

때로 설령 상대가 정말 나를 비하하거나 공격하려는 의도로 하는 말일지라도 그렇게 생각하는 것은 그 사람 마음이고, 그 말에 휘둘리지 않는 것은 내 마음입니다. 그 사람의 생각과 말이 세상에서 하나뿐인 진실도 아니고 '그 사람은 그렇게 생각하는구나' 하고 주관적인 세계와 외부 현실을 구분하면 됩니다. 물론 타인의 행동이 나에게 실제 피해를 끼치는 상황이라면 그에 맞는 행동을 취해야겠지만, 그렇지 않다면 타인의 의견은 타인 것으로 남겨두면 됩니다. '어, 그래, 너는 그렇게 생각하는구나. 그것은 네 마음이니 네가 알아서 해. 내 마음은 내가 알아서 할게' 하고 거리를 두는 것이지요.

타인의 내적 세계에서 일어나는 일은 타인의 소관이듯이 나의 내적 세계에서 일어나는 일은 내 소관입니다. 누구도 간섭할 수 없고 침범할 수 없는 사적인 마음의 공간을 허용하면 타인의 생각을 존중하면서도 타인의 평가나 외부의 압력에 쉽게 휘둘리지 않는 내면세계를 가꾸게 될 것입니다.

있는 그대로 보려면 거리가 필요하다

타인의 말에 숨은 의도를 찾아내느라 촉각을 곤두세우지 않고 '저 사람은 그렇게 생각하는구나' 하고 있는 그대로 받아들이고 그 말이 다양한 의미로 해석될 수 있다는 관점을 유지하려면 거리가 필요합니다. 어떤 대상이든 적당히 떨어져 있어야만 있는 그대로 볼 수 있습니다.

코끼리의 생김새를 관찰한다고 생각해보겠습니다. 너무 가까이 있으면 코끼리의 전체 모습이 눈에 들어오지 않습니다. 누군가는 코만 만져보고 코끼리는 길쭉하고 말랑하다고 할 테고, 누군가는 다리만 만져보고 코끼리는 두꺼운 원통 모양이라고 할 것입니다. 각자가 본 것은 모두 코끼리에 대한 진실을 포함하지만, 결코 코끼리의 전부를 보았다고 할 수 없습니다. 코끼리를 있는 그대로 보려면 다양한 관점에서 바라본 코끼리의 모습을 통합하는 과정이 필요합니다. 코끼리의 코와 다리뿐 아니라 얼굴과 몸통, 꼬리를 보아야 하고 앞과 뒤, 위와 아래, 옆에서도 보아야 합니다.

인간에 대한 관점도 마찬가지입니다. 우리는 각자 자신이 처한 상황에서 타인을 봅니다. 내가 보는 관점은 타인에 대한 일말의 진실을 포함하지만 다른 관점에서는 그 진실이 다르게 보일 수 있습니다. 내가 보는 관점이 한정적일 수밖에 없다는 것과 내가 보지 못한 다른 측면이 있을 수 있음을 인정하면, 내 생각과 처지만이 옳다는 자기 확신의 오류에서 벗어나 타인과 적절한 거리를 형성하게 됩니다.

또한 자기 자신을 있는 그대로 보려면 자신과도 거리가 필요합니다. 내 생각과 감정, 욕구 등 내 내면세계에서 벌어지는 경험에 어느 정도 거리를 둬야만 나를 있는 그대로 볼 수 있습니다. 그 경험들은 물론 내 일부이지만 전부는 아닙니다. 하지만 경험에 대한 거리를 유지할 수 없으면 그 경험이 내 전부이고, 나는 여기서 절대로 빠져나갈 수 없을 것같이 느껴집니다.

우울할 때는 이 우울이 영원히 지속될 것 같고 나라는 인간이 한심하기 짝이 없어 보입니다. 내 경험의 일부로 우울을 보는 것이 아니라 우울에 빠진 상태에서 나를 보기 때문입니다. 이때는 우울과 지나치게 붙어 있습니다. 코끼리 다리에 바짝 붙어서 다리에 붙은 먼지를 현미경으로 보는 것과 마찬가지입니다. 그 먼지는 너무 더럽고, 징그럽고, 거대해 보여서 먼지에 깔려 압사당할 것 같은 상태에 이르게 됩니다.

언어의 덫

나와 타인 사이에 적절한 거리를 유지하려면 우리의 경험을 구성하는 언어의 함정에서 벗어날 필요가 있습니다. "나는 산에 올라가는 사람 이해가 안 되더라"라는 동기의 말을 들었을 때 저는 '아, 저 사람은 등산하는 사람을 이해하기 어려워하는구나' 하고 받아들이지 않고, '저 사람은 등산하는 사람을 우습게 보는구나'라고 받아들였습니다. 이렇게 넘겨짚은 이유는 제 삶에서 '이해가 안 된다'는 말이 사용되어온 맥락과 동기의 말을 연결지어 생각했기 때문입니다. 제 내면세계에서 '이해가 안 된다'는 말은 배척과 비난, 소외의 이미지와 맞닿아 있었고 동기의 말을 듣는 순간 자동으로 그러한 이미지들이 활성화된 것입니다. 그것은 아마도 제 삶의 어느 순간, 어떤 장면에서 '이해가 안 된다'는 말이 거부의 의미로 와닿은 적이 있기 때문일 것입니다.

이처럼 한마디 말에는 거미줄처럼 연결된 한 사람의 역사가 얽혀 있습니다. 언어는 이러한 방식으로 우리 의식을 점령합니다. 따라서 한마디 말에서 수십 개 의미를 도출해내고 저마다 다른 해석을 하며 오해에 오해를 쌓아갑니다.

제가 "너 참 예민하구나"라는 타인의 말에 예민하게 반응했던 것도 마찬가지입니다. '예민하다'는 말은 제 삶의 어느 순간, 타고난 기질을 부정당하고 힐난받는 맥락과 맞닿아 있었습니다. 따라서 누군가 저에게 그런 말을 할 때 '내가 실제로 예민한 면이 있기도 하지'라고 넘어가지 못하고 '왜 저 따위로 말하지? 왜 나를 비난해?'라며 반사적으로 반응했던 것입니다.

우리는 때로 아무 의미 없는 대상에서조차 언어가 부여되는 순간 그 언어와 관련된 의미를 생성해낼 수 있습니다. 지금 당장 눈에 띄는 아무 물건에 '나쁜'이라는 말을 덧붙여보세요. 저는 책상 위에 있는 생수병을 지금부터 '나쁜 생수병'이라고 불러보겠습니다. 방금 전까지 그저 투명한 플라스틱통에 불과했던 생수병은 '나쁜 생수병'

이라고 이름 붙이는 순간 여러 가지 의미를 획득하게 되었습니다. '나쁜 생수병'은 왠지 몸에 안 좋은 미세 플라스틱이 포함되어 있을 것 같고 '입을 대고 물을 마셔서 침이 묻었을 테니 찝찝하다'는 생각을 불러일으킵니다. 현실 세계에서 생수병은 조금 전과 아무것도 달라진 것이 없습니다. 그저 제가 부여한 '나쁜'이라는 말 한마디가 생수병의 정체성을 바꾼 것입니다.

이렇듯 언어와 연합된 개인적 경험과 의미들은 나와 타인을 있는 그대로 보는 것을 어렵게 만드는 덫으로 작용합니다.

덫에서 빠져나오는 주문, 인지적 탈융합

이렇듯 유구한 개인의 역사와 맥락이 뒤얽힌 언어의 덫에서 빠져나오려면 어떻게 해야 할까요? 과연 이 언어의 덫에서 벗어나 나를, 또 타인을 있는 그대로 보는 것이 가능하기는 할까요? 우리가 일상생활에서 사용하는 모든 말을 검토해 그 말에 내포된 개인적 의미를 낱낱이 밝혀내고, 그 의미를 객관적·중립적 의미로 변형하는 것은 사실상 불가능합니다. 의미라는 것이 자신의 내면세계에서 주관적으로 구성되었다는 점을 고려하면 애초에 '객관적이고 중립적인 의미'라는 것이 존재할 수 있는지도 의문입니다.

그러나 너무 일찍 포기를 선언할 필요는 없습니다. 모든 말의 내용을 일일이 검토해 의미를 바꾸는 것은 불가능하지만, 언어의 덫에 빠지는 순간마다 '아, 덫에 빠졌네' 하고 알아차릴 수는 있습니다. 덫에 빠진 것을 알아차리면 덫에서 빠져나오는 길을 선택할 수도 있게 됩니다.

수용전념치료에서는 언어의 덫에서 빠져나오는 주문으로 인지적 탈융합(cognitive defusion) 기법을 제안합니다. 인지적 융합(cognitive fusion)은 자기 생각을 현실로 받아들이는 상태를 뜻합니다. '나는 우울해'라는 생각이 들 때 인지적 융합 상태에서는 '나는 우울해'라는 생각과 거리를 두지 못합니다. 나는 우울하다는 생각은 틀림없는 사실이고, '우울'이라는 말과 관련된 각종 기억과 이미지가 줄줄이 떠오름과 동시에 '우울한 나'에 대한 개인적 판단과 비난, 예측까지 모조리 현실처럼 체험됩니다. '나는 우울하고, 살아 있을 자격이 없고, 예전에도 그랬고 앞으로도 이 모양 이 꼴이겠지' 같은 생각이 꼬리에 꼬리를 물고 이어집니다. '나는 우울해'라는 생각이 내 현실을 완전히 압도해버리는 것입니다.

반면에 인지적 탈융합은 자신의 내면세계에서 벌어지는 생각과 현실을 구분하는 상태를 말합니다. 즉 생각을 현실로 받아들이지 않고 거리를 둔 그대로 관찰하는 과정을 일컫습니다. '나는 우울해'라는 생각이 들 때 '나는 우울하다는 생각을 하고 있구나' 하고 생각이 일어나는 과정을 관찰하는 것입니다. 이러한 탈융합으로 '우울'이라는 말과 연합된 온갖 과거 기억과 부정적 이미지, 자기 비난의 목소리로부터 거리를 둘 수 있게 됩니다. 그것들을 현실처럼 경험하는 것이 아니라 그저 내 마음 세계에서 벌어지는 일시적 해프닝으로 바라보게 됩니다.

언어와 사고로부터 탈융합하는 방법을 익히게 되면 내 마음에서 어떤 생각과 감정이 일어나더라도, 이러한 해프닝이 거미줄을 타고 뻗어나가 나를 완전히 옭아매는 상황을 방지할 수 있습니다. '불안해 미치겠어'가 아니라 '나는 불안해 미치겠다고 생각하는구나' 하고 한 발짝 떨어져서 보게 됩니다.

이러한 탈융합은 나를 규정하는 모든 언어의 덫에 적용할 수 있습니다. '나는 너무 예민해'라는 생각에 압도되면 예민하다고 핀잔을 들었던 과거 기억, 예민함에 내가 부여하는 부정적 의미들이 순식간에 살아나서 예민한 내 모습이 진절머리 나게 싫어집니다. 하지만 '나는 내가 너무 예민하다고 생각하는군' 하고 거리를 두고 알아차리면 '예민하다'는 말에 깃들어 있는 비난의 의미는 힘을 잃어버립니다.

내 이름을 세 번 외쳐봐

문득 자기 이름이 낯설게 느껴진 적이 있나요? 내 이름은 일반적으로 '나는 누구인가?'에 대한 최초의 답이고, 나를 담고 있는 그릇입니다. 내 이름이 '김언어'라고 해보겠습니다. '김언어'라는 말에는 김언어가 살아온 역사가 담겨 있고, 김언어라는 한 사람의 특징이 함축되어 있습니다. 따라서 '김언어'라는 말을 듣는 순간, 김언어가 살아온 인생과 그가 어떤 사람인지에 대한 수많은 의미가 동시다발적으로 점화됩니다. '김언어'는 곧 나라는 존재 자체와 동일시됩니다. '김언어'는 나에게 매우 특별하고 의미 있는 말입니다. 따라서 아무리 시끄러운 칵테일파티에서도 내 이름만은 또렷하게 구별할 수 있습니다.

그런데 문득 내 이름이 왜 '김언어'인지 새삼스럽게 느껴질 때가 있습니다. '김언어'는 인위적으로 붙여진 명칭일 뿐인데, '김언어'가 왜 꼭 나를 지칭하는 말이어야 하지? 내 이름이 '김언어'가 아니라 '김수어'였다면 나는 '김수어'에 대해서도 똑같은 의미를 부여하고 똑같이 반응할까?

연이어 '김언어, 김언어, 김언어…'를 반복하다 보면 '김언어'라는 말에 깃든 나라는 사람의 이미지와 정체성은 일시적으로 사라지고, 그저 자음과 모음이 결합된 문자의 나열, 무의미한 음절의 반복처럼 경험됩니다. 내 이름이 더이상 나라는 존재를 지칭하지 않아서 언어와 내가 분리된 상태가 되는 것입니다.

이 예시는 수용전념치료의 대표적인 인지적 탈융합 기법 중 하나인 '우유, 우유, 우유' 기법의 원리를 반영하고 있습니다. '우유'라는 말을 떠올려보십시오. '우유'라는 말을 떠올리면 하얗고, 고소한 맛이 느껴지는 액체, 특정 우유 브랜드가 찍혀 있는 우유팩, 언젠가 보았던 텔레비전 광고 등을 떠올릴 수 있을 것입니다. 그런데 우유를 꼭 '우유'라고 불러야 할 특별한 이유는 없습니다. 그저 사회적 관습에 따라 그렇게 불러온 것이지요. 어느 날, 나는 우유를 '우유'라 하지 않고 '무유'라 부르겠다고 선언하고 '무유'라고 불러보십시오. 그 즉시 '무유'라는 아무 의미 없던 말은 기존에 '우유'가 가지고 있던 속성들, 우유의 이미지를 획득하게 됩니다.

이제 '우유'라는 말을 30초 동안 빠르게 반복해서 말해보세요. '우유, 우유, 우유, 우유, 우유, 우유…'를 반복할수록, 우유에 담겨 있던 기존의 의미들은 힘을 잃고 무의미한 소리의 나열처럼 느껴질 것입니다. 그 상태에 그대로 머무르면서 자신에게 다가오는 경험들을 알아차립니다. '우유'가 '유유유유'처럼 들리기도 하는데, 이는 마치 곤충이 윙윙거리는 소리 같기도 합니다. 이내 혀가 꼬이는 듯한 감각이 느껴지고, 이 말을 반복해서 하는 내 모습이 우스꽝스럽게 느껴지기도 할 것입니다. 이 활동을 이어가는 동안 내가 알던 하얗고 고소한 우유의 이미지는 멀어집니다.

이 활동으로 우리가 알 수 있는 것은 언어는 그 언어가 가리키는 본질과는 다르다는 것입니다. '김언어'라는 말은 김언어라는 사람의 본질과 동일하지 않으며, '우유'라는 말은 하얗고 고소한 액체와 동일하지 않습니다. 그저 그 대상에 붙여진 말일 뿐입니다.

마찬가지로 우리가 스스로에 대해 하는 생각도 그저 생각일 뿐 결코 내 본질과 동일하지 않습니다. 그러니 말은 그저 말이고, 생각은 그저 생각으로 보면 됩니다. 나를 규정하는 말과 생각이 내 현실을 압도하지 않게끔 거리를 두고 찬찬히 그것들을 있는 그대로 보는 법을 익힙니다.

우울과 불안으로부터 온전함을 위한 워크북

내가 수용하기 힘들고 마음에 들지 않는 특징을 한 가지 떠올려봅니다. 그런 다음 나에 대해 가지고 있는 부정적 평가를 한 단어로 압축해보겠습니다. 예를 들어, 내가 너무 불안 수준이 높고 겁이 많다고 생각한다면 '겁쟁이'라는 말로 압축할 수 있습니다. 내가 너무 예민하고 까탈스럽다고 생각한다면 '까탈이'라는 말로 압축할 수 있습니다.

1. 지금 이 단어를 나에게 적용해보겠습니다. 예를 들어, '겁쟁이'라는 말을 들을 때, 얼마나 괴롭습니까? 1에서 100점으로 표시해보십시오(1: 전혀 괴롭지 않다. 100: 최대로 괴롭다).

2. 지금 이 단어(예: '겁쟁이')를 나에게 적용할 때, 그 말을 얼마나 사실이라고 믿을 만합니까? 1에서 100점으로 표시해보십시오(1: 전혀 믿을 만하지 않다. 100: 최대로 믿을 만하다).

3. 이제 이 단어(예: '겁쟁이')를 '우유, 우유, 우유'를 반복했던 것처

럼 30초 동안 반복해서 말해보겠습니다. 되도록 또렷한 발음으로 빠르게 말해보십시오.

4. 지금 이 단어(예: '겁쟁이')를 나에게 적용하면 얼마나 괴롭습니까? 1에서 100점으로 표시해보십시오(1: 전혀 괴롭지 않다, 100: 최대로 괴롭다).

5. 지금 이 단어(예: '겁쟁이')를 나에게 적용하면 얼마나 사실이라고 믿을 만합니까? 1에서 100점으로 표시해보십시오(1: 전혀 믿을 만하지 않다, 100: 최대로 믿을 만하다).

나를 규정하는 어떠한 부정적 평가나 생각에도 이 기법을 적용할 수 있습니다. 받아들이기 힘든 내 모습, 타인에게 들키고 싶지 않은 내 모습을 하나의 단어로 함축해보고, 이 단어를 반복해서 기계적으로 말해보십시오.

일반적으로 이 연습을 반복하다 보면 단어가 불러일으키는 정서적 괴로움과 단어에 대한 믿음의 정도가 감소하는 효과가 있습니다. 그 말은 그저 하나의 말일 뿐, 내 본모습을 온전히 담아내지 못한다는 것을 기억합니다.

나를 바라보는
내가 있습니다

나를 바라보는 시선, 감정과 생각, 행동을 알아차리는 존재가 관찰 자기입니다.
관찰 자기는 언제나 따뜻한 보살핌의 눈길 속에 존재하는
나를 깨닫게 해줍니다.

나를 바라보는 나의 시선

이쯤 되면 '우유, 우유, 우유'를 반복적으로 외치는 이 우스꽝스러운 작업이 진짜 우울과 불안을 다스리는 데 효과가 있을지 의문이 들 수도 있습니다. 하지만 인지적 탈융합으로 특정 언어와 그에 담긴 의미를 분리하는 작업은 대상을 있는 그대로 보는 토대가 됩니다. 있는 그대로 본다는 것은 대상에 대한 주관적 판단, 정서를 배제하고 존재 자체를 인정해준다는 의미입니다. '너는 거기 존재하는구

나' 하고 알아차릴 뿐 이를 통제하려고 하거나 휩쓸리지 않는 것입니다.

나 자신이 너무 한심하고 게으르다는 생각이 들면 '나는 너무 한심하고 게으르다고 생각을 하고 있구나, 그렇구나' 하고 인정해주는 것입니다. '이런 생각이나 하다니 바보 같아' 하고 판단하거나 '이런 생각에서 벗어나고 싶어. 제발 저리 가'라며 발버둥치거나 '그래 역시 나는 한심해' 하며 생각에 휩쓸린 채 생각을 현실로 받아들이지 않는 것입니다. 내 머릿속에서 일어난 생각과 거리를 두고 생각을 그저 바라보는 것입니다.

정서 경험에 대해서도 이러한 거리두기와 관찰하기를 적용할 수 있습니다. 우울함이 밀려올 때, '나는 지금 우울함을 느끼고 있구나. 그렇구나' 하고 알아차립니다. 우울함을 떨쳐내기 위해 애쓰지 않아도, 우울함을 느끼는 나를 미워하지 않아도 괜찮습니다. 우울을 바라보는 내 시선, 이 한 뼘의 장막이 우울함의 홍수에 휩쓸리는 것을 막아주는 마지막 보루가 됩니다. 우울함에 빠져 허우적대면서 암흑 같은 시간을 견뎌내는 것이 아니라 언덕 위에서 우울함이 밀려왔다 밀려가는 것을 그저 묵묵히 바라봅니다.

나를 바라보는 나의 시선, 나의 감정과 생각, 행동을 관찰하는 이 존재를 '관찰 자기(observing-self)'라고 합니다. 관찰 자기는 시시각각 다가오는 경험으로부터 나를 보호해주고 돌보아주는 따뜻한 눈길이 되어줍니다.

우리는 자신을 알아봐주는 존재로부터 위로를 얻습니다. 저는 병원에서 만난 수많은 사람의 심리평가를 진행하면서 그 관찰자의 존재를 어렴풋이 깨닫게 되었습니다. 병원에 온 사람들의 행동을 관찰하고, 그들의 이야기를 듣고, 그가 살아온 시간을 되짚어가며 제 앞에 마주 앉은 사람을 '보는' 시간을 마련했습니다. 여러 정보와 심리검사 결과를 토대로 그 사람에 대한 보고서를 작성하면서 때로 그를 주인공으로 하는 전기를 한 편 작성하고 있다는 생각이 들었습니다. 한 명의 독자로서 좌절과 고난을 겪고 힘들어하면서도 지금과는 다른 삶을 살고자 분투하는 주인공을 응원하고 싶은 마음이 들기도 했습니다. 누군가를 '보는' 것은 그 자체로 대상에 대한 관심과 응원을 전하는 방법이기도 합니다.

타인을 관찰하는 역할에 익숙해지면서 언젠가부터 제 마음속에 저를 바라보는 관찰자의 시선도 조금씩 자라났습니다.

"나 지금 불안하네. 내일 있을 미팅을 걱정하는구나."

"나 지금 화가 나네. 저 인간 한 대 쥐어박고 싶다고 생각하는구나."

"나 지금 외롭네. 인생은 혼자라고 생각하는구나."

언제 어디서든, 내가 무엇을 느끼고 무엇을 하든 나를 바라봐주는 존재가 있다고 생각해보세요. 그 존재가 굳이 타인일 필요는 없습니다. 내 존재를 가장 가까이에서 알아봐주고 돌보아주는 사람이 바로 나 자신이 되어주는 것입니다.

나를 바라보는 내 시선을 의식하게 되면서 행위자로서 나와 관찰자로서 내가 늘 함께 살아간다는 느낌을 받게 되었습니다. 이 감각은 늘 보살핌의 시선 속에 있는 것 같은 위안을 가져다주었고, 더이상 세상에 혼자 남겨진 것 같은 존재론적 외로움에 시달리지 않게 되었습니다. 인생이 혼자라는 생각이 들 때도 내 안의 누군가 그 마음을 읽어주고 말을 건네는 것 같았습니다. 또한 관찰자의 시선을 의식하면서 나 자신이 무척 소중한 존재처럼 느껴지기 시작했습니다. 마치 중요한 인물의 일거수일투족을 관찰하고 기록하는 수행비서를 데리고 다니는 것 같기도 했습니다. 아무도 내게 관심을 가지지 않고 내가 아무리 별 볼 일 없는 존재라도 나에게 만큼은 내가 소중한 존재라는 생각이 들었습니다. 아무도 없다고 느낄 때도 내 감정과 생각을 세심히 관찰하고, 그 마음을 읽어주는 존재로부터 많은 관심과 응원을 받고 있었던 것입니다.

그녀의 멘탈 관리법

관찰 자기는 감정을 인식하고 조절하는 바탕이 됩니다. 내 경험을 알아봐주는 그 시선이 '왜?'에서 '어떻게?'로 넘어갈 수 있는 마음의 공간을 만들어주기 때문입니다. "짜증 나. 나는 왜 이 모양 이 꼴이야?"가 아니라 "나 지금 이런 감정 느끼고 있네. 그렇군. (한 템포 쉰 뒤) 이제 어떻게 하면 좋을까?"로 주의의 초점이 옮겨가도록 도와줍니다.

　이러한 과정을 잘 보여주는 예로 가수이자 배우로 활동 중인 아이유 님의 멘탈 관리법이 있습니다. 어린 나이에 연예계 생활을 시작해 산전수전 다 겪고 정상에 오른 그녀는 한때 과도한 스트레스로 탈모와 불면증, 폭식증을 겪었다고 고백했습니다. 그러한 고통 속에서 그녀가 터득한 멘탈 관리법은 관찰 자기의 역할을 잘 보여줍니다. 기분이 가라앉을 때 어떻게 하냐는 팬의 질문에 그녀는 다음과 같이 답했습니다.

"우울한 기분이 들 때 그 기분에 속지 않으려고 해요. 이 기분 절대 영원하지 않고 5분 만에 내가 바꿀 수 있다는 생각으로 몸을 움직여야 해요."

우울한 기분이 들 때 그 기분에 속는다는 것은 우울함에 사로잡히는 상태를 말합니다. 우울함에 사로잡히면 우울한 기분이 영원히 지속될 것 같고, 절대 여기서 빠져나갈 수 없을 것만 같습니다. 반면에 우울한 기분에 속지 않는다는 것은 관찰 자기의 처지에서 내 경험을 한 발짝 떨어져서 보는 상태입니다. "아, 나 지금 우울하다고 느끼네. 이 기분 잘 알지. 여러 번 겪어봤지. 겪어봤는데, 이거 영원하지 않더라고. 금방 지나가는 거 알고 있어. 이럴 땐 몸을 움직이는 게 효과적이야"라고 말해주는 자기와 함께 살아가는 것입니다.

내 기분을 관찰하고 알아차리면 그 기분이 흘러넘쳐 온통 내 마음을 장악하는 일을 방지할 수 있습니다. 내 마음을 알아차리는 일은 마치 내 경험을 보자기에 잘 싸서 마음속 서랍 한쪽에 잠시 보관해두는 것과 같습니다. 우울함을 잠시 보관해두고 '이제 어떻게 하면 좋을까? 나를 위해 무엇을 할까?'로 초점을 옮기는 것입니다.

아이유 님이 선택한 몸을 움직이는 방법은 가장 간단하고 효과적인 방법입니다. 운동은 우울증에 치료효과가 탁월합니다. 그런데 마음이 지치고 힘든 상태에서는 손 하나 까딱하기가 어려운 것이 문제입니다. 특히 무기력증은 우울증의 대표 증상인데, 몸이 물먹은 솜처럼 가라앉아 침대 밖으로 나오는 것조차 힘겹게 느껴집니다. 그런 상태에서 운동을 하라는 조언은 우울증을 앓는 사람들의 죄책감과 자기 비난을 심화시킵니다. '운동할 힘이 없는데 어떻게 운동하나요?' 하는 억하심정이 들 법합니다. 그러니 당장 무리하게 뭔가를 계획하고 실행하지 않아도 괜찮습니다.

아이유 님의 몸을 움직이는 대처 방법은 거창하고 체계적인 운동을 말하는 것이 아닙니다. 그녀가 우울한 기분에 속지 않으며 하는 행동은 집 안을 슬슬 돌아다니거나, 설거지를 하거나, 밀린 택배를 뜯는 것과 같은 사소한 일들이었습니다. 많은 에너지를 쏟지 않아도 지금 당장, 바로 시작할 수 있는 자기만의 방식으로 움직이는 것입니다. 사소하면 사소할수록 좋습니다. 물을 한 잔 따라 마시는 것, 환기하려고 창문을 여는 것, 깨끗한 옷으로 갈아입는 것 등 무엇이든 '나를 위해 스스로 뭔가를 하고 있다'는 의식 속에서 나를 보살피는 감각을 느낄 수 있다면 충분합니다.

관찰 자기라는 보자기에 내 경험을 잠시 싸놓는 것은 이러한 사소한 일들을 해낼 수 있는 에너지를 벌어줍니다. '나 지금 우울하다고 느끼네' 하고 알아차리는 순간 우울함을 감추거나, 우울함으로부터 도망가려고 쏟아온 에너지가 남게 됩니다. 그 남은 에너지를 나를 위해 할 수 있는 사소한 일들을 하는 데 쓰는 것입니다.

나를 위한 사소한 일들을 한 뒤 보자기를 풀어보면 어느덧 우울은 잦아들었을 가능성이 큽니다. 감정은 습기 같아서 일순간 나를 푹 적시더라도 어느샌가 증발하기 마련입니다.

나를 돌려놓는 삶의 감각

내 생각과 감정을 관찰하는 내면의 관찰자를 함양하는 것이 다소 생소하고 어렵게 느껴질 수 있습니다. 어떻게 하면 관찰 자기를 기를 수 있을까요? 관찰 자기를 기르는 훈련법 중 하나가 바로 마음챙김(mindfulness)입니다. 마음챙김은 시시각각 벌어지는 현재의 경험에 비판단적 주의를 기울이는 과정을 일컫습니다. 어떠한 경험도 그게 옳은지 그른지, 좋은지 나쁜지 등의 판단을 배제하고, 그저 경험을 알아차리는 통찰 명상법의 일종입니다.

마음챙김의 첫 번째 단계는 호흡에 대한 마음챙김입니다. 마음챙김 훈련을 호흡으로 시작하는 이유는 호흡이 늘 우리와 함께 있고, 생생하고 실질적인 대상이기 때문입니다. 막연히 '내 마음을 관찰하시오'라고 하면, 아마 대다수가 '그건 어떻게 하는 건가요?'라고 물을 것입니다. 마음이라는 추상적 대상을 눈으로 보듯 관찰하는 것은 낯설고 어려운 일입니다. 그러나 호흡은 우리가 지금-여기에 존재하는 것을 알려주는 가장 기본적인 생명 유지 활동입니다.

내 숨결과 맥박, 심장 소리는 추상적인 그 무엇이 아니라 실존하는 감각입니다. 또 호흡의 시점은 항상 현재입니다. 과거의 호흡을 다시 불러올 수도 없고 미래의 호흡을 당겨서 쓸 수도 없습니다. 그러니 호흡에 대한 마음챙김을 익히면 필요할 때 언제라도 숨이 들어가고 나가는 데 주의를 기울임으로써 지금-여기에서 관찰 자기를 활성화할 수 있게 됩니다.

호흡 마음챙김의 원리는 간단합니다. 조용한 장소에서 편안한 자세를 취한 뒤 살짝 눈을 감고 숨이 들어가고 나가는 것을 천천히 바라봅니다. 코를 통해 들어간 바람이 기도와 폐, 복부를 거쳐 내려간 다음 복부가 빵빵하게 차오르는 감각을 느껴봅니다. 점차 배가 꺼지면서 코로 날숨이 서서히 빠져나가는 것을 바라봅니다.

그런데 이 훈련을 하다 보면 호흡 마음챙김이 결코 쉽지 않다는 것을 깨닫게 됩니다. 우선 가만히 앉아 있는 것부터 예삿일이 아닙니다. 가만히 앉아 있으려니 좀이 쑤시고, 허리가 결리고, 신체 어느 부위가 가렵기도 합니다. 호흡에 주의를 기울이고 있었는데, 어느새 내 정신은 딴생각을 하고 있습니다. 오늘 해야 할 숙제, 저녁에 먹을 식사 메뉴, 어젯밤에 본 유튜브 영상까지 이런저런 생각이 잠시도 쉬지 않고 떠오릅니다. 또 호흡에 주의를 기울일수록 호흡이 부자연스럽게 느껴져 질식할 것 같은 느낌을 받을 수도 있습니다. '어떻게 해야 마음챙김을 잘하는 거지? 내가 제대로 하는 게 맞나?' 하는 걱정도 듭니다. 숨 쉬는 것이 이렇게 지루하고 괴로운 일이었나 싶기도 합니다.

만약 호흡에 대한 마음챙김을 하면서 이와 같은 경험을 한다면,

이 모든 경험이 자연스러운 일임을 기억하기 바랍니다. 흔히 명상이라고 하면 고요하고 평안한 마음의 상태에 이르는 것이 궁극적 목적이라고 생각하지만, 마음챙김은 어느 지점에 도달하려는 수단이 아닙니다. 마음챙김은 그저 현재 상태를 비추어주는 거울을 마련하는 것입니다. 거울에 비쳐 본 내 마음은 고요와는 거리가 멀고, 끊임없이 무언가를 생각하고 느끼며 분주하게 돌아갈 공산이 큽니다. 그렇다면 그 분주한 마음을 있는 그대로 알아차리면서 다시 호흡으로 주의를 옮겨오면 됩니다.

신체 특정 부위에서 긴장이 느껴지면 '여기에서 긴장이 느껴지네' 하고 다시 호흡으로 돌아오고, 딴생각을 하면 '딴생각이 들었네' 하고 다시 호흡으로 돌아옵니다. 호흡이 부자연스럽게 느껴지면, 그 감각에 잠시 머물렀다가 호흡 속도를 조절하며 신체의 변화를 느껴봐도 좋습니다. '제대로 하고 있는 게 맞나?' 싶으면 또 그 생각을 가만히 알아차리고 호흡으로 주의를 가져옵니다. 이 과정을 반복하다 보면, 분주하게 돌아가던 마음이 마치 슬로모션처럼 천천히 흐르는 경험을 하게 되고, 그 느린 과정 속에서 더 많은 경험을 알아차리게 될 것입니다.

어느 우울과 불안의 심연에서 허우적대더라도 이 알아차림이 나를 지금-여기로 돌려놓는 삶의 감각이 되고, 과거나 미래로 뻗어나가는 마음을 현실에 붙들어주는 닻이 될 것입니다.

다음 단계를 따라 호흡 마음챙김을 시도해봅니다.

1. 어깨의 긴장을 내려놓고 허리를 적당히 세워 편안한 자세를 취합니다. 정자세로 바르게 앉으려 노력하지 않아도 괜찮습니다.

2. 눈을 살짝 감고 호흡에 집중합니다. 숨을 들이마시고 내쉬면서 호흡의 자연스러운 흐름을 알아차립니다. 숨이 코끝을 통해 들어간 다음 기도와 폐를 거쳐 복부로 내려갔다가 되돌아 나오는 과정을 알아차립니다.

3. 호흡이 잘 느껴지는 신체 부위가 있다면 그 부위에서 호흡을 느껴봐도 좋습니다. 예를 들어, 코나 가슴, 배 등에서 숨이 들어가고 나가는 것을 알아차립니다.

4. 호흡에 주의를 기울이는 동안 주의가 외부 소음이나 다른 생각으로 흩어질 수 있습니다. 주의가 다른 곳을 향하고 있

다면 그것을 알아차리고 다시 부드럽게 호흡으로 주의를 옮겨옵니다. 5분 정도 이 상태에 머물러봅니다.

주의가 호흡이 아닌 다른 곳에 있다면 부드럽게 주의를 호흡으로 가져온 다음 살며시 눈을 뜹니다.

✔ '이런 것 하나도 제대로 못 하냐' '이게 도대체 무슨 도움이 된다는 거야?' 같은 생각이 들어도 괜찮습니다. 이 모든 것이 자연스러운 일입니다. 딴생각이 든다면 그저 '내가 이런 생각을 하고 있네' 하고 알아차리고 호흡으로 다시 주의를 가져옵니다.

✔ 한 번에 많은 시간을 할애하지 않아도 괜찮습니다. '하루에 10분 또는 20분을 연습하겠다' 같은 계획이 오히려 부담이 될 수 있습니다. 1분 또는 몇 초라도 좋습니다. 일을 하던 도중이나 잠자리에 들기 전 어느 때라도 잠시 짬을 내어 숨을 쉬면서 이를 알아차리는 것으로 충분합니다.

몸도 내 마음대로
안 되는데

완벽한 신체 건강에 대한 환상을 깨닫습니다.
아프고, 다치고, 성하지 않은 몸도 내 일부이니
내 몸의 속도에 맞춰 더불어 사는 법을 익혀야 합니다.

몸은 안녕하십니까?

호흡에 대한 마음챙김을 어느 정도 익혔다면 마음챙김의 대상을 신체로 확장해볼 수 있습니다. 마음챙김을 처음 시도할 때는 가급적 구체적 대상에 주의를 기울이는 것이 도움이 됩니다. 구체적 대상에 대한 마음챙김이 익숙해지면, 점차 의식의 흐름이나 감정, 욕구 같은 추상적 대상으로 주의를 확장하는 것이 수월해집니다. 그런 의미에서 구체적 대상으로서 우리 몸은 훌륭한 마음챙김의 대상이라고 할 수 있습니다.

여러분은 각자 자기 몸과 어떤 관계를 맺고 있나요? 자기 몸이 마음에 드나요? 자기 몸을 얼마나 알고 있습니까? 신체 중 특별히 불편하게 느껴지는 부분은 없나요? 혹은 마음에 들지 않는 체형이나 허약한 신체 건강에 대해 원망한 적은 없습니까? 내 몸은 내가 잘 살수 있도록 도와주는 기관인가요? 아니면 나를 좌절시키는 족쇄일 뿐인가요?

지금 이 순간 이 글을 읽으면서 여러분의 주의가 신체 어느 부위로 향하는 것을 느꼈을 수도 있습니다. 저는 이 글을 쓰면서 허리를 곧추세우며 자세를 바르게 하려는 저 자신을 발견했습니다. '불편하게 느껴지는 부분'이라고 타자를 치면서는 예전에 아파서 한동안 고생했던 꼬리뼈 쪽이 뻐근함을 느꼈고, 어느새 긴장감이 느껴지면서 발을 떨고 있습니다. 이처럼 제가 지금 신체에서 일어나는 변화들을 알아차린 것이 바로 신체에 대한 마음챙김에 해당합니다.

아마 많은 분이 지금까지 살면서 몸에 관한 이런 질문들을 던지거나, 몸을 유심히 관찰해볼 기회가 없었을 수도 있습니다. '몸은 그냥 몸이지 몸과 무슨 관계를 맺어야 해?' 싶은 생각이 들지도 모르겠습니다. 살아 있는 동안 우리는 늘 몸과 함께 있는데 어쩌면 이렇게 무관심할 수 있는지 놀랍기도 합니다.

몸에 대한 무지는 곧 자기 자신에 대한 몰이해를 뜻합니다. 신체 감각의 자각은 자기 이해의 첫걸음에 해당합니다. 유아의 정서 상태는 전적으로 신체 상태에 의존합니다. 따뜻하고 안락한 접촉의 감각, 배부름은 편안하고 긍정적인 감정으로 이어지고, 춥고 불편한 감각, 배고픔 등의 신체 상태는 불쾌하고 부정적인 감정으로 이어집니다.

따라서 자신의 신체 감각을 알아차리고 몸에 필요한 것을 충족하는 것은 정서조절 능력 발달의 첫걸음에 해당합니다. 만일 자기 몸에 충분히 주의를 기울이지 않고, 몸과 연결성이 끊어졌다면 십중팔구 마음에 대한 자각도 어려울 것입니다.

그런데 우리는 몸이 별문제 없이 잘 기능할 때는 좀처럼 관심을 기울이지 않다가 어딘가 고장이 나면 그제야 몸에 주의를 기울입니다. 건강한 시절에는 오늘이 영원할 것처럼 살다가 나이가 들면 '아이고, 허리야, 다리야' 소리가 절로 나오고, 신체적 제약은 삶의 질을 저해하는 일등 요인이 됩니다. 그쯤 되면 몸은 더이상 나를 위해 복무하는 충직한 부하가 아니라 떠받들고 살아야 할 짐짝처럼 느껴집니다.

몸은 조금 억울할 수도 있겠습니다. 여태 몸이 부서져라 움직이고 일해준 게 얼마인데, 이제 와서 짐짝 취급을 하냐고 말입니다. 어쩌면 몸에 대한 우리의 태도는 평생 무관심과 냉대를 오가는 것 같습니다.

몸과 반목하지 않고 원만한 관계를 유지하려면 평소에 몸을 관찰하고, 몸 상태를 알아차리는 방법을 연마해야 합니다. 신체 감각에 대한 마음챙김은 내 몸을 알아가고 친해지는 지름길이기도 합니다.

신체 건강에 대한 환상

지난해 여름, 마음챙김 훈련 워크숍에서 신체에 대한 마음챙김을 배우는 동안 제 마음속에서는 뭐라고 말하기 힘든 불편감이 확 올라왔습니다. '나는 평소 몸과 어떤 관계를 맺고 있는가?'라는 질문은 뜻밖의 통찰을 가져다주었는데, 그것은 제가 몸에 주의를 기울이는 것 자체를 상당히 꺼린다는 사실이었습니다. 눈을 감고 가만히 신체 감각을 느껴보려고 하자, 긴장이 느껴지면서 몸이 뻣뻣해지는 것을 알아차렸습니다. 몸에 주의를 둘수록 몸의 불편함이 크게 느껴졌고, 어떤 자세를 해야 할지 모르는 상태가 되었습니다. 이어서 일평생 제가 개운하고 만족스러운 몸 상태를 경험해본 적이 없다는 사실을 깨달았습니다.

어릴 때도 허약했고, 늘 피곤함을 달고 살았으며, 20대에는 신체에 대한 불만족으로 다이어트에 열을 올렸던 기억이 스쳐 지나갔습니다. 본격적으로 직장생활을 하면서는 소화불량, 안구건조증, 비염 등을 달고 살았고, 30대가 되자마자 원인 모를 허리 통증으로 몇 달간 누워서 지낸 적도 있습니다. 몇 해 전 폐렴에 걸린 뒤에는 호흡기 건강이 악화되어 만성 기침에 시달리고 있습니다. 장시간 강의가 예정되어 있을 때는 목 상태가 걱정되어 잠을 설치는 나날이 이어졌습니다. 그런 다음 날이면 목은 평소보다 훨씬 잠겨 있고, 가시를 삼킨 듯한 이물감이 느껴졌습니다.

저에게는 늘 원대한 목표가 있었습니다. 몸이 따라주기만 한다면 밤을 새워서라도 해야 할 일들을 다 해내고 싶었고, 시간을 쪼개서라도 제게 주어진 일들을 모두 완벽하게 해내는 '슈퍼휴먼'이 되고 싶었습니다. 하지만 몸은 따라주지 않았고, 마음은 늘 몸을 앞서갔습니다.

'몸이 따라주기만 한다면 훨씬 더 멋진 모습으로 살 수 있을 텐데.' 제가 그렇게 살지 못하는 이유가 신체적 제약 때문인 것처럼 몸을 탓하며 내심 완벽한 신체 건강을 꿈꾸었던 것입니다. 그런데 이런저런 상황에 지쳐 푸념을 늘어놓던 어느 날, 한 선생님이 이런 말을 해주었습니다.

"그 몸도 너잖아."

그 말을 듣는 순간 제 몸과 마음이 따로 놀았다는 사실을 깨달았습니다. 원대한 목표를 추구하는 마음이 진짜 '나'이고, 그것을 따라오지 못하는 몸은 마치 내가 아닌 것처럼 몸을 다그쳤던 것입니다. 늘 '왜 이것밖에 안 되는 것인가' 하는 생각에 사로잡혀 몸을 제 목표 달성을 가로막는 훼방꾼 정도로 취급해왔습니다. 정신적인 것이 중요하다며 정신건강의 의미에 골몰하는 동안 몸은 늘 소외되어 있었고, 정신에 예속된 노예 취급을 당했던 것입니다.

저는 일찍이 정신건강이 불행이 제거된 완벽한 행복 상태를 의미하지 않는다고 생각해왔습니다. 그런 유토피아는 가능하지도 않고, 고통과 시련이 없다면 행복과 즐거움도 존재할 수 없음을 알고 있다고 생각했습니다. 그런데 어째서 신체 건강에 대해서는 아무런 고통 없이 완벽하게 기능하는 몸 상태를 당연하게 기대해온 것일까요?

불현듯 '내가 뭐라고? 내 몸은 뭐 강철로 만들어진 로봇이라도 되는 줄 아나?' 싶은 생각이 들었습니다. 하물며 로봇마저도 때때로 고장이 나고 수리가 필요할 텐데 말입니다.

김연아 선수가 현역으로 활동하던 시절, 큰 대회를 앞두고 부상에 관한 질문을 받을 때마다 담담하게 답했습니다. '부상은 늘 있어왔고, 선수라면 누구나 크고 작은 부상은 달고 있기 마련이다'고 말입니다. 그녀는 부진한 성적을 부상 탓으로 돌린 적이 없었고, 부상을 안고도 자신의 한계를 넘어서는 모습으로 큰 감동을 주었습니다.

신체 능력을 최고의 경지로 끌어올리려고 철저하게 자기관리를 하는 운동선수들도 늘 최고의 몸 상태를 유지할 수는 없습니다. 어쩌면 그들은 일반인보다 사소한 신체적 변화에 더 민감하게 반응하고, 더 잦은 부상을 달고 삽니다. 만약 그들이 그러한 신체 상태를 수용하지 못하고, 자신의 컨디션 난조에 대해 늘 신체적 문제로 원인을 돌린다면 어떻게 될까요? 자기 몸을 적대하며 자기혐오의 굴레에 빠져 경기를 망치고 말 것입니다.

운동선수만 부상을 달고 사는 게 아니라 우리 모두 몸을 쓰며 살아가는 동안 크고 작은 부상과 노화, 질병, 기능저하를 감당하며 살수밖에 없습니다. 어쩌면 제가 늘 부실한 몸을 탓하며 몸을 원망한 것은 기대치에 못 미치는 현재 모습을 정당화하려는 변명이 아니었을까 싶습니다.

이후 저는 부실한 몸과 함께 살아가는 방법을 배우기로 마음먹었습니다. 목 상태가 안 좋아 강의를 망칠까봐 전전긍긍하는 대신 이를 수용하고 솔직하게 밝히는 편을 택했습니다.

"제가 호흡기 질환이 있어서 목 상태가 조금 안 좋습니다. 수업 중에 듣기 불편한 소리가 날 수도 있으니 양해를 부탁드립니다."

잦은 기침과 갈라진 목소리를 듣고 거북하다고 느끼는 수강생도 있을 것입니다. 그러나 제가 솔직하게 건강 상태를 밝혔을 때, 누군가는 위로를 건넸고, 누군가는 저를 통해 용기를 얻기도 했습니다. 한 학생은 본인도 비염으로 고생을 많이 했고 발표하는 게 두려웠는데 제 모습을 보고 용기를 얻었다고 감사를 표했습니다. 그러한 경험으로 완벽한 몸 상태가 아니더라도 부족한 대로, 아픈 대로 그럭저럭 헤쳐나가면 되겠다는 생각이 들었습니다.

객관적인 아픔보다 중요한 것

신체의 크고 작은 병들이 심리적 문제와 긴밀하게 연결되어 있다는 것은 놀라울 것 없는 사실입니다. 신체적 질병은 심리적 문제의 원인이기도 하고 결과이기도 합니다. 우울장애와 불안장애는 단지 정서적 문제일 뿐 아니라 다양한 신체적 증상을 포함합니다. 우울장애는 피로감, 신체 활력 및 면역력 저하, 체중 변화가 동반될 수 있고, 불안장애는 근육의 경직과 긴장, 심계항진, 손발 저림, 두통, 복통 같은 다양한 신체 증상으로 나타날 수 있습니다.

한편, 신체 건강의 악화가 정신질환을 초래할 수도 있습니다. 갑작스러운 질병이나 신체 손상, 만성 통증은 삶에 대한 비관적 예상을 야기하고, 예기치 못한 몸의 변화는 우울과 불안으로 이어집니다. 때로는 '이 몸으로 사느니 죽는 게 낫다'는 생각을 하게 됩니다. 그러나 이루 말할 수 없는 신체적 고통과 회복이 불가능한 질병 앞에서도 꿋꿋이 주어진 삶을 살아내는 사람들도 있습니다. 그들은 어떻게 무너져 가는 몸과 마음을 붙잡고 있을까요? 그저 그들이 느끼는 신체적 고통이 덜하거나, 삶을 포기할 만큼 심각하게 아프지 않기 때문일까요?

그러나 신체적 외상이나 질병, 통증에 대한 연구 결과들은 우리의 예상을 빗나갑니다. 많은 연구에서 객관적으로 측정된 신체 병리의 수준, 병의 심각도는 재활과 회복의 수준을 예측하지 못하는 것으로 나타났습니다. 즉 그들이 단지 심각하게 아프지 않기 때문에 더 적응적인 삶을 유지하는 게 아니라는 얘기입니다. 신체적 고통 속에서도 자신의 삶을 꿋꿋이 살아가는 사람들이 보이는 공통적 특징은 그들이 신체적 고통을 회피하지 않는다는 것입니다.

'나에게 왜 이런 일이?'라고 반문하며 자기 처지를 원망하거나 '제발 이 고통에서 벗어나게 해달라'며 매달리는 대신, 그들은 자신의 신체 상태를 있는 그대로 수용했습니다. 자신이 처한 신체 조건을 잘 수용할수록, 자신의 곤경을 기꺼이 받아들일수록 신체적 장애를 지니고도 일상 기능을 잘 유지하고, 성공적인 재활에 이르는 것으로 나타났습니다. 그들은 몸이 안 따라줘서 '제대로' '정상적인' 삶을 살 수 없다고 여기는 것이 아니라, 병든 몸과 함께 속도를 맞춰가며 사는 삶을 택한 것입니다.

　그 적당한 속도를 찾으려면 몸에 관심을 기울여야 합니다. 가만히 관심을 기울여 들여다보면 아프고, 다치고, 성하지 않은 그 몸도 나였음을 깨닫게 됩니다.

있는 그대로 봅니다

보디 스캔으로 신체에 대한 마음챙김을 해봅니다.

1. 편안한 자세로 앉거나 누워봅니다.
2. 눈을 감고 깊게 숨을 들이쉬고 천천히 내쉬며 호흡에 주의를 기울입니다.
3. 정수리부터 이마, 눈, 미간, 코, 입, 턱으로 주의를 천천히 옮기며 각 부위에 머물러보고, 각 부위에서 일어나는 감각을 알아차립니다.
4. 천천히 목, 어깨, 팔, 손등과 손바닥, 손끝을 따라 내려오면서 각 부위에서 일어나는 감각을 알아차립니다.
5. 천천히 등, 가슴, 배로 주의를 옮기면서 각 신체 부위에서 일어나는 감각을 알아차립니다.
6. 천천히 허리, 엉덩이, 허벅지, 무릎, 종아리, 발등, 발바닥, 발가락으로 주의를 옮기며 각 신체 부위에서 일어나는 감

각을 알아차립니다.

7. 주의를 신체 전체로 확장해 신체 전반에서 느껴지는 감각을 세밀하고 부드럽게 알아차립니다.

✔ 느긋한 마음으로 각 신체 부위에 충분히 머무릅니다. 신체에 주의를 기울이더라도 내 주의는 시시때때로 외부에서 들려오는 소음이나 내부에서 일어나는 생각 등으로 옮겨갈 수 있습니다. 이 모두 자연스러운 현상입니다. 주의가 다른 곳으로 향한 것을 알아차렸다면, 부드럽게 다시 주의를 신체 부위로 가져옵니다.

✔ 신체 특정 부위에서 불편함이 느껴진다면, 즉각적으로 반응하거나 자세를 바꾸기보다 가만히 그 부위에서 느껴지는 감각을 관찰해봅니다. 충분히 관찰한 다음, 그 부위에 가만히 손을 얹고 온기가 감싸는 것을 느껴봅니다. 불편한 부위에 전달해준다는 마음으로 온기를 전하며, 시간에 따라 그 부위의 감각이 어떻게 변해가는지 알아차려 봅니다.

지금 이 순간을
살아봅니다

살아가기 위해 우리는 무언가를 해야 하고 또한 존재해야 합니다.
때로는 무언가를 해내지 못해도
있는 그대로 존재하는 나를 느껴야 합니다.

행위와 존재

마음챙김의 핵심은 '현재의 순간'에 의식적으로 주의를 기울이는 것
입니다. 현재에 머무르는 것이 왜 그토록 중요하냐면 우리 의식은
흘러가는 대로 내버려두면 늘 현재가 아닌 과거나 미래로 뻗어나가
기 일쑤이기 때문입니다. 과거에 대한 후회나 향수에 젖어 살거나,
미래에 대한 걱정이나 백일몽에 허우적대며 현재 내가 속한 현실이
아닌 가상의 세계로 끊임없이 우리를 불러들입니다.

그 가상의 세계가 치명적인 이유는 그 안에 있을 때는 그 세계가 현실보다 더 현실적으로 느껴지기 때문입니다. 그래서 우울에 사로잡혀 있을 때는 죄 많고 하찮은 나라는 존재가 사라지길 바라고, 불안에 사로잡혀 있을 때는 예측불가한 위험이 나를 집어삼킵니다. 내 의식이 내가 창조한 가상의 세계에 빠져 허우적대는 동안 현실의 나는 어디에 속해 있을까요?

마음챙김은 바로 지금 이 순간으로 의식을 돌려놓음으로써 자신의 존재 위치를 재설정합니다. 내가 숨 쉬는 바로 지금 여기 내 들숨과 날숨이 생생하게 느껴지는 코끝의 간지러움, 발을 딛고 서 있는 이 땅의 단단함, 손끝에서 울리는 키보드의 딸깍임, 귀를 스치는 창밖의 경적 소리…. 현재의 순간에 주의를 기울일 때 우울과 불안이 집어삼킨 가상의 세계를 유영하던 우리 의식은 온전히 현실에 속하게 됩니다.

그러나 의식적인 자각의 순간은 짧고 우리 마음은 또 어딘가를 향해 바쁘게 움직이기 시작합니다. 마음챙김 상태는 지속 시간이 짧습니다. 우리 의식은 일상적으로 행위 모드(doing mode)를 지향합니다. 행위 모드는 현재 상태와 목표치 사이의 괴리를 줄이고 목표를 달성하고자 무언가를 하려는 목표지향적 상태를 말합니다.

이러한 맥락에서 보면, 우리가 '무언가를 해야만 한다'는 생각에 사로잡혀 일상적 반추와 걱정에 시달리게 된 것도 지금보다 더 잘 살아보려는 노력의 일환인 셈입니다. 과거를 돌아보고, 미래를 대비하면 지금보다 잘 살 수 있을 거라는, 지금과는 다르게 살 수 있을

있는 그대로 봅니다

거라는 희망으로 부지런히 목표를 좇는 것입니다. 하지만 더 잘 살아보려던 우리의 노력이 우리를 더 불행하게 만드는 현실을 어떻게 받아들여야 할까요? 목표를 달성하려고 분주히 가동되는 행위 모드는 현실에 대한 만족과 여유를 앗아갑니다.

마음챙김은 일상적으로 활성화되어 있는 행위 모드의 전원을 내리고, 존재 모드(being mode)로 의식을 전환하는 역할을 합니다. 존재 모드는 현재의 순간에 집중하고, 현재의 경험을 온전히 자각하는 상태입니다. 자신의 감정, 생각, 신체 감각을 알아차리며, 자신과 주변 환경의 연결성을 깨닫는 경험을 말합니다. 이러한 자각은 행위 모드에서 소진되어 있던 몸과 마음을 돌아보게 하고, 매달려 있던 대상에서 한 발 물러섬으로써 비로소 쉼의 상태로 진입하도록 돕습니다.

행위 모드와 존재 모드는 각각의 기능이 있고, 모두 삶을 위해 필수적인 의식 상태입니다. 살아가기 위해 우리는 무언가를 해야 하고 또 존재해야 합니다. 바쁘게 돌아가는 행위 속에서 존재를 잃어버려서도 안 되고, 하루 종일 존재 상태를 자각만 하면서 살 수도 없습니다. 다만 우리는 무언가를 행하는 방법은 일평생 열심히 배우지만 있는 그대로 존재하는 법은 좀처럼 배울 기회가 없습니다. 따라서 사람들은 대부분 '무언가를 해야 하는' 상태보다 '아무것도 하지 않는' 상태를 불편하게 경험합니다.

배우들이 감정을 격렬하게 쏟아내는 강한 캐릭터보다 별다른 특색 없는 일상적 캐릭터를 연기하는 것이 더 어렵다고 인터뷰하는 것을 본 적이 있습니다. 이처럼 '힘을 주는' 것보다 '힘을 빼는' 것이 더 어렵습니다. 요가 강습을 들을 때 저에게 가장 어려운 동작은 딱딱하게 굳은 어깨의 긴장을 풀라는 단순한 주문이었습니다. "어떻게 해야 긴장을 풀 수 있죠?" 하고 묻자 가장 단순하면서도 난해한 답이 돌아왔습니다.

"아무것도 안 하면 됩니다."

마음챙김은 '있는 그대로 존재하라'는 추상적 진언을 구체적 기술(skill)로 바꿔주는 훈련법의 일종이기도 합니다. 따라서 마음챙김으로 행위 모드의 스위치를 내리는 법을 익힘으로써 행위 모드와 존재 모드의 균형점을 회복하게 됩니다.

먹을 땐 먹기만 하고 걸을 땐 걷기만 해

'어떻게 존재할 것인가?' 존재에 대한 질문은 형이상학적이고 철학적인 담론으로 이어지기 쉽지만, 오히려 존재의 근간은 가장 구체적이고 단순한 행위에서 찾을 수 있습니다. 먹을 땐 먹기만 하고, 걸을 땐 걷기만 하고, 씻을 땐 씻기만 하고, 그저 한 번에 하나씩만 마음속에 자리를 내주는 것입니다.

행위 모드에 익숙한 사람들은 멀티태스킹 능력을 찬양하고 지적 생명체의 우수함을 뽐내는 잣대로 삼습니다. 동시에 여러 가지 일들을 처리할 수 있다면 짧은 시간 안에 많은 성과를 거둘 수 있습니다. 그러나 어떤 일을 빨리 끝내면 새로운 일을 더 많이 하게 되는 것이 삶의 이치인지라 멀티태스킹으로 단축된 업무 시간은 휴식을 선사하기는커녕 더 많은 일을 감당하는 데 소요되기 마련입니다. 또한 멀티태스킹을 하면서 여러 가지 일이 복잡하게 머릿속에서 돌아갈 때 가장 먼저 잃게 되는 것은 현재의 감각입니다. 내가 어떤 상태에서 무슨 정신으로 이런 일들을 하는지도 모른 채 그저 해야 할 일들에 짓눌려 살아가게 됩니다.

우리는 운동을 하면서 텔레비전을 보고, 밥을 먹으면서 업무를 처리하고, 길을 걸으면서 스마트폰을 보는 생활에 익숙합니다. 정작 운동을 하면서 몸의 근육에서 느껴지는 수축과 이완, 신체 자세의 변화에 주의를 기울여 살펴본 적이 있나요? 식사하면서 각종 음식 재료들의 식감과 냄새를 세밀하게 느껴본 적이 있습니까? 길을 걸으면서 내 몸의 움직임과 내가 걷고 있는 이곳의 풍경이 시시각각 어떻게 변화하는지 관찰해본 적이 있습니까?

바쁘게 돌아가는 일상에 분명히 무언가를 했으나 아무것도 하지 않은 듯이, 아무 의미 없는 하루를 보내지는 않았나요? 여러 가지 일을 동시에 많이 할수록 우리는 아무것도 제대로 해내지 못한 것 같은, 제대로 살고 있지 못한 것 같은 허망함을 느끼게 됩니다.

지금 이 순간 우리가 하는 행위 자체에 온전히 집중하는 것은 행위와 존재를 결합합니다. 나는 행위를 하는 주체이면서 또한 행위를 관찰하는 관찰자로 존재하는 것입니다. 마음챙김 훈련을 위해서 작정하고 시간을 내 나를 관찰하는 것도 좋지만, 그렇게 하려면 그것 또한 해야 할 일이 되고 작심삼일이 되기 쉽습니다. 준비된 공간에서 조용하게 마음챙김을 하며 내 상태를 들여다보는 것도 좋지만, 그마저도 부담스럽게 느껴진다면 일상의 모든 순간에서 짧게나마 마음챙김을 시도해볼 수 있습니다.

자신에게 익숙한 일상적 행위를 수행하는 시간을 '마음챙김 타임' 으로 하나 골라봅니다. 식사 시간도 좋고, 출근길 걷는 시간도 좋고, 커피 한잔 마시는 시간도 좋습니다. 저는 주로 샤워할 때를 마음챙김 타임으로 삼습니다. 샤워를 할 때만큼은 다른 해야 할 일을 생각하지 않고 샤워 행위에만 집중하고자 합니다. 몸에 닿는 따뜻한 물, 시원하고 상쾌한 보디워시의 향기, 손끝을 따라 하얀 거품이 일어났다 흘러가는 모습을 가만히 지켜봅니다. 그 순간만은 하루의 피로와 잡념과 답답한 감정을 모두 뒤로하고 그 순간에 존재하는 것입니다.

그 잠깐의 순간에 오롯이 존재함으로써 지금 나는 여기 있고, 내가 걱정하는 것들이 그렇게 큰일이 아니며, 바쁘고 지친 와중에도 온전히 내가 누릴 수 있는 순간이 있음을 깨닫습니다.

마음챙김 먹기를 연습해봅니다. 식사 행위는 매일 반복되는 당연한 행위, 생존을 위한 열량 섭취 그 이상도 이하도 아닌 것으로 간주되기 쉽습니다. 그러나 의식 없이 마구 음식을 섭취하는 것이 아니라, 먹는 행동을 알아차리는 것은 자신을 현실로 되돌려놓는 좋은 방법이 될 수 있습니다.

1. 천천히 식사를 시작합니다.
2. 모든 행위를 천천히, 충분히 시간을 들여 하고 그 순간 경험하는 것을 알아차립니다.
3. 숟가락을 들거나 젓가락질을 할 때 그것이 무엇처럼 느껴지는지 주목합니다. 손의 미세한 움직임과 감각을 알아차립니다.
4. 입에 한 가지 음식을 넣고 천천히 씹어봅니다. 음식의 맛과 질감, 냄새를 느껴봅니다. 그 감각이 마음에 드는지 안 드는

지 알아차립니다. 마음에 들든 들지 않든 그것을 판단하는 데 매달리지 않고 그저 알아차립니다.

5. 식사하는 동안 어떤 생각이나 감정이 떠오른다면 그것 또한 알아차립니다. 그 생각이나 감정을 붙잡는 대신 다시 먹기 행위로 부드럽게 주의를 옮겨갑니다.

✔ 마음챙김 먹기에서 중요한 것은 무엇을 먹느냐가 아닙니다. 어떤 음식이든지, 내가 먹는 것을 좋아하든지 싫어하든지 상관없습니다. 중요한 것은 현재 순간에 깨어 있고 연결되는 것입니다.

✔ 마음챙김 먹기는 혼자 식사할 때도 가능하고 다른 사람과 함께 식사할 때도 가능합니다. 다른 사람과 함께 식사하면서 내 마음에 떠오르는 생각과 감정, 신체에서 느껴지는 감각을 있는 그대로 알아차려봅니다.

있는 그대로 봅니다

나를 사랑한다는 건
나를 안다는 것

'나는 누구인가'에 대한 답은 경험으로도 쓰일 수 있습니다.
'나는 _____을(를) 경험합니다.'
'경험하는 존재'로서 나는 더 많은 불확실성과 더 많은 자유를 허용합니다.

마음챙김은 목적이 없다

마음챙김 명상을 연습하면서 각자 기대하는 바가 있을 것입니다. 이를테면 '마음챙김으로 마음의 평화와 안정을 얻고 나를 괴롭히는 우울감과 불안감에서 벗어나고 싶다' 같은 목적 말입니다. 이러한 목적에 부합하듯 마음챙김의 긍정적 효과를 지지하는 연구 결과들이 상당히 많이 축적되어 있습니다. 마음챙김은 우울, 불안 등의 심리적 고통을 줄이고, 번아웃으로부터 회복을 도우며, 집중력과 공감능력 향상에 기여하는 것으로 알려져 있습니다.

그러나 마음챙김은 사실 그 자체로 아무런 목적성이 없습니다. 마음챙김은 무언가를 획득하거나 어떤 상태에 도달하려는 수단이 아닙니다. 앞서 살펴본 마음챙김의 효과는 '마음챙김을 꾸준히 했더니 이러한 효과가 있더라'이지 꼭 그 상태에 도달하려고 마음챙김을 하는 것은 아니라는 뜻입니다.

만일 어떠한 구체적 목적을 달성하고자 마음챙김을 시도한다면 필연적으로 좌절에 이를 수밖에 없습니다. 왜냐하면 마음챙김을 하면서 시시각각 내 주의가 내 의지와 상관없이 분산되는 것을 관찰하며 '어째서 내가 원하는 상태에 도달하지 못하는 거지?'라며 판단적 사고에 갇힐 공산이 크기 때문입니다.

마음챙김은 '비판단적 자세로 현재의 순간에 주의를 기울이는 것' 그 이상도 이하도 아니며, 주의를 기울임으로써 무엇이 되거나 어디에 이르게 될지는 아무도 알지 못합니다. 설령 내가 원하는 어떤 상태에 일순간 도달하더라도 늘 같은 행위를 하며 동일한 종착역에 다다를 수 있는 것은 아닙니다. 그런 의미에서 마음챙김은 그 어떤 약속의 땅, 아름다운 끝을 보장하지 않으며 그저 흘러가는 대로 끊임없이 의식의 흐름을 지켜볼 뿐입니다.

이쯤 되면 '아무것도 보장하지 않는 목적 없는 행위에 굳이 시간과 노력을 쏟아야 할까?' 하는 의문이 생길 수도 있습니다. '내 몸과 마음에서 벌어지는 일들, 감각과 생각·감정·욕구를 관찰해서 도대체 무엇을 얻겠다는 거지? 내 상태를 이렇게 속속들이 알게 되는 것이 나한테 무슨 도움이 되는데?' 같은 생각이 들 수도 있습니다.

마음챙김은 그 자체로 아무 목적성이 없고 어떤 결과도 보장하지 않지만 마음챙김으로 얻게 되는 부수적 효과가 있는데, 바로 자기-자각(self-awareness)입니다. 나를 관찰함으로써 나를 알게 되는 것입니다. 나는 이런 순간에 무엇을 느끼고 무엇을 생각하며 무엇을 원하거나 원하지 않는지, 어떤 상태를 편하게 느끼고 어떤 상태를 꺼리는지 등을 관찰함으로써 자기를 있는 그대로 경험하게 됩니다.

개념으로서 자기와 경험으로서 자기

'나는 누구인가?'에 대한 답을 찾고자 하는 욕구, 내 정체성을 구축하고자 욕구는 인간의 기본 욕구 중 하나로 여겨지며, '너 자신을 알라'는 모든 심리치료의 기본 명제이기도 합니다. 정신분석치료는 자신의 무의식적 갈등을 의식함으로써 무의식의 횡포에 휘둘리지 않는 삶을 추구하며, 행동치료는 자기 행동을 이끌어낸 선행 요인과 그 행동의 결과를 이해함으로써 부정적 결과를 가져오는 행동을 줄이고 긍정적 결과를 가져오는 행동을 늘리고자 합니다.

인지치료는 자신의 역기능적 신념, 부정적인 자동적 사고를 파악함으로써 좀더 긍정적이고 기능적인 생각으로 전환하는 것을 목표로 합니다. 다양한 심리치료가 지향하는 목표와 방법론에는 차이가 있겠으나, 근본적으로 자기를 이해함으로써 자기 삶의 주인으로 살아가도록 돕는다는 공통점이 있습니다. 즉 내가 어떤 사람인지 알게 됨으로써 내 인생의 베스트 드라이버로 나를 임명하는 것입니다. 운전자는 차의 상태와 기능에 해박해야 하고, 운전 기술에 숙련되어야 하며, 고장 나거나 낡은 부품을 제때 갈고 관리해야 합니다. 그뿐만 아니라 나아갈 방향과 목적지를 정하고 주변 지형을 파악해 최선의 경로를 선택해야 할 책임이 있습니다.

심리치료가 지향하는 인간상은 '좋은 사람'이나 '훌륭한 사람'이 아니라 자기 자신에게 솔직하고, 스스로를 기만하지 않는 사람입니다. 그러나 '나는 누구인가'에 대한 답을 찾고자 할 때 우리는 마음속 어떤 기준점에 의거해 나 자신을 정의하는 데 익숙합니다. '나는 우울한 사람이야'라고 자신을 정의할 때 '나는 밝고 유쾌한 사람이 아니다'라는 자기 인식이 내포되어 있으며, 이러한 자기개념은 지금 내 모습은 내가 원하는 모습과 거리가 멀다는 자괴감을 유발합니다. '내가 원하는 모습' '되어야만 할 것 같은 내 모습'이 나를 정의하는 기준점으로 작용하는 셈입니다.

우리는 자기에 대한 스토리를 완성하고 싶어 합니다. 만일 '나는 우울한 사람이야'라는 자기개념을 지녔다면 나는 왜 우울하고 왜 이 우울함에서 벗어나기 어려운지, 언제부터 이러한 우울감을 느꼈으며 다른 사람들이 우울한 나를 어떻게 취급하는지 등에 대해 그럴듯한 일관성 있는 스토리를 구성하고 그 스토리를 유지하고 싶어 합니다. 그래야만 내가 나의 실체를 알고 있고, 통제하고 있다고 느낄 수 있기 때문입니다.

하지만 내가 구성한 내 스토리가 정말 변하지 않는 절대적 진리일까요? 다음과 같은 질문들을 자신에게 던져봅니다. 내가 나를 진실로 그렇게 잘 알고 있는가? '나는 우울한 사람'이라고 나를 개념적으로 정의함으로써 우울하지 않은 내 측면들을 놓치고 있는 것은 아닌가? 애초에 '나는 밝고 유쾌한 사람이 아니다'는 인식이 내 인식이 맞는 걸까? 아니면 내가 밝고 유쾌한 사람이 되길 기대했던 타인의 욕구를 내 욕구로 착각한 것은 아닐까?

'나는 이런 사람이다, 저런 사람은 아니다' 같은 개념으로 자기 자신을 정의할 때 우리는 그 만들어진 개념에 자기를 끼워 맞추려는 잘못을 하게 되고, 그 개념이 좋든 싫든 간에 그 개념을 유지하고 확증하는 방향으로 자신을 몰아갑니다.

마음챙김은 이러한 고정된 자기개념의 스토리를 진실이라고 단정하는 태도에 균열을 일으킵니다. '나는 이런 사람이야, 저런 사람은 아니야' 같은 자기개념 이면에 숨어 있는 '나는 이런 사람이 되어야만 하고, 저런 사람이 되어서는 안 돼' 같은 판단을 떼어놓고 그저 지금 나는 무엇을 경험하는지에 초점을 두기 때문입니다. 지금-여기 경험하는 존재로서 나는 고정된 자기개념보다 훨씬 다채롭고 유동적입니다. 설령 예전과 같은 경험을 하더라도 그 경험을 받아들이는 현재 내 태도는 얼마든지 달라질 수 있습니다.

경험으로서 자기를 자각하는 것은 고정된 자기개념을 내려놓음으로써 우리 삶에 더 많은 불확실성을 허용합니다. 그 불확실성은 '내가 누구인지 모르겠다'는 혼란을 일으키기도 하지만 우리에게

'나는 그 무엇도 아니고 또한 그 무엇도 될 수 있는 자유'를 선사하기도 합니다.

가만히 귀를 기울이면?

한 예능 프로그램에서 방송인 김나영 님이 엄마처럼 의지하고 지내는 양희은 님과의 일화를 들려준 적이 있습니다. 그녀는 신뢰가 깨진 남편과 이혼하기로 결정하고 양희은 님을 찾아갔다고 합니다. 아이들을 혼자 키우기로 결정하고 "선생님, 너무 무서워요, 겁나요" 했더니 양희은 님이 "그냥 고요하게 네 마음속에 있는 말을 듣고 있어봐. 그러면 하나도 무서울 게 없다"라고 하더랍니다.

　마음속에 있는 말에 가만히 귀를 기울이는 것, 그것이 또한 마음챙김입니다. 가만히 내 안에서 느껴지는 두려움, 상실감, 슬픔, 분노, 자책감을 온전히 느끼면서도 그 경험들과 함께 나아갈 방향을 선택하는 것입니다. 나에게 솔직하다는 것은 내 경험들을 회피하지 않는다는 뜻이기도 합니다. 보통 우리는 그 경험들을 감당하기 어려워서 내 안에서 느껴지는 무언가를 모른 체합니다. 그러나 자신의 마음속 말을 귀 기울여 듣지 않고 자신의 경험에 솔직하지 못하면, 경험에 위배되는 선택을 하고 그 선택을 후회하게 될 가능성이 큽니다.

　예를 들어, 이혼 결정을 앞두고 심경이 복잡한 경우를 생각해보겠습니다. 만일 자기 상처를 외면한 채 이혼 후 후폭풍을 감당하기 어렵다거나 주변 사람들의 시선이 두려워서 등의 이유로 이혼하지 않기로 선택한다면, 이미 파탄난 관계 속에서 상처를 후벼 파는 삶을 살게 될지도 모릅니다. 혹은 이혼과 관련된 두려움, 주변의 시선, 양육이나 경제적 문제 같은 현실적 어려움들을 외면한 채 무작정 이혼을 감행한 후 '이렇게까지 힘들 줄 몰랐다'며 자신의 선택을 후회할 수도 있습니다.

중요한 것은 '이혼을 하느냐, 마느냐' 둘 중 어느 쪽을 선택하는지가 아닙니다. 그 선택의 옳고 그름은 선택하는 그 순간에는 아무도 확신할 수 없습니다. 다만 어느 쪽을 선택하든 그와 관련된 자기 경험을 온전히 감당하려는 태도가 필요합니다. 가만히 내 마음속에 있는 말에 귀를 기울이고, 그것을 온전히 감당하고자 한다면, 그 어떤 선택을 하든 그것이 오롯이 내 선택임을 받아들일 수 있습니다.

모르긴 몰라도 김나영 님은 그 당시 두려움과 막막함을 온전히 느끼면서도 자신이 가야 할 길을 용기 있게 선택했고, 그로 말미암아 지금의 당당하고 솔직한 모습으로 대중을 만나게 되지 않았을까 짐작해봅니다.

주의를 기울여 살피는 마음

내가 어떤 사람인지 알고자 하는 자기이해의 욕구에는 자신에 대한 애정이 담겨 있습니다. 아무 관심 없는 대상을 이해하려고 그렇게 많은 에너지를 쏟으며 분투하는 경우는 거의 없습니다. 그러니 사실 '나는 왜 이 모양일까?' 자조적 질문을 던지더라도 그 질문의 기저에는 나 자신을 아끼고 사랑하는 마음이 있습니다. 대체로 그런 질문을 던지는 이유는 그냥 살아지는 대로 사는 게 아니라 '잘' 살고 싶은 마음이 있기 때문입니다.

그러나 자신을 사랑한다는 게 무슨 뜻인지, 어떻게 해야 자신에 대한 사랑을 실천할 수 있는지에 대해서는 많은 사람이 막막해합니다. 저 또한 막상 답하기가 어려워서 생성형 인공지능(챗GPT)에 '자신을 사랑한다는 건 무슨 뜻이니?' 하고 질문을 던져보았습니다. 그랬더니 다음과 같은 답이 돌아왔습니다.

"자기를 사랑한다는 것은 자기 자신을 인정하고 존중하며, 자기에게 관심과 돌봄을 기울이는 것을 의미합니다."

그렇습니다. 나를 사랑한다는 건 나를 알아가는 것인가 봅니다. 어떤 대상을 사랑할 때 우리는 그에 관심을 기울이고, 그를 알고자 하며, 그를 위하는 길을 선택합니다. 마찬가지로 주의를 기울여 살피는 마음, 그것이 자신을 사랑하는 첫걸음입니다.

배에서 나는 '꼬로록' 소리를 듣고 '나 지금 배고프구나' 알아차린 뒤에 자신을 위한 음식을 대접하는 것입니다. 두렵고 무서운 마음이 들 때 '나 지금 무섭구나' 알아차리고 위로가 되어줄 사람을 만나 이야기를 나누는 것입니다. '나는 초록색을 좋아하고 흰색이 잘 어울리지만 지금은 빨간색 티셔츠가 눈에 들어오는구나'를 알아차리는 것 또한 사랑입니다.

리네한은 마음챙김이 우리 모두에게 존재하는 지혜로운 마음(wise mind)으로 우리를 인도한다고 말합니다. 지혜로운 마음은 합리적인 마음과 감정적인 마음이 통합을 이루어 균형을 맞춘 마음 상태를 일컫습니다. 논리적인 생각과 감정적인 경험에 '직관적인 앎'이 더해진 마음입니다. 중요한 결정의 기로에서 이 선택을 함으로써 어떤 결과를 감당해야 하는지 논리적으로 생각하고, 이 상황에서 느껴지는 감정을 회피하지 말고 충분히 겪어야 합니다. 지금 이 순간의 경험에 주의를 기울이면 내가 어떤 존재인지, 무엇을 원하고 무엇을 향해 나아가야 할지 직관적으로 떠오르게 될 것입니다.

우리는 나를 개념적으로 정의하는 데 익숙하지만 나를 있는 그대로 경험하는 것은 어려워합니다. 지혜로운 마음을 만날 수 있도록 가만히 마음속에 귀를 기울여봅니다. 그 순간 떠오르는 모든 것을 경험해봅니다. 그 경험이 바로 '나'입니다.

1. 편안한 자세로 앉아 살짝 눈을 감습니다.
2. 햇빛이 화창하고 기분 좋은 어느 날 맑고 푸른 호숫가에 있다고 상상해봅니다.
3. 당신이 납작하고 가벼운 작은 조약돌이라고 상상해봅니다. 당신은 호수로 던져져 잔잔하고 맑은 물속으로 천천히 가라앉아 호수의 부드러운 모랫바닥에 닿습니다.
4. 천천히 바닥으로 가라앉는 그 순간, 무엇이 보이고 무엇이 느껴지는지 주의를 기울입니다.
5. 호수의 평화로움에 주의를 기울입니다. 물속의 평온함과

깊은 고요함을 의식해봅니다.

6. 그 순간 보이고 느껴지는 모든 것을 '나는 ＿＿＿＿＿입니다'
하고 표현해봅니다.

〈예〉

- 나는 잔잔한 물의 출렁임을 느낍니다.
- 나는 물속에서 흔들리는 물풀을 봅니다.
- 나는 물고기 한 마리가 내 위로 지나가는 것을 봅니다.
- 나는 멀리서 지저귀는 새의 노랫소리를 듣습니다.
- 나는 친구의 미소 짓는 얼굴을 떠올립니다.
- 나는 '오랜만에 친구에게 연락해봐야겠다'고 생각합니다.
- 나는 그녀를 만나 웃고 떠드는 모습을 떠올립니다.
- 나는 가슴이 간질간질하고 입꼬리가 슬며시 올라가는 것을
느낍니다.

우울과 불안은 중독성이 있습니다. 우리는 부정적인 감
정으로부터 벗어나고 싶으면서도 '나는 우울한 사람이
야, 나는 불안한 사람이야' 같은 일관된 자기정체성을
유지하길 원하고, 익숙한 감정에 머물고 싶어 합니다.
행복해지기를 거부하는 내 안의 감시자를 자각합니다.
거창하고 위대한 삶, 영원불변의 절대적인 의미를 추구
하는 것은 삶의 허무를 부추깁니다. 내가 진정으로 살고
싶은 소소한 인생, 나를 인도하는 삶의 가치가 무엇인지
깨닫습니다. 따뜻한 기운으로 나 자신을 돌보고, 소중한
사람들과 감정적으로 연결되는 삶을 선택합니다.

변화를 위한 딱 한 걸음이 필요합니다

CHAPTER 3

살던 대로 사는 거
지겹지 않니?

'행복한 순간도 어차피 잠깐일 뿐이야'라는 생각이 들 때면
그 순간이 잠깐일지라도
충분히 누려봐도 괜찮다고 말해봅니다.

가라앉는 배에서 손 떼기

우울과 불안은 중독성이 있습니다. 우울함에서 빠져나오려면 몸을 움직이고 바깥 공기를 쐬어야 하지만 우울한 사람들은 아무것도 하지 않은 채 집 안에 머뭅니다. 불안에서 빠져나오려면 걱정만 할 것이 아니라 예상되는 부정적 결과에 대비하는 행동을 해야 하지만 발걸음을 떼지 못합니다. 이렇게 살아서는 안 된다는 걸 알면서도 계속 우울과 불안을 유지·악화시키는 방향으로 행동합니다. 도대체 왜

변화를 위한 딱 한 걸음이 필요합니다

우리는 더 나은 삶을 선택하지 않고 살던 대로 계속 살아가려고 할까요?

이는 마치 가라앉는 배에서 손을 떼야 하는 상황과 유사합니다. 1993년 서해훼리호 침몰 사고에서 기적적으로 생존한 부부의 이야기입니다. 사고 당일은 기상 여건이 좋지 않아 풍랑주의보가 내려졌습니다. 많은 여객선의 운항이 취소되자 뭍으로 나가려는 위도 주민과 여행객들은 대형 여객선인 훼리호로 몰렸습니다. 주말을 이용해 섬에 놀러 왔던 부부도 그들에 포함되어 있었습니다.

운항을 시작한 지 얼마 되지 않아 프로펠러에 그물 등이 엉겨 배는 동력을 잃었고 큰 풍랑을 만나 기울어버리고 말았습니다. 부부는 기울어가는 배의 난간을 잡고 간신히 버티고 있었습니다. 이 난간을 계속 잡고 있다가는 배와 함께 바다로 가라앉을 것이 분명했습니다. 그러나 난간을 놓고 맨몸으로 거센 파도가 몰아치는 바다로 뛰어들기에는 너무 무서웠습니다. 더는 선택할 여지가 없게 되자 부부는 서로 마주 보고 눈을 질끈 감은 채 난간에서 손을 놓았습니다. 바다로 빨려 들어가던 몸은 파도와 함께 수면 위로 튀어올랐습니다. 때마침 배에서 쏟아져 둥둥 떠다니는 아이스박스가 눈에 들어왔습니다. 아이스박스를 붙든 채 버티던 그들은 마침내 구조되어 살 수 있었습니다.

우울과 불안에 빠져 있을 때 우리의 뇌는 노르에피네프린, 세로토닌 같은 신경전달물질의 지배 아래 놓이게 됩니다. 이러한 화학작용을 거슬러 증상에 역행하는 행동을 수행하기는 무척 어렵고, 가라앉는 배에서 손을 떼는 것에 맞먹을 만한 용기가 필요합니다. 사실 난간에서 손을 떼는 것은 너무나 간단한 행동입니다. 그저 손의 힘을 살짝 풀기만 하면 그만입니다. 그러나 그 행동을 시도하기 어려운 이유는 그것이 아주 복잡한 고난도 동작이라서가 아니라 내게 익숙하지 않고 결과를 예측할 수 없는 행동을 시도해야 한다는 두려움 때문입니다.

난간에서 손을 뗀 뒤 무슨 일이 벌어질지는 아무도 알지 못합니다. 부부는 기적적으로 수면 위로 튀어올라 몸을 의지할 아이스박스를 발견했지만, 그 사고의 생존자는 70명이었던 데 반해 사망자는 292명에 이르렀습니다. 하지만 난간에서 손을 떼지 않았다면 그들도 사망자 명단에 이름을 올렸을 가능성이 더 컸을 것입니다. 우울하고 불안한 사람들은 자신이 어떤 새로운 행동을 취함으로써 성공할 확률보다 실패할 확률을 크게 지각하고, 불확실한 미래보다 예정된 불행에서 안정감을 느낍니다.

그러니 변화를 모색하기에 앞서 마음을 다잡을 필요가 있습니다. 우리는 성공이 보장된 행동만 시도할 수는 없습니다. 삶의 경이로움은 어떤 행동이 반드시 긍정적 결과를 가져오는 데 있기보다는 '용기를 내 발을 떼는 그 순간'에 방점이 찍힙니다.

살던 대로 살지 않고 지금과는 다르게 살아보겠다고 마음먹는 그 순간, 하던 대로 뒤로 물러서지 않고 문밖을 나서는 그 순간, 우리는 각자 죽음의 공포를 무릅쓰고 위대한 첫걸음을 내딛는 것입니다. 그 첫걸음이 비록 먼 곳까지 우리를 데려가지 못할지라도, 어떤 날은

변화를 위한 딱 한 걸음이 필요합니다

좌절하고 실패할지라도, 또다시 그 자리에서 다시 시작하기로 마음 먹는 것입니다.

행복해지기를 막는 내 안의 감시자

우울과 불안에 빠져 있는 사람들은 자신이 놓여 있는 상태를 괴로워하면서도 익숙하게 젖어 있는 그 부정적 감정에서 빠져나오기를 두려워합니다. 이들에게 비록 행복과 기쁨의 순간이 찾아오더라도 이 낯선 손님들을 어떻게 대접해야 할지 모릅니다. 긍정적 감정을 편하게 누리며 살아본 적이 없기 때문에 자신에게 어울리지 않는 옷을 입은 것처럼 불편하게 느낍니다. 행복해하는 내 모습이 주책맞다거나 가벼워 보인다고 여기고, 이런 내 모습을 다른 사람들이 본다면 비웃을 것만 같습니다. '찌질하게 뭐 저런 걸로 행복해하냐?'라고 비난하는 내면의 목소리가 단단하게 자리 잡고 있습니다.

　우울과 불안이 설령 나를 고통스럽게 만들지라도 우리는 오랫동안 내 정체성의 일부로 여겨졌던 일면을 긍정하고 싶은 욕구를 지니고 있습니다. '나는 우울한 사람이야' '나는 불안한 사람이야'라고 자신을 정의할 때 우리는 일견 그런 나 자신이 싫다고 하면서도 마음속 깊은 곳에서는 그런 내 모습을 꽤 괜찮게 여길 가능성이 있습니다. 나는 아주 진지하고 심오한 사람이며, 삶의 가혹한 이치를 일찌감치 깨달은 현명함을 갖추고 있고, 남들은 알지 못하는 세상의 어두운 면을 직시하고 있다고 말입니다.

이들은 큰 불행과 고통에 대적할 만한 큰 행운과 쾌락이 아니라면 오랫동안 유지해온 자신의 정체성을 포기하고 낯선 경험에 자리를 내주길 꺼립니다. 사소하고 일상적인 행복은 나의 거대한 비극과 등가 교환이 어려우며, 언제 사라질지 모르는 신기루 같은 행복에 휘둘리고 싶지 않습니다. 잠깐 행복하다가 또다시 우울과 불안이 찾아올 것이 뻔한데 바보처럼 마음을 내줘서는 안 된다고 다짐합니다. 이는 긍정정서에 대한 일종의 정서조절전략으로 '가라앉히기(dampening)'라고 합니다. 가라앉히기 전략은 '이런 즐거운 기분은 어차피 오래가지 않을 거야' '이런 행복은 나에게 어울리 않아'같이 긍정정서를 하향 조절하기 위해 사용하는 인지적 방략으로, 행복이 눈앞에 다가오면 찬물을 끼얹어버리는 것과 같습니다.

우울하고 불안한 사람들의 비관적 전망과 부정적 해석은 가라앉히기 전략으로 유지됩니다. 이들은 실상 행복해지고 싶다면서도 행복해지기를 거부하는 지독한 내면의 감시자를 마음속에 품고 살아갑니다.

경험은 선이 아니라 점으로 찍힌다

감시자는 완고한 기준을 가지고 있습니다. 마치 '행복이 영원하지 않을 거라면 다 의미 없어!'라고 소리치는 것과 같습니다. 불확실한

변화를 위한 딱 한 걸음이 필요합니다

세상에서 통제감을 획득하고자 일관된 자기개념을 유지하려고 하는 것처럼 매 순간의 경험도 일관되게 지속되기를 바랍니다. 그러니 드문 행복보다는 흔한 불행에 자신을 맡기는 것이 좀더 안전하고 합리적인 선택이라 여깁니다.

그러나 경험은 선이 아니라 점으로 쓰입니다. 마음챙김으로 매 순간에 주의를 두어 관찰하다 보면 나의 외부와 내부에서 많은 경험이 잠시 일어났다 사라지는 것을 목도하게 됩니다. 순간을 자세히 들여다보면 우울도, 불안도, 기쁨도, 설렘도 짧은 순간을 스쳐가는 점일 뿐입니다. 꽤 길게 지속되는 어떤 경험도 매 순간 동일한 형태와 동일한 의미를 지니지 않습니다. 그저 그렇게 믿고 싶은 내가 있을 뿐입니다. 나에게 익숙한, 나의 자기개념에 부합하는 경험에만 선택적으로 주의를 기울이고, 나는 평생 우울하고 불안한 사람이라고 믿습니다.

점점이 모여 있는 경험을 멀리서 보면 길게 이어진 선으로 보이고, 내 인생은 비극적인 방향으로 흘러가는 것이 분명해 보일 수도 있습니다. 그리고 이 거대한 흐름을 역행하기가 너무나 버겁게 느껴질 수도 있습니다. 그러니 우울과 불안에 빠진 사람들이 이 거대한 흐름에서 벗어나려면 시간의 범위를 짧게 설정해야 합니다. 과거와 현재와 미래를 이어서 긴 시간의 스펙트럼에 자신을 놓아두는 것이 아니라 현재의 짧은 순간을 살아야 합니다.

바로 직전까지 우울했더라도 지금은 맛있는 음식을 먹고, 친구를 만나 실없이 웃으며 떠들고, 밀린 숙제를 하면서 성취감을 느껴도 됩니다. 그리고 이 경험이 우울한 나의 정체성에 부합하지 않는 우연한 사건이라고 치부할 것이 아니라 이 행동을 실행하기로 선택한 자신을 마음껏 대견하게 여기기 바랍니다. 남들에게는 보잘것없는 사소한 행동일지라도 나에게는 죽음을 무릅쓰는 용기가 필요했음을 기억합니다. 이 죽음은 우울과 불안으로 점철된 익숙한 내 정체성의 일부를 내려놓는 심리적 죽음이기도 하고, 다른 형태의 삶을 살아갈 기회를 허용하는 심리적 소생이기도 합니다.

우울과 불안으로부터 온전함을 위한 워크북

기분 좋은 일이 생기면 나도 모르게 가라앉히기 전략을 동원해 긍정정서를 눌러버리지 않습니까? 다음은 가라앉히기 전략의 대표적인 예입니다. 다음과 같은 생각을 얼마나 자주 하는지 답하고 가라앉히기 전략이 나에게 미치는 영향을 생각해봅니다.

긍정정서에 대해 가라앉히기 전략을 시도하는 자신을 발견할 때마다 '내가 지금 가라앉히기 전략을 쓰고 있구나' 하고 알아차립니다. 다음으로 가라앉히기 전략을 대신할 수 있는 대안적 생각을 떠올려봅니다.

가라앉히기 전략	대안적인 전략
(기분이 좋을 때) '이렇게 좋은 일이 사실일 리가 없어'라고 생각한다.	**(기분이 좋을 때)** '이렇게 좋은 일이 내게 벌어질 수도 있지'라고 생각한다.
(기분이 좋을 때) 잘못될 수도 있는 일들을 생각한다.	**(기분이 좋을 때)** 잘못될 수도 있는 일들이 생각나더라도, '그건 그때 가서 해결하면 되지'라고 생각한다.
(기분이 좋을 때) 이 기분이 오래가지는 않을 것이라고 나 자신에게 상기시킨다.	**(기분이 좋을 때)** '이 기분이 오래가지 않아도, 짧은 순간이라도 충분하다'라고 생각한다.
(기분이 좋을 때) '다른 사람들은 내가 자랑질한다고 여길 거야'라고 생각한다.	**(기분이 좋을 때)** 어떤 사람들은 내가 자랑질한다고 여겨도, 나를 좋아하는 사람이라면 함께 기뻐할 것이라고 생각한다.
(기분이 좋을 때) 집중하는 것이 얼마나 힘든지를 생각한다.	**(기분이 좋을 때)** 집중하는 것이 힘들어도 '지금은 집중을 좀 못 해도 괜찮다'라고 생각한다.
(기분이 좋을 때) '난 이럴 만한 자격이 없어'라고 생각한다.	**(기분이 좋을 때)** '기쁨을 누리는 데 꼭 자격이 필요한 것은 아니다'라고 생각한다.
(기분이 좋을 때) '이런 행운의 연속은 곧 끝날 거야'라고 생각한다.	**(기분이 좋을 때)** '이런 행운의 연속이 곧 끝나더라도, 한 번의 행운도 감사하다'라고 생각한다.
(기분이 좋을 때) 잘 풀리지 않았던 일들을 생각한다.	**(기분이 좋을 때)** 잘 풀리지 않았던 일들이 생각나더라도, '앞일은 알 수 없으니 미리 걱정하지 않아도 된다'라고 생각한다.

* 가라앉히기 전략의 예시는 장윤정·황성훈(2020)이 타당화한 긍정정서 반응 척도에서 발췌한 문항을 사용함.

변화를 위한 딱 한 걸음이 필요합니다

티끌 모아 티끌이라지만
그래도

티끌 모아 티끌이더라도 티끌 같은 작은 의미를
매일 발견하는 것이 이번 생에 내게 주어진
삶의 의미일지도 모릅니다.

큰 의미를 찾는 것의 무의미함

인생을 일련의 선이 아니라 순간순간의 경험으로 마주하려면 현실
에 투신해야 합니다. 긴 시간의 연속선 위에 나를 놓아두고 한발 물
러서서 인생을 관조하면 모든 것이 무의미하게 보이기 십상입니다.
'어차피 죽을 인생, 뭐 하러 이렇게 아등바등 살아야 하나' 싶고 내
가 쌓아온 삶은 흔적들, 그 어떤 사연과 비탄, 성취와 영광도 한낱 우
주의 먼지처럼 사소하게 보입니다. 그 어떤 거창한 의미나 명분도

없는 이 하찮은 인생을 왜 살아야 하나?

호주 해안을 따라 펼쳐진 그레이트 오션 로드를 달리며 마주한 압도적 광경의 바다를 보고 넋이 나간 듯 한참 서 있은 적이 있습니다. 그 광경은 제가 태어나서 본 장면 중 가장 웅장한 자연의 모습이었고, 대자연 앞에 인간은 한낱 미물일 뿐이라는 생각이 들었습니다. '저 거대한 파도에 휩쓸리면 흔적도 남지 않고 사라지겠구나.' 그러자 경외감과 함께 울적함이 밀려왔습니다.

'왜 살아야 하나?'

거시적 관점에서 삶의 의미를 찾는 강박적 물음은 우울과 불안에 취약한 사람들의 인지적 특징입니다. 이들은 현실에 발을 담그고 살아가는 것을 어려워합니다. 매 순간을 치열하게 경험하기보다 삶의 고통을 회피하려는 동기는 삶에 대한 비관여적 태도를 강화합니다. 한 발 빼고 인생을 살려는 자세는 자꾸만 거시적 관점으로 눈을 돌리게 만들고, 근원적인 진정한 의미를 찾아야만 이 삶이 살아갈 가치가 있다고 믿습니다.

그러나 삶의 의미를 갈구하는 이 강박적 시도는 삶의 무의미함을 재차 확인해줄 뿐입니다. 왜냐하면 애초에 그런 특별하고 거창한 의미는 존재하지 않기 때문입니다. 그러나 이들은 절대적 의미가 존재하지 않는다는 사실을 받아들이기 어려워합니다. 누군가 이들에게 "삶의 의미 따위는 없어. 태어난 김에 사는 거지. 그냥 머리를 비우고 그때그때 하고 싶은 거 하고, 하루하루 재미있게 살아"라고 단순명료한 답을 주더라도 갈증은 해소되지 않습니다. 자꾸만 중요한 뭔가를 놓치고 있다는 생각에 사로잡힙니다.

이 질문은 삶의 허무와 맞닿아 있습니다. 이루고자 하는 목표가 분명해 그것을 달성하려고 질주할 때는 질문을 던질 여력이 없습니다. 그러나 목표를 이루고 더 이룰 것이 없는 상태에서는 '이제는 무엇을 위해 살아야 하는가?' 하는 공허감이 실존을 위협합니다. 경제적 풍요, 더 높은 사회적 지위는 추구하면 할수록 덧없다고 느껴집니다. 토끼 같은 자식을 낳아 아이가 하루하루 커가는 모습에서 그나마 의미를 찾던 사람은 아이가 자라서 더이상 부모를 찾지 않는 때가 오면 가족의 의미에 회의를 느낍니다.

"영원한 것은 아무것도 없군."

'왜 살아야 하는가'는 나만 던지는 것이 아닌 질문

다행인 것은 삶의 의미를 구하는 이 실존적 물음을 나 혼자만 던지는 것이 아니라는 점입니다. 실존에 의문을 품는 것이 나만 유별나고 특별한 존재여서도 아니고 단순하게 삶을 즐기는 사람들보다 내가 더 지적으로 우월하거나 고귀한 생명체여서도 아닙니다. 인류 역사상 이미 많은 사람이 이 질문을 던져왔고, 또 나름대로 답을 내놓았습니다. 제가 찾은 몇 가지 답은 다음과 같습니다.

첫째, '삶의 의미는 나를 넘어설 때 파생되는 부수적 현상'이라는 것입니다. 제2차 세계대전을 배경으로 한 영화 〈인생은 아름다워〉에서 주인공 귀도는 아들과 함께 나치수용소에 수감됩니다. 매일같이 사람들이 죽어 나가는 참혹한 현장에서 과연 무엇을 위해 언제 죽을지 모르는 부질없는 삶을 유지해야 할까요? 삶의 의미를 내 안에서 찾고자 했다면 비굴하게 목숨을 구걸하는 것보다 스스로 생을 마감하는 것이 존엄을 지키는 길이라고 생각할 수도 있습니다. 그러나 귀도는 아들을 위해 아름다운 연극을 시작합니다. 그는 겁에 질린 아들에게 수용소 생활이 단체 게임이라고 거짓말을 하고, 자신이 맡은 게임 참가자의 역할에 충실합니다. 마지막 순간까지도 숨어서 자신을 지켜볼 아들이 놀라지 않도록 적의 총구 앞에서 우스꽝스러운 포즈를 취하며 죽음을 맞이하러 갑니다.

귀도는 자신을 넘어 아들에게 헌신함으로써 자기 삶의 의미를 실현했을 뿐 아니라 아들에게도 살아갈 의미를 선물해주었습니다. 아마도 그의 아들 조수아는 삶이 버겁게 느껴질 때마다 "너는 내가 목숨을 바쳐 지켜낸 소중한 존재야. 그러니 살아라"라고 말하는 듯한 아버지를 떠올리며 생의 의지를 이어갔을 것입니다.

이렇듯 삶의 의미는 나를 넘어선 더 큰 대의나 신념, 가치, 종교, 조직, 타인을 위하거나 헌신할 때 부수적으로 따라오는 것이지 내 삶의 의미가 무엇인지 아무리 내 안으로 파고들어 보았자 마땅한 답을 찾기 어렵습니다.

둘째, '삶의 의미는 정해진 답을 찾는 게 아니라 내가 구성하는 것이다'입니다. 많은 사람이 '왜 살아야 하는가?'라는 질문을 던지지만 그들이 모두 똑같은 대상에서 의미를 발견하지는 못합니다. 누군가

변화를 위한 딱 한 걸음이 필요합니다

는 자식이 커나가는 모습에서, 누군가는 학문적 진리를 발견하는 데서, 누군가는 타인을 위해 봉사하는 삶에서, 누군가는 맛있는 떡볶이를 먹는 데서 의미를 찾습니다. 그중 무엇이 절대적으로 옳고 값어치 있는 의미인지는 그 누구도 단정할 수 없습니다. 그러니 누구에게나 납득될 만한 거창한 의미를 찾기보다 나에게 주어진 하루하루를 살아갈 작은 의미들을 만들어주면 됩니다. 남들에게는 하등 의미 없는 일처럼 보일지라도 말입니다.

셋째, '삶의 의미는 얼마든지 변할 수 있다'는 것입니다. 저는 어제 빗소리를 들으며 이불 속에서 꼼지락 대는 행위에서 의미를 찾았습니다. 이렇게 여유 부릴 수 있는 하루가 주어졌음에 감사하고 이런 순간을 오래 누리고 싶다고 생각했습니다. 그러나 오늘이 되고 보니 어제 시간을 낭비한 것이 약간 한심하게 느껴졌고, 오늘은 원고를 부지런히 써서 독자들과 내 경험을 공유하는 것이 진정한 의미라고 생각했습니다.

어떤 의미는 오랫동안 잔잔하게 내 삶을 움직이고 어떤 의미는 돌풍같이 강렬하게 삶을 흔들어놓습니다. 그러나 의미의 경중이 달라졌다고 해서 한때 내 삶을 비추었던 의미가 사라지는 것은 아닙니다. "애들 크는 게 삶의 낙이죠"라고 말하는 이에게 "몇 년만 지나보세요. 사춘기 되면 배 속에 다시 집어넣고 싶어질 겁니다. 자식 키워봐야 소용없어요"라고 말하는 것은 선각자의 아량이라기보다 현실에 대한 불만족을 표현하는 것입니다. 한창 자녀를 양육하는 시기에는 아이가 커나가는 모습이 삶의 의미이자 전부인 것 같은데, 다 크고 나면 무상하게 느껴진다고 해서 그때 그 순간에 존재했던 의미가 사라지는 것은 아닙니다. 그때 그 의미가 당시 내 삶을 지탱하는 버팀목이었다는 점은 변함이 없습니다.

영원히 변하지 않는 확고한 실체를 찾아야만 진정한 의미라고 생각하는 것은 환상에 가깝습니다. 어쩌면 죽을 때까지 우리는 한 가지 의미의 유효기간이 다하면 또 살아갈 의미를 찾아나서야 할 것입니다. 누군가를 돌보는 데서 의미를 찾는 사람이라면, 내 손이 필요한 반려동물을 돌보거나 나무 한 그루를 기르는 데서 그 의미를 발견하게 될지도 모릅니다.

마지막으로, 보통 '왜 살아야 하는가' 하는 질문을 던지는 사람들은 생각이 너무 많고, 생각을 통해 경험을 처리하는 데 익숙하다는 것입니다. 이들은 손에 잡히지 않는 추상적 개념으로 의미를 구성하고, 언어적으로 명확하게 정의 내리기를 원합니다. 나의 의식세계에서 확고하게 정립된 명제가 진리의 빛을 선사할 것이라 믿습니다. 어쩌면 철학자의 소질을 타고난 사람들일 수도 있습니다.

이러한 사고 활동이 삶에 대한 반짝이는 통찰에 기여하기도 하지만 문제는 생각이 많아도 너무 많다는 것입니다. 경험을 언어를 통해 생각으로만 처리하고 오감을 통해 받아들이거나 정서적으로 깊이 접촉하는 데 서툽니다. 따라서 이런 사람들은 자신의 감각적 경험이나 감정에 집중함으로써 생각의 과부하에 제동을 걸고 경험의 균형을 맞출 필요가 있습니다. 생각을 파고들면 모든 것이 무의미해 보이지만, 몸으로 느껴지는 감각과 감정은 그 자체로 실재하는 나를 깨닫게 해줍니다. 의미가 먼저가 아니라 존재가 먼저입니다. 의미가 있어야만 존재할 가치가 있는 것이 아니라 내가 지금 여기 존재하기에 의미에 대한 질문도 던질 수 있는 것입니다.

무의미함에 지지 않는 것

삶의 의미라는 것이 나를 넘어설 때 파생되는, 내가 부여한 가치라면 타인의 기준을 척도로 삼아서는 결코 의미를 발견할 수 없습니다. 타인의 인정을 받거나 타인과의 비교우위에서 이기는 것을 삶의 의미로 삼는다면, 그야말로 끝없는 공허감과 무상함에 빠지게 됩니다. 제가 이 책을 쓰면서 저보다 훌륭하고 유명한 저자들의 저서와 비교하고, '어차피 얼마 팔리지도 않을 텐데'라고 자조한다면 책을 쓰는 제 노력과 시간은 무의미한 것이 됩니다. 타인과 비교해 최정상의 위치를 차지해야만 모두가 인정하는 그럴듯한 의미를 획득하게 되는 것이라면 정상에 서지 못한 대다수 사람의 삶을 향한 분투는 지질구질한 몸부림이 되고 맙니다.

2022년 12월 3일 새벽, 많은 국민이 대한민국 축구 대표팀과 포르투갈의 경기를 뜬눈으로 지켜보았습니다. 앞서 우루과이와의 경기에서 0 : 0 무승부를 기록하고 가나에 2 : 3으로 패하면서 대한민국 대표팀의 16강 진출은 요원해 보였습니다. 저 또한 국민의 한 사람으로서 대표팀을 응원했지만, 또 그놈의 '경우의 수'를 따져 기적이 일어나야만 16강에 진출할 수 있는 상황에 몰리자 피로감을 느꼈습니다. 솔직히 말하면 '그런 운과 요행에 기대야만 승리할 수 있다는 것은 결국 실력이 부족하다는 것 아닌가' 하는 냉소가 스멀스멀 올라왔습니다.

무조건 이겨야만 16강 진출에 일말의 희망이라도 가질 수 있는 포르투갈전의 시작 휘슬이 울리고 5분 만에 실점했습니다. 그 순간 한국 선수들의 허탈한 표정, 축 처진 어깨를 지켜보는 것은 괴로운 일이었습니다. 갈 길은 너무 멀고, 상대의 기량은 압도적이고, 질 것이 분명해 보이는 승부를 끝까지 치러내야 하는 심정은 어떤 것일까 싶어 서글픔이 밀려왔습니다.

하지만 마음 한편으로는 그래도 끝까지 힘을 냈으면 하고 신의 가호가 지금 이 순간 한국팀에 돌아오기를 바랐습니다. 전반전 동점 골이 터지고 희망의 불씨가 살아나자 기도는 더욱 간절해졌습니다. '제발 딱 한 골만!' 마지막까지 공격을 퍼붓는 선수들의 사투는 처절했고, 후반전이 끝나고 연장 타임 시작과 동시에 터진 황희찬 선수의 골을 보고 절규했습니다. "으악! 이게 된다고?!" 우루과이와 가나의 경기 결과를 기다리며 발을 동동 구르다가 16강행이 확정되자 환호하는 선수들과 함께 감격의 눈물을 흘렸습니다.

당시 저는 슬럼프에 빠져 있었습니다. 진척이 되지 않는 논문에 매달리면서 '내 연구가 무슨 의미가 있나' 하는 생각을 떨쳐버리지 못했습니다. 논문을 쓰려고 파일을 열면 곧 기분은 시궁창이 되었습니다. 이렇게 시간을 들여 논문을 써봐도 어차피 보는 사람은 나와 심사위원뿐일 테고 학계의 주류에서 한참 떨어진 내 연구는 그저 오물 투척 행위 같아 보였습니다.

그러던 중 12월 3일 대망의 포르투갈전을 지켜본 것입니다. 마침 포르투갈이 일찍이 16강을 확정 지어 힘을 빼고 경기에 임했고, 마침 우리나라 대표팀의 벤투 감독이 포르투갈 출신이라 상대 팀 전략에 해박했을 것이며, 마침 동시간에 치러진 우루과이와 가나의 경기에서 우루과이가 딱 2점 차로 가나를 이기는 기적 같은 행운이 따라주었습니다. 그렇지만 그 어떤 운이 따라주었던들 패색이 짙은 상황에서도 결코 포기하지 않은 선수들의 투지가 없었다면, 기적은 한국팀을 비켜갔을 것입니다. '우리는 올라갈 자격이 있다'는 손흥민 선수의 말이 완전히 납득이 됐습니다.

힘겹게 올라간 16강전에서는 세계 최강의 브라질팀이 기다리고 있었습니다. 혹자는 16강에서 어차피 질 걸 이 한 경기를 더 뛰겠다고 아등바등하는 게 무슨 의미가 있냐고 냉소하겠지만, 누군가는 이 한 경기를 더 뛰려고, 월드컵 무대에 서려고, 국가대표가 되려고, 축구를 하려고 온 인생을 바쳤을 것입니다. 우리가 스포츠 경기를 보고 열광하는 것은 꼭 응원하는 팀의 승리를 바라서가 아니라 무언가를 향한 맹목적 열정과 투지에 마음이 움직이기 때문 아닐까요?

브라질전을 앞두고 어차피 질 것이 너무나 당연해 보였지만, 기록적인 점수 차로 패하지만 않았으면 좋겠고, 고생한 선수들이 주눅 들지 않았으면 하는 심정이었습니다. 전반에서 네 골을 먹고 '역시 어쩔 수 없는 건가' 싶었지만, 그래도 악착같이 뛰어 더 점수 차를 벌리지 않고 마지막에 한 골을 만회하며 1:4로 경기가 끝났습니다. 저는 "그래, 한 골 넣었으니 됐다. 이 골을 보았으니 밤샌 보람이 있네. 포기하지 않은 게 어디야" 하며 잠자리에 들었습니다.

깨어보니 김민재 선수의 인터뷰가 눈에 띄었습니다. 그는 '솔직히 브라질이 너무 공격적인 팀이라 한숨만 나왔다고, 여태 상대해본 팀 중에서 가장 잘하는 팀이었다'고 했습니다. 그 거대한 벽을 마주한 선수들은 어떤 심경이었을까요? 경기가 끝난 후 눈물을 쏟는 선수들을 보니 울컥했습니다. 저들도 한국 최고의 선수들이겠지만, 아무리 노력해도 넘을 수 없는 거대한 벽을 정면으로 맞닥뜨린 그 순간, 그럼에도 포기할 수 없는 90분을 어떻게 견뎌냈는지…. 저는 '졌지만 잘 싸웠다'라는 말이 패자의 정신승리 같아서 썩 좋아하지 않지만, 그 순간 패자에게도 돌아갈 숭고함이 있다고 느꼈습니다. 경기에는 패자가 있겠지만, 그들은 각자 자신과의 전투에서 나름 선전을 펼쳤습니다. 거시적으로 보면 별 의미 없는 1패의 기록이지만, 개인적으로 보면 그 어떤 것도 무의미한 것은 없습니다.

뭐가 됐든 압도적으로 뛰어나야만 가치가 있을 것이라는 제 안의 비현실적이고 가혹한 잣대는 삶의 여러 장면에서 얼굴을 내밀어 무의미함의 수렁으로 저를 유혹합니다. 앞으로 사는 동안 이 무의미함의 수렁에 휩쓸리지 않는 것이 제 작은 행복을 지키는 길이라는 생각이 들었습니다.

운동선수들도 마찬가지일 것입니다. 나름 뛰어난 실력으로 국가대표가 되더라도, 세계 무대에 놓고 보면 자신은 한참 부족해 보일 테고, 현 시대를 주름잡는 세계적 선수들도 역사를 통틀어 보면 언제나 자기보다 위대한 영웅과 사투를 벌여야 하며, 언젠가 미래의 슈퍼 루키에게 지금의 영광을 내주어야 합니다. 그러니 최고가 아니면 부질없다는 생각은 그야말로 부질없습니다. 이런 식의 상대적 비교 기준으로 인생을 살면 '어차피 최고가 아닌데 무슨 의미가 있어?' 또는 '어차피 죽을 거 왜 사는데?'라는 결론밖에 나올 것이 없습니다.

김민재 선수의 인터뷰 기사에 댓글을 달았습니다.

'그래도 감동적이었다. 축구를 보면서 인생을 생각하게 된다. 질 것이 분명한, 나보다 엄청나게 뛰어난 대상과의 경쟁에서도 최선을 다하고, 무의미함에 지지 않는 것.'

댓글을 달고 논문 파일을 열었습니다.

'이 무의미해 보이는 논문을 작성하는 것이 지금 당장 내가 할 일이다. 이걸로 무엇을 할지를 생각하지 말고 그냥 할 일을 해. 거시적으로 보면 경포대 백사장에 모래 한 알 투척하는 정도의 행위지만, 포기하고 도망친 나와 할 일을 해냈을 때의 나는 다른 나일 테니까. 티끌 모아 티끌이라지만 그 티끌을 그러모아 점을 찍는 것이 이번 생의 의미다.'

그렇게 마음을 다잡고 무의미해 보이는 논문을 열심히 쓰면서 충만한 하루를 살았습니다.

우울과 불안으로부터 온전함을 위한 워크북

    인생의 진정한 의미, 절대불변의 의미를 찾으려 의문을 품을수록 공허함에 빠지기 쉽습니다. 내가 처한 현실이 이상적인 모습과 거리가 멀수록 원대한 의미를 찾기보다 사소한 의미에 집중합니다. 시간의 단위를 잘게 나누어 오늘 하루를 살아갈 의미를 찾아봅니다.

    오늘 하루 동안 내가 실천할 수 있는 사소한 행동을 쓰고 그 행동에서 의미를 발견해봅니다.

〈예〉

1. 아침에 일어나면 사랑하는 이(가족, 연인, 반려동물 등)에게 "잘 잤어? 사랑해"라고 말하며 포옹한다.

✔ 의미: 서로의 사랑을 느끼고 기분 좋은 하루를 시작하는 데 기여한다.

변화를 위한 딱 한 걸음이 필요합니다

2. 친구들에게 카톡으로 내 근황을 전한다.

✔ 의미: 소식을 전함으로써 연결감을 느끼고 나 또한 그들을 생각하고 있다는 마음을 전달한다.

3. 과제를 끝내고 유튜브에서 예능 프로그램 클립을 찾아서 본다.

✔ 의미: 하루의 긴장을 풀어주고 재미있는 영상을 봄으로써 힘든 하루에 대한 보상을 제공한다.

의미를 찾으려고 그럴싸한 행동을 계획하지 않아도 됩니다. 늘 습관처럼 반복적으로 해오던 행동에 숨어 있는 의미를 발견해봅니다. 어떤 행동이든, 어떤 의미이든 괜찮습니다. 의미는 내가 부여하는 것입니다.

내가
나의 엄마야!

따뜻한 돌봄의 기억을 떠올릴 수 없다면
벼랑 끝에 서 있는 기분으로 인생을 살게 됩니다.
스스로를 쓰다듬으며 "괜찮아. 이만하면 장해"라고 말해봅니다.

따뜻한 돌봄의 기억

스티븐 스필버그 감독의 2001년 영화 〈에이아이(A.I.)〉는 극지방의
해빙으로 세계 곳곳이 물에 잠긴 디스토피아를 배경으로 합니다. 천
연자원이 고갈되어 극히 제한적인 삶을 영위해야 하기에 인간은 물
도 음식도 필요 없는 인공지능 로봇을 개발해 그들의 조력을 받으
며 생활합니다. 로봇은 인간을 위해 각자 프로그래밍된 의무를 충실
하게 수행하지만, 낡고 고장난 로봇들은 가차 없이 폐기처분됩니다.

변화를 위한 딱 한 걸음이 필요합니다

하지만 그들은 감정을 느낄 수 없기에 소멸을 두려워하지 않죠.

그러나 하비 박사에 의해 '사랑'의 의무를 주입받은 최초의 어린이 로봇 데이비드가 탄생하고, 데이비드는 로봇 제조사의 직원인 스윈튼 부부에게 입양됩니다. 데이비드는 무조건적 사랑을 인간 부모에게 보여주며 조금씩 그들의 마음을 엽니다.

스윈튼 부부에게는 불치병에 걸려 냉동인간 상태로 보존되어 있는 아들 마틴이 있습니다. 데이비드는 마틴의 빈자리를 채워주고 사랑의 의무를 다했으나 어느 날 마틴이 의식을 되찾아 집으로 돌아오게 됩니다. 엄마는 데이비드를 아끼지만 진짜 아들 마틴을 우선시하고, 데이비드와 마틴의 갈등이 심해지자 데이비드를 폐기처분하는 대신 숲속에 유기합니다.

데이비드는 엄마가 들려준 피노키오 동화처럼 자신이 인간 아이가 되면 엄마의 사랑을 되찾을 수 있을 거라 믿으며 푸른 요정을 찾아 떠납니다. 온갖 고초 끝에 수몰된 도시 맨하튼에서 푸른 요정의 동상을 만난 데이비드는 무려 2,000년 동안 빌고 또 빌었습니다.

'제발, 인간이 되게 해주세요.'

저는 여기서 영화가 끝나는 줄 알고 폭포수 같은 눈물을 이미 다 쏟았습니다. 그런데 웬일인지 영화는 끝나지 않고 2,000년 후 이야기로 이어졌습니다.

바닷속에 얼어붙은 채 2,000년이 지난 뒤 초월적 기술력으로 만들어진 신 로봇들이 데이비드를 발견합니다. 인류는 소멸했기에 로봇들은 마지막 인류의 기억을 간직한 데이비드를 소중히 대해주며 그를 통해 인간에 대한 정보를 얻으려고 합니다. 신 로봇들은 데이비드를 위해 이미 죽고 없는 엄마를 복원하지만 데이비드에게 허락된 시간은 단 하루입니다. 하루 동안 엄마를 되살릴 수 있으나 잠이 들면 그녀는 영원히 소멸합니다. 데이비드는 단 하루 만이라도 엄마와 함께하길 원하고, 그 하루 동안 함께 케이크를 만들고 책을 읽으며 즐거운 시간을 보냅니다.

영화에서 그 하루는 너무나 따뜻하고 그럽게 묘사되어 마치 꿈을 꾸는 것처럼 보였습니다. 꿈 같은 하루를 보내고 엄마가 잠자리에 들자 데이비드는 그녀 곁에 누워 영구 정지됩니다. 로봇은 잠을 잘 필요도 없지만, 데이비드는 엄마 없는 세상에서 영원히 사는 것보다 단 하루의 따뜻한 기억을 안고 소멸하는 길을 택한 것입니다.

이 시점에서 제 눈물은 짜게 식어 있었습니다. 아무래도 스필버그 감독이 맨해튼에 수몰된 채 비극으로 영화가 끝나면 관객들의 집중 포화를 맞고 흥행에 실패할 것을 걱정해 엔딩을 바꾼 게 아닌가 싶었습니다. 아무리 판타지 영화지만 너무 작위적인 엔딩 아닌가 하는 생각이 들었던 것입니다.

저는 '그다지 슬프지 않군. 엔딩이 마음에 들지 않아'라고 생각했습니다. 그다지 슬프지 않은데 왜 자꾸 눈물이 나는지. 저는 몰래 흐느끼며 마음속으로 속삭였습니다.

'데이비드, 인간 아이라고 누구나 그렇게 따뜻한 돌봄을 받는 건 아니야. 이게 위로가 되진 않겠지만.'

벼랑 끝에 선 느낌

신파적인 요소가 담긴 영화를 싫어하는 사람이라면 '어차피 하룻밤의 추억인데 그 하루를 위해 2,000년을 기다릴 가치가 있는 거야?'라고 의문을 던질 수도 있겠습니다.

그러나 러시아의 대문호 도스토옙스키는 '즐거운 추억이 많은 아이는 삶이 끝나는 날까지 안전할 것'이라고 했습니다. 일본의 교육심리학자 가토 다이조는 '힘들 때 안아주던 엄마의 품을 기억하지 못하는 아이는 모래폭풍 부는 사막에서 실오라기 하나 없이 서 있는 것과 같은 삶을 산다'고도 했죠.

안타깝게도 우울과 불안에 취약한 사람들에겐 따뜻한 돌봄의 기억이 결여되어 있습니다. 실제로 부모가 돌봄을 제공할 여력이 없었을 수도 있고, 부모가 돌봄을 제공했으나 그 돌봄이 질적으로나 양적으로 그들에게 필요한 수준에 이르지 못했을 수도 있습니다. 혹은 충분히 돌봄을 받았으나 그들의 인지구조상 따뜻한 기억을 인출해내지 못할 수도 있습니다.

일반적으로 우리는 정서와 일치하는 사건을 더 잘 기억하는 경향이 있어 부정적 정서를 잘 느끼는 사람들은 긍정적 사건들을 잘 기억하지 못합니다. 그래서 분명 그들의 인생에도 즐겁고 좋은 순간이 있었을 텐데 돌이켜보면 늘 힘들고 고달프게만 인생을 산 것 같습니다. 이유가 어쨌든 우울과 불안에 빠져 감정적으로 괴로운 순간에 고통을 완화해줄 따뜻한 기억을 자력으로 불러오지 못합니다.

그 결과 항상 벼랑 끝에 선 느낌에 시달립니다. 삶의 매 순간이 일촉즉발의 위기로 느껴지고 생존을 위해 수행해야 하는 간단한 일들조차 무겁게 다가옵니다. 잘못 움직이는 순간, 언제든지 절벽 아래로, 부정적 감정의 구렁텅이로 떨어질 수 있다고 믿기 때문입니다.

반면에 따뜻한 돌봄의 기억을 불러올 수 있는 사람들은 발을 헛디디면 받쳐줄 안전망이 있다고 믿습니다. 마음이 힘들고 괴로울 때면 "그래, 힘들구나. 괜찮아"라고 말해주는 누군가를 떠올리며 그 존재가 물리적으로 옆에 있지 않더라도 나를 온 마음으로 떠받치고 있으리라 확신합니다.

내가 손수 짠 그물

'왜 나에겐 따뜻한 엄마의 품도, 돌봄받은 기억 한 조각도 주어지지 않은 거야. 왜?'라는 생각에 빠져들수록 정서적 고통은 커질 뿐입니다. 안타깝게도 세상으로부터 나를 지켜줄 안전 그물망을 물려받지 못했거나 어디에 있는지 찾아내지 못하는 사람들에게는 새로운 그물이 필요합니다.

그 그물은 누군가로부터 주어지는 것이 아니라 내가 손수 짜서 나에게 장착해주어야 할 무엇입니다. 부모로부터 받지 못한 돌봄을 연인, 친구 등 다른 대상으로 채우려는 시도는 많은 경우 실패하고 맙니다. 벼랑 끝에서 바라본 결핍의 구렁텅이는 너무 깊어서 끝이 어디인지 가늠할 수 없습니다. 밑 빠진 독에 물을 붓는 것처럼 타인이 내주는 애정은 언제나 채워지는 속도보다 빠져나가는 속도가 빠르고, 갈구하면 할수록 인색하게 느껴집니다.

이들의 마음속에는 억울함이 있습니다. 그래서 꼭 내가 원하는 그 대상에게서 충분한 사랑과 돌봄을 한 번은 제대로 받아봐야만 이 생을 원 없이 살 것 같습니다. 혹은 내가 상대에게 쏟는 애정에 비해 상대가 나에게 쏟는 애정은 언제나 부족한 것처럼 느낍니다. 애정과 돌봄의 기억을 간직할 수 있는 그릇 자체가 마련되어 있지 않기 때문에 누군가로부터 애정과 돌봄을 받아도 너무나 쉽게 흩어져 사라집니다.

세상으로부터 나를 지켜줄 안전망, 따뜻한 애정과 돌봄의 기억을 간직할 그릇을 손수 지으려면 내 안의 억울함을 먼저 인정해야 합니다. '내 안에 있는 구멍이 너무도 커서 어쩌면 나는 남들보다 더 많은 시간과 공을 들여야만 나 자신을 돌보는 법을 배울 수 있겠구나' 하고 말입니다.

내가 받고 싶은 돌봄을 나에게 주는 일

우리는 보통 내가 받고 싶은 것을 남에게 주는 경향이 있습니다. 따뜻한 돌봄과 애정을 갈구하는 사람들은 내가 받고 싶은 형태의 돌봄과 애정을 타인에게 쏟습니다. 그러나 어쩐지 상대는 그다지 고마워하는 것 같지 않고 내가 준 만큼 되갚아주지도 않습니다. 그럼 의기소침해져서 내가 준 애정을 철회합니다. '역시 인생은 혼자야.' 또다시 벼랑 끝에서 홀로 바람에 맞서는 외로움을 느낍니다.

여기서 이들이 간과하는 것은 애초에 그것을 원한 사람은 상대가 아니라 나 자신이었다는 것입니다. 상대가 원하는 형태의 애정은 내가 원하는 것과 다를 수 있으며, 아마도 높은 확률로 다를 것입니다.

상대가 내 일상에 많은 관심을 가져주길 원한다면, 그러한 관심이 애정의 표현이라고 생각하는 사람이라면, 자기 기준에 비추어 상대에게 관심의 질문을 던질 수 있습니다. 오늘 하루 무엇을 했는지, 무엇을 먹었는지, 누구를 만났는지, 기분은 어땠는지 묻고, 일거수일투족을 확인하면서 사랑을 실천한다고 생각할 것입니다. 그러나 만일 상대가 화답으로 나에게 관심의 질문을 던지지 않는다면 '왜 애는 나한테 아무것도 안 물어보지? 나에게 애정이 없나 보네' 하고 속단하고 맙니다. 애초에 상대는 그런 관심의 질문을 귀찮게 느끼는 사람일지도 모르는데 말입니다.

내가 원하는 것이 그런 종류의 관심이라면 상대방에게 "오늘은 어땠어?" 하고 물은 뒤 상대가 나에게 같은 질문을 던져주길 마냥 기다리기보다 "나는 당신이 나에게 '오늘 하루 어땠어?' 하고 물어봐주면 정말 기쁠 것 같아"라고 말하는 편이 좋습니다. 주어를 '나'로 해서 내가 원하는 바를 명확하게 표현할 수 있다는 것은 나를 잘 안다는 의미이고, 그것은 곧 '나에게 필요한 것은 내가 채우면 된다'는 자신감의 발로이자 자기 돌봄의 실천입니다.

흔히 나를 먼저 사랑할 줄 알아야 타인을 사랑할 수 있다고 합니다. 자기 사랑과 자기 돌봄을 스스로 실천할 수 있으면, 상대에게도 내가 원하는 형태의 사랑을 일방적으로 쏟는 것이 아니라 상대가 원하는 형태의 사랑을 궁금해하고 질문을 던지게 됩니다.

"당신은 무엇을 원해요? 어떤 때 사랑받는다고 느끼나요?"

상대가 내가 원하는 형태의 사랑과 돌봄을 주지 않아도 괜찮습니다. 사실 어쩔 수 없는 일이죠. 그것은 상대의 의지에 달린 일일 뿐 내가 통제할 수 있는 일이 아닙니다. 그럴 때는 내가 원하는 것을 나에게 주면 됩니다. 내가 나의 엄마가 되어 지금 내가 원하는 것이 무엇인지, 나에게 필요한 것이 무엇인지 스스로 물어보고 귀하게 돌보아주는 것입니다.

휴식이 필요하다면 나를 잘 먹이고, 재우고, 조금 부족해도 괜찮다고 말해줍니다. 누군가 나를 위해 밥을 짓고, 안부를 물어주고, 위로해주길 기다리기보다 나 자신을 위해 요리하고, 내 상태를 살펴 응원의 말을 건네봅니다.

나를 쓰다듬는 손길

임상심리전문가 자격을 취득하려고 정신건강의학과에서 수련하던 때의 일입니다. 당시 제 슈퍼바이저였던 선생님이 이직하게 되었습니다. 1년차 수련생으로서 갑자기 슈퍼바이저가 바뀌는 것은 당황

스럽고 두려운 일입니다. 제 개인적 이슈가 섞여 있었겠지만 어쩐지 버림받는 듯한 느낌에 서운한 마음이 들기도 했습니다.

이별을 앞두고 마지막 식사 자리가 마련되었습니다. 저는 '가지 마세요'라는 말을 삼킨 채 "선생님, 왜 다른 곳으로 가시나요?" 하고 물었습니다. 그러자 선생님께서 무심히 한 손을 들어 자신의 머리를 스스로 쓰다듬으며 "내가 여기서 5년 일했어요. 이만하면 장하죠"라고 답하셨습니다.

그 순간, 스스로 머리를 쓰다듬는 선생님의 행동이 인상 깊게 다가왔습니다. 저보다 연장자이지만 그 돌발행동이 귀여워 보이기도 했고, 별다른 말이 없었지만 그동안 선생님의 노고를 충분히 알 것 같았습니다. 어쩐지 아쉬운 마음을 뒤로하고 선생님을 잘 보내줄 수 있을 것 같은 생각이 들었습니다.

그 후 마음이 지칠 때, 누군가에게 위로받고 싶지만 다른 누군가의 손길을 구할 수 없을 때 그 장면을 떠올리곤 했습니다. 눈을 감고 스스로 제 머리를 쓰다듬으며 읊조려 보았습니다.

"괜찮아. 이만하면 장해."

우울과 불안으로부터 온전함을 위한 워크북

마음이 지치고 힘든 날, 자상한 엄마의 품에 꼭 안겨 있다고 상상해봅니다. 엄마는 꼭 실제 엄마가 아니어도 됩니다. 따뜻하고 인자한 어떤 존재의 품에 안겨 있다고 상상해봅니다.

1. 그 존재로부터 어떤 말을 듣고 싶나요?

〈예〉
- "괜찮아. 지금까지 잘해왔어. 힘든 일도 곧 지나갈 거야."
- "많이 힘들었구나? 힘들 땐 쉬어도 괜찮아."

2. 그 존재가 나에게 어떤 행동을 해주길 바라나요?

〈예〉
- 가만히 안아주고 토닥여준다.
- 무엇 때문에 힘들었는지 내 이야기를 들어주고 맞장구를 쳐준다.

- 같이 산책하면서 기분을 전환한다.
- 맛있고 영양가 있는 음식을 챙겨준다.

　마음이 지치고 힘든 날, 따뜻한 존재로부터 듣고 싶은 말과 받고 싶은 행동을 내가 직접 나를 위해 실천해봅니다. 가만히 안아주고 토닥여줄 대상이 옆에 없다면, 팔짱을 끼고 한쪽 팔로 다른쪽 팔을 가만히 쓰다듬어 봅니다. 내 이야기를 들어줄 사람이 없다면 누군가에게 내 이야기를 들려주듯이 일기를 써봅니다. 같이 산책할 사람이 없다면 혼자 걸으며 주변 환경을 관찰합니다. 같이 먹을 사람이 없다면 혼자라도 맛있는 음식을 접시에 예쁘게 차려서 먹어봅니다.

　자기 돌봄 전략을 마련해두는 것은 비상약을 가지고 다니는 것과 같습니다. 비상약을 챙겨두고 내가 아프고 힘들 때 하나씩 꺼내어 나를 돌봅니다.

힘들 때
말해!

내 이야기를 기꺼이 할 수 있고
들어줄 수 있는 존재가 있음을 실감하는 것은
그 자체로 살아갈 힘이 됩니다.

말한다고 해줄 건 없지만

배우 조승우와 배두나가 주연한 드라마 〈비밀의 숲〉에서 제가 가장
좋아하는 한 장면이 있습니다. 조승우 배우가 연기한 황시목 검사는
머리가 매우 비상하지만 감정을 느끼지 못하는 사람입니다. 그는 어
릴 때 이명으로 고통을 받았는데, 이것 때문에 늘 신경이 날카롭고
공격적인 태도까지 보였습니다.

치료를 하려고 14세 무렵 뇌수술을 받지만 부작용으로 감정을 느

낄 수 없게 됩니다. 게다가 이명도 완전히 치료되지는 못해서 이따금 심한 이명과 두통으로 기절하는 일도 있습니다. 그의 이런 사정을 알지 못하는 사람들은 색안경을 끼고 그를 봅니다. 감정을 느낄수 없으니 사람들과 인간적 교류를 할 수 없고, 그러다 보니 냉혈한이라는 수식어가 그를 따라다닙니다. '머리는 좋지만 인간미가 없고, 자기 잘난 맛에 사는 재수 없는 놈' 취급을 받죠.

그런 그가 냉철한 이성을 바탕으로 각종 비리사건을 해결하는 것이 드라마의 큰 줄기입니다. 배두나 배우가 연기한 여진은 극중 경찰로 나오는데, 황시목 검사와 협력해 사건을 해결해나갑니다. 황시목과 대비되게 여진은 인간적 관점에서 사건을 바라보고 피해자 처지에 공감합니다. 처음에는 서로 이해하지 못해 다투기도 하지만 점차 훌륭한 파트너가 됩니다.

어느 날, 여진은 황시목의 과거와 그가 뇌수술 부작용을 겪고 있다는 사실을 알게 되고, 다음과 같은 대화가 이어집니다.

여진: 머리 수술한 거 왜 말 안 했어요?

시목: 그게 뭐라고요.

여진: 지금은 안 아파요?

시목: 네, 안 아파요.

여진: 됐어요, 그럼. 아프면 얘기해요. 그땐⋯ 하긴 말해줘도 해줄게 없네⋯. 그래도 말해요. 병원에 옮기기라도 하게.

변화를 위한 딱 한 걸음이 필요합니다

'말해줘도 해줄 게 없네…. 그래도 말해요.' 저는 이 대사가 마음에 들어서 몇 번이고 이 장면을 돌려보았습니다. 인간은 각자 자기만의 괴로움을 안고 살고, 궁극적으로 그 괴로움을 누군가 대신 해결해줄 수는 없지만 내가 당신을 위해 무언가를 해줄 수는 없더라도, 그래도 당신이 힘들 때 곁에 있어주겠다는 조용한 위로. 당신의 힘듦을 대신 짊어지지도, 그렇다고 모른 척하지도 않고 그저 당신이 버티고 있는 순간에 함께 버텨주겠다는 그 말 한마디. 감정을 나눔으로써 인간이 주고받을 수 있는 최선의 위로가 아닐까 하는 생각이 들었기 때문입니다.

누군가에게 짐이 되고 싶지 않아서

힘들 때 나를 감싸안아주던 따뜻한 돌봄의 기억을 불러내지 못하는 사람들이라면 아마도 높은 확률로 자신의 힘든 감정을 타인과 나누는 데 서툴 것입니다. 실제로 누군가와 감정적 소통을 함으로써 위로받아본 경험이 부족하기 때문에 이러한 소통이 어떻게 가능한지 가늠조차 하기 어렵습니다. '나의 힘듦을 누군가에게 털어놓는 것은 폐를 끼치는 것이고, 타인에게 짐을 지우는 것'이라는 확고한 신념이 자리 잡고 있고 '말한다고 뭐가 달라져?'라는 생각을 떨치기 어렵습니다.

그러나 누군가와 소통되지 못한 정서들은 해소되지 않은 채 자신의 내면을 잠식해나갑니다. 자신의 정서 경험에 대한 부적절감이 클수록 타인에게 자신의 불안정하고 어두운 내면을 들킬까봐 전전긍긍합니다. '나의 진짜 모습을 알면 그들은 실망하고 등을 돌릴 거야'라고 생각합니다. 누구라도 밝고 건강한 사람 옆에서 긍정적 기운을 받길 원할 텐데 나는 어딜 가든, 누구에게든 환영받지 못하는 존재 같습니다.

그러나 누군가에게 기대기를 포기한 사람, 우울과 불안이 밀려들 때 혼자만의 공간으로 숨어드는 사람, '말한다고 아무것도 달라질 게 없지 않아?'라고 반문하는 사람들의 마음속 깊은 곳에는 내 이야기를 귀 기울여 들어주는 어떤 존재에 대한 강렬한 갈망이 숨어 있기 마련입니다. 마음이 힘들 때 혼자 있기를 선택하는 것이 타인으로부터 외면당하거나 비난받는 것에 대한 방어기제의 발현일 가능성이 높기 때문입니다.

저 또한 감정을 누군가에게 털어놓기를 어려워하는 사람이었고, 힘들수록 혼자 있기를 원하는 사람이었습니다. 누군가 제 나약한 모습을 알게 된다면 약점을 잡히는 것이라 생각했기에 마음이 힘들수록 더 차갑고 무뚝뚝한 표정으로 무장했습니다.

'아무도 필요 없어. 어차피 인생 혼자야'라고 주문을 외워대며 굴속으로 파고 들어갔지만, 강한 부정은 강한 긍정의 다른 표현일 뿐 강박적인 자기 의존의 이면에는 기댈 수 있는 누군가에 대한 강렬한 갈망이 도사리고 있었습니다.

그럼에도 "나 지금 힘들어. 내 얘기 좀 들어줄래?"라고 차마 말하지 못했던 이유는 상대로부터 돌아올 반응을 두려워했기 때문입니다. 결정적 순간에 정서적으로 외면당한 경험은 강렬하게 기억에 남아 누군가에게 다가갈 때마다 마음속에서 자동 재생되곤 했습니다. 힘겹게 마음을 털어놓았을 때 언제나 돌아오리라고 예상했던 반응은 "어쩌라고? 너만 힘든 줄 알아?"였습니다.

그런 말을 들으며 혼자 남겨지는 비참함을 느끼느니 차라리 혼자가 되는 고독감을 선택하는 편이 나아 보였습니다. "너만 힘든 줄 알아? 나는 더 힘들게 살았어"라는 무적의 논리에 부딪힐 때마다 힘든 인생을 살았다고 해서 타인의 고통을 더 잘 이해하는 것은 아니라는 생각이 들었습니다. 자신의 고통을 감당하지 못하는 사람에게는 언제나 제 손톱 밑의 가시가 너무 아파서 타인의 고통은 늘 사소해 보이는 것 같았습니다.

공감은 같은 아픔에서 나오는 것이 아니라 내 가시와 타인의 가시를 구분할 줄 아는 자, 타인의 가시도 내 가시만큼 아플 수 있음을 아는 자의 몫입니다.

말하지 않는데 어떻게 알아요?

소통과 의존의 욕구가 적절히 표현되고 충족되지 못하면 그러한 욕구는 뒤틀린 형태로 발현됩니다. 현실에서 해소되지 못한 욕구는 공상 속에서 부풀려져 비현실적 존재를 갈망하기에 이릅니다. 그 존재는 내가 무슨 말을 하든 어떤 행동을 하든 나를 사랑해줄 것이며, 아무 말도 하지 않아도 내 마음을 꿰뚫어보고 나를 이해해줄 것이라고, 아니 꼭 그래야만 한다고 믿습니다. 이는 현실에서 타인과 실제 교류를 해본 경험이 부족한 사람들이 흔히 나타내는 마술적 사고 (magical thinking)의 일부입니다.

현실 세계에서 감정적 소통을 적절하게 하지 못하는 사람들은 이분법적이고 비현실적인 세계관에 갇히기 십상입니다. '인생은 혼자야. 아무도 내 마음을 알아주지 않아'라는 타인에 대한 불신과 나를 온전히 받아줄 절대적 존재에 대한 갈망의 양극단에서 허우적댑니다.

그러나 현실은 양극단 사이 어디에 있습니다. 세상에는 내 마음을 헤아려주는 사람도 있고, 아무리 애써도 결코 이해하지 못하는 사람도 있습니다. 또 누군가 내 마음을 알아준다고 해도 그 존재가 항상 내가 무슨 짓을 해도 나를 이해해주는 절대자는 결코 될 수 없습니다.

유아는 나를 세상에 있게 한 부모로부터 절대적 사랑과 돌봄을 기대하지만 독립된 성인으로 살아가려면 내가 사랑받을 만한 존재가 되려고 노력해야 할 책임이 나에게 있음을 받아들여야 합니다. 특히 내가 말하지 않아도 상대가 내 마음을 알아서 다 이해해줄 것이라는 기대는 완전한 착각입니다. 그 비현실적 기대를 내려놓지 않는 한 타인과 연결감을 느끼며 충만한 인생을 살기란 불가능에 가깝습니다.

'말하지 않아도 알아요. 눈빛만 보아도 알아. 그냥 바라보면 마음속에 있다는 걸'이라는 가사로 이루어진 유명한 제과제품의 광고가 있습니다. 이 제품은 한국인의 정(情)을 콘셉트로 했는데, 한국 문화의 끈끈한 정을 강조하면서 '말하지 않아도 척하면 척이고, 네 마음이 곧 내 마음이야'라는 메시지를 강조하고 있습니다.

하지만 저는 그러한 메시지에 반감을 느꼈습니다. 그놈의 '정' 때문에 이심전심 문화가 야기한 불명확한 경계와 소통 문제로 인한 병폐를 숱하게 목격해왔기 때문입니다. 말하지 않아도 알아주길 바라는 기대는 대인관계에서 소통의 중요성을 간과하게 만듭니다. 내 마음을 타인이 이해할 수 있게끔 전달하고 나를 설명해야 할 일차적 책임은 나에게 있습니다. 말하지 않아도 알아주길 바라는 기대는 마술적 사고에 속하고, 이러한 마술적 사고는 대체로 소통부재로 인한 결핍에서 잉태됩니다.

비현실적 소망과 달리 현실 세계에서 타인과 나 사이에는 경계가 있습니다. 나를 이해해줄 사람은 내 마음속에 기생하는 융합된 존재가 아니라 나와 적당히 떨어져 마주 보고 있는 독립적인 타인입니다. 결국 '내 마음은 내 마음이고, 네 마음은 네 마음이지'를 인정해야만 소통을 위한 출발선에 서게 됩니다.

때로 '말 안 해도 좀 알아주지. 꼭 이렇게 구차하게 일일이 다 말해야 해?' 같은 억하심정이 들 수도 있습니다. 그러나 그런 생각으로 심통을 부리고 싶을 때면, 우선 '내가 무엇을 느끼고, 무엇을 원하는지를 명확하게 표현해야 할 책임'이 나에게 있음을 명심해야 합니다.

감정을 쏟아내지 않고 전달하기

언어를 구사할 수 있는 나이가 되어서도 아이가 울며불며 생떼를 부릴 때 아이로 하여금 올바른 정서조절의 기술을 습득하게 하려면 부모의 단호한 인도가 필요합니다. "진정하고 무엇이 불편한지, 네가 원하는 게 뭔지 말해봐. 말하지 않으면 알 수 없어" 하고 말입니다. 그러한 인도 속에 아이는 자신의 감정과 욕구를 자각하게 되고, 타인의 마음과 내 마음은 똑같지 않다는 것과 똑같지 않아도 소통할 수 있다는 것을 자연스럽게 받아들이게 됩니다.

감정을 잘 표현하지 못하는 사람들은 이러한 인도 속에 자기감정을 인식하고 표현하는 법을 배우지 못했습니다. 그리하여 꾹꾹 참다가 인내심이 임계치에 도달하면 자기 스스로 무엇을 느끼는지, 무엇을 원하는지도 모른 채 타인에게 날것의 감정을 쏟아내는 경향이 있습니다.

내 마음이 무엇인지 나조차 알지 못하는 상태로 혼란스럽고 부정적인 감정을 쏟아놓는 것은 상대에게 내 짐을 전가하는 것입니다. 감정 과잉 상태에서 징징대거나 감정을 폭발하는 사람들은 '아무도 내 마음을 몰라준다'며 실망하곤 합니다. 그러나 이런 경우 내 감정을 주체하지 못하고 상대가 받아들일 수 있는 수준을 넘어 과하게 감정을 쏟아냈을 가능성이 있습니다.

반면, 내 마음 상태를 명확하게 인식한 채 내 감정에 책임을 지면서 감정을 표현하는 것은 상호신뢰와 친밀감의 징표가 됩니다. "내가 힘든 일이 있어서 기분이 좀 안 좋았어. 그래서 너와 얘기를 하고 싶었어"라는 표현에는 '내가 힘들 때 생각나는 사람이 당신이고, 당신에게는 약한 모습을 보여줘도 괜찮다'는 뜻이 함축되어 있기 때문입니다. 그러한 신뢰를 받는 대상은 기꺼이 신뢰를 보여준 이의 이야기에 귀를 기울일 것이며, 솔직한 이야기를 들려준 데 고마움을 느낄 것입니다.

그러니 슬픔을 나누어 슬픔이 두 배가 되는 것이 아니고 슬픔 속에 함께하는 우리를 체감하려면 두 가지 조건이 충족되어야 합니다. 첫째, 누구도 내 감정을 대신 책임져주거나 해결해줄 수 없다는 것을 진심으로 받아들이고, 내가 무엇을 느끼고 무엇을 원하는지 명확하게 표현해야 합니다. 둘째, 그러한 책임을 다했을 때 기꺼이 내 이야기를 들어주고 위로해줄 수 있는 신뢰할 만한 상대를 선택해야 합니다. 만일 내 감정에 책임을 다하면서 솔직히 표현했는데도 그 감정을 무시하거나 비난하는 상대에게는 굳이 나를 이해시키려 할 필요가 없음을 받아들여야 합니다.

감정의 전파력은 나쁜 쪽으로만 흐르지 않는다

기다려왔던 아이를 유산하고 힘든 시기를 겪은 친구가 얼마의 시간이 지난 후 조심스럽게 유산 소식을 전한 적이 있습니다. "너에게 부담될까봐 말을 안 하려고 했는데 그래도 나에게 중요한 일이어서 너에게 말해주고 싶었어."

무슨 말로도 온전히 위로를 전할 수 없을 것 같던 순간 저는 그저 솔직한 마음을 전했습니다. "부담되지 않아. 나한테 말해줘서 고마워." 너에게 중요한 경험을 놓치지 않고 함께할 수 있어서 다행이라고, 네 슬픔을 모른 채 지나갔다면 나도 슬펐을 거라고 말입니다.

당시 저는 어린 두 아들을 육아하느라 정신 없는 나날을 보내고 있었습니다. 만일 그녀의 이야기를 듣지 못했다면, 저는 아이를 잃은 친구 마음을 헤아리지 못한 채 의도치 않게 그녀에게 상처를 줬을지도 모릅니다. 우연히 다른 경로로 유산 소식을 듣게 되었더라도 먼저 꺼내기 힘든 화제를 비켜 가야 하는 어색한 긴장감이 감돌았을 것입니다. 공유되지 못한 경험은 우리 사이에 틈을 만들고, 그 틈의 크기만큼 점점 더 많은 부분을 서로의 삶에서 제외하게 되었을지도 모릅니다.

그녀가 이미 지나간 상처를 기꺼이 꺼내 보여준 이유는 우리 삶의 궤도가 꽤 달라진 것 같아 보여도 언제든 마음을 나눌 용의가 있음을 보여주는 애정과 신뢰의 표시라고 저는 받아들였습니다.

자신의 아픔을 공유함으로써 저에게 슬픔을 나눌 기회를 준 그녀는 다음 해에 임신과 출산 소식을 전함으로써 두 배의 기쁨을 선물해주기도 했습니다.

타인에게 폐를 끼칠까봐 혼자이기를 택했던 저는 이제 감정의 전파력이 나쁜 쪽으로만 흐르지 않는다고 믿습니다. 감정을 소통함으로써 연결되는 경험이 차곡차곡 쌓이다 보니 우울하고 불안한 내면

195
•

을 들킬까봐 전전긍긍하는 일도 줄었습니다. 제가 그녀의 슬픔과 기쁨을 함께 나눌 수 있어 다행이라고 느낀 것처럼, 저를 그들의 세상에 받아주어 고마웠던 것처럼, 그들 또한 저와 연결되길 원하리라고 믿기 때문입니다.

감정을 나눔으로써 누군가 내 고통을 대신 해결해주지는 못하더라도, 슬픔도 기쁨도 함께하기를 원하는 누군가가 있음을 실감하는 것 자체로 살아갈 힘을 얻게 되었습니다.

우울과 불안으로부터 온전함을 위한 워크북

내 감정에 대한 책임을 다하며 감정을 나누려면 다음과 같은 단계가 필요합니다.

1. 감정 자각하기: 마음챙김을 통해 내 마음을 관찰함으로써 자신이 현재 어떤 감정을 느끼고 있는지 알아차립니다.

〈예〉
- 현재 느끼는 감정: 초조하다, 압박감이 든다

2. 감정 이해하기: 이 감정이 어디서 비롯했는지, 어떤 상황과 관련 있는지, 감정이 나와 주변 사람들에게 어떤 영향을 미치는지 파악합니다. 일반적으로 부정적 감정은 욕구의 좌절과 관련 있습니다. 부정적 감정이 들 때 어떤 욕구가 채워지지 못하고 있는지 생각해봅니다.

변화를 위한 딱 한 걸음이 필요합니다

〈예〉

- 관련된 상황: 마감 기일이 다가오는데 일을 다 끝내지 못했다. 일할 시간도, 가족과 보낼 시간도 부족하다.
- 관련된 욕구: 일을 완성도 높게 끝내서 인정받고 싶고 가족과 즐거운 시간을 보내고 싶다.

3. 감정 표현하기: 내가 무엇을 느끼는지, 왜 그렇게 느끼는지, 무엇을 원하고 무엇이 필요한지, 자기감정과 욕구를 솔직하게 표현해봅니다. 감정을 나누고픈 신뢰할 만한 대상이 있다면 그 대상에게 표현할 수 있습니다. 신뢰할 만한 대상이 없더라도 그러한 대상이 있다고 가정하고 내 감정과 욕구를 표현해봅니다. 감정 표현의 목적은 내가 내 감정과 욕구에 대한 책임을 다하는 것이지 타인에게 꼭 나를 이해시키거나 타인을 통해 내 욕구를 충족하려는 것이 아닙니다.

〈예〉

- 무엇을 느끼나: 나는 지금 초조하고 압박감이 들어.
- 왜 그렇게 느끼나: 일도 가정생활도 잘해내고 싶은데 여유가 없어.
- 무엇을 원하는가, 무엇이 필요한가: 조금 늦어도, 내 기준에 미치지 못해도 괜찮다는 말이 필요한 것 같아. 내가 할 수 있는 만큼만 하면 된다고 되새기면서 안심하고 싶어.

✔ 감정을 나눌 수 있는 신뢰로운 상대를 선택하는 최선의 방법은 스스로 다른 사람의 감정에 귀를 기울이고 공감하는

사람이 되는 것입니다. '아무도 내 마음을 몰라줘' 같은 서러운 마음이 들 때 나는 누군가의 이야기를 들어줄 수 있는 사람이었는지 떠올려봅니다.

✔ 타인의 감정을 공감함으로써 연결감을 경험하게 되면 자신의 감정 표현에 대한 부채감('부정적 감정을 표현하는 것은 타인에게 폐를 끼치는 것이다')에서 자유로워질 수 있습니다. 내가 타인과 연결되기를 원하는 것처럼 타인에게도 나와 연결될 기회를 주는 셈입니다.

내가 선택한 대로
살아볼게!

가치는 내 인생이 나아갈 방향을 알려주는 표지판입니다.
내가 바라는 삶의 모습이 지금 모습과 다를지라도 크게 봐서
그 방향으로 나아가겠다고 끊임없이 선택합니다.

변화를 위한 한 걸음은 어디를 향해 가는가?

지금까지 살던 대로 살지 않고 변화를 위한 딱 한 걸음을 내디딘다
면 어떻게 해야 할지 살펴보았습니다. 기분 좋은 순간이 오래가지
못하더라도 순간의 기쁨을 누리고, 인생의 무의미함 속에서도 작은
의미를 찾고, 벼랑 끝에 선 기분에 시달리면서도 따뜻한 돌봄의 기
억을 심으려 노력하고, 타인의 시선을 두려워하면서도 누군가와 연
결되기 위해 감정을 나누는 일. 이 모든 시도는 지금 내 모습을 인정

하면서도 또 다른 내가 될 가능성을 시험해보는 한 걸음이었습니다.

이 한 걸음, 한 걸음은 어디를 향할까요? 어디를 향해, 무엇을 위해, 우울과 불안이 휩쓸고 간 마음속 폐허에 또 터를 닦고, 씨를 뿌리고, 물을 줘야 할까요?

앞서 살펴본 변화를 위한 한 걸음의 시도들은 제가 중요하게 여기는 가치에 따라 선택된 것입니다. '불완전하고 고통스러운 인생을 무엇을 위해 어떻게 살아야 하는가?'에 대한 저 나름대로의 답인 셈입니다. 제가 좀더 나은 삶을 위해 필요하다고 여기는 한 걸음들은 제가 원하는 삶의 방향을 가리킵니다. 저도 모르게 그 방향으로 난 길을 따라 발걸음을 내디딘 것입니다.

스스로 냉소적이고 회의적인 사람이라고 여겨왔고 여전히 삶에 대한 비관과 인간에 대한 혐오를 떨쳐내지 못했지만, 아무래도 저는 다른 사람들과 함께 기쁨과 슬픔을 나누며 인생이 살 만한 가치가 있다고, 고통도 나름의 의미가 있다고 믿고 싶어 하는 사람인가 봅니다.

누군가에게는 제가 제시한 방법들이 썩 효과적이지 않을 수도 있고 자신이 추구하는 가치에 부합하지 않는 발걸음일 수도 있습니다. 그렇다면 과감하게 그 길을 따르지 않아도 됩니다. 다만 '지금까지와는 다른 삶, 이만하면 살 만하다고 느끼는 삶을 위해 무엇이 필요한가?'에 대한 나름의 답을 찾아보기 바랍니다. 나에게 무엇이 필요한지 하나씩 찾아나가다 보면 결국 내 인생을 인도하는 가치가 무엇인지 깨닫게 될 것입니다.

변화를 위한 딱 한 걸음이 필요합니다

가치는 고통과 맞닿아 있다

수용전념치료에서 '가치(value)'는 목표(goal)처럼 추구되는 것이 아니라 단지 실현되는 것이라고 밝히고 있습니다. 목표는 달성될 수 있는 특정한 지점으로 표현할 수 있지만 가치는 삶의 과정에서 드러나는 것입니다. 가치는 우리에게 '내 삶이 어떤 모습으로 실현되기를 바라는가'를 생각하게 하고 그에 맞는 행동을 선택하게 합니다.

그렇다면 실현되기를 바라는 내 삶은 어떤 모습인지, 내 삶을 인도하는 가치가 무엇인지 어떻게 알 수 있을까요?

많은 경우, 실현되기를 원하는 삶의 모습은 고통의 이면에 숨어 있습니다. 제가 사는 게 고통스럽다고 여겼던 이유는 제 인생을 지배해온 신념이 저를 아프게 했기 때문입니다. 이를테면, '인생은 혼자다' '고통을 나누면 고통이 두 배가 될 뿐이다' '인간은 이기적이고 세상에 믿을 사람 없다' 같은 생각을 인생의 진리로 믿었고, 그 신념에 따라 제 안의 욕구를 부정하는 삶을 살았던 것입니다.

그러나 제가 정말 인생은 혼자이고 타인의 존재는 불필요하다고 여겼다면, 굳이 〈비밀의 숲〉을 보다가 "말해줘도 해줄 게 없네⋯. 그래도 말해요"라는 대사에 꽂혀서 이 장면을 몇 번이고 돌려보지는 않았을 것입니다. 또 진심으로 타인과 감정을 나누는 데 아무런 의미도 부여하지 않았다면, 이 진로를 선택하지 않았을 것입니다.

제 행동과 선택이 제가 믿어온 신념과 다른 방향을 가리킴에도 저는 진리로 신봉해왔던 오래된 신념을 포기하지 못했고, 이 신념에 따라 제 정체성을 규정하는 데 익숙했습니다. '나는 냉소적이고, 이기적이고, 부정적인 인간이다.' 나중에는 내가 진짜 그런 사람인지, 그렇게 믿고 싶었던 건지, 누군가에게 내가 그런 사람이라고 세뇌받은 건지 헷갈릴 지경이었습니다. '나를 규정해온 자기개념은 진짜 내 모습인가? 아니면 이 또한 그저 언어의 덫에 빠져 있었던 걸까?' 의구심이 들었습니다.

저의 자기개념이 진짜 제 모습이든, 누군가의 말장난에 놀아난 것이든 간에 고통의 이유는 명확해졌습니다. 제 인생이 불행하다고, 사는 게 고통스럽다고 여긴 이유는 자기개념과 실현되기를 바라는 제 삶의 모습이 너무나 동떨어져 있었기 때문입니다.

'인생은 혼자야'라는 기치 아래 강박적인 자기 의존과 인간 불신에 몸부림칠 때 저는 그 무엇보다 기댈 수 있는 존재를 바랐고, 또 누군가에게 그런 존재가 되고 싶었습니다. 제 안의 강렬한 욕구를 부정하는 삶을 살았던 이유는 욕구가 지속적으로 허용되지 않는 환경에 놓여 있었기 때문입니다. '세상에 믿을 사람 아무도 없다'는 울부짖음이 메아리처럼 울리는 곳에서 나에게 그런 욕구가 아직 남아 있다고 인정하는 것은 감당하지 못할 비참함을 주었기 때문에 제 안의 욕구를 부정하면서 그나마 감당할 만한 작은 고통을 취해온 것입니다.

하지만 부정의 역사에도 불구하고 제 삶은 실현되기를 바라는 방향으로, 으레 흘러가게 되어 있는 방향으로 나아갔습니다. 타인의 고통을 기꺼이 듣는 자가 되었고, 내 고통을 말할 수 있는 사람이 되었을 때 저는 인생이 살 만하다고 느끼게 되었습니다. 이처럼 우리는 가치에 부합하는 삶을 살 때 살아 있음을 느끼게 됩니다.

가치는 목표와 다르다

이직에 실패한 한 남성이 무력감을 호소하며 상담소를 찾아왔습니다. 남성은 꽤 안정적인 직장에 다니고 있었고 뛰어난 실력으로 회사의 인정도 받고 있었습니다. 하지만 그는 지금 다니는 회사가 원래 가고 싶었던 회사가 아니라고 했습니다. 대학을 졸업하고 꼭 취업하고 싶었던 곳이 있었는데, 최종 면접에서 탈락하고 지금 다니는 회사에 취직했다고 했습니다.

현재 회사에 적응하며 몇 년을 보냈는데, 얼마 전 원래 가고 싶었던 회사의 경력직 채용 공고를 보게 되었습니다. 그는 이번이 마지막 기회라고 생각하고 몇 달간 이직 준비에 매달렸습니다. 그동안 실무 경험도 쌓았고 자신의 이력이 채용기준에 딱 부합했기 때문에 합격할 가능성이 높아 보였습니다. 게다가 지원하는 회사에 대한 충성도와 간절함이 타의 추종을 불허했으므로 이번에는 꼭 붙을 것이라 기대했는데 결과는 최종 탈락이었습니다.

그는 아무리 열심히 해도 원하는 것을 얻지 못할 수도 있다고 생각했습니다. 이 회사에 탈락한 것이 꼭 자기 능력이 부족하거나 자격이 모자람을 의미하지 않는다는 것도 충분히 알고 있었습니다. 무엇보다 그 회사에 가지 못했다고 해서 큰 문제가 있는 것도 아니었습니다. 지금 다니는 회사에서도 좋은 평가를 받고 있고 금전적으로도 크게 부족함이 없었습니다.

그런데도 탈락의 여파로 인한 무력감은 좀처럼 거둬지지 않고 점점 더 심해졌습니다. 왜 이렇게까지 상심하는지 스스로 이해가 안 될 지경이었습니다. 그는 탈락의 고배를 마신 후 일상생활에서 모든 흥미를 잃어버렸습니다. 지금 다니는 회사에서도 업무에 집중하지 못하고 출근길이 고역이었습니다. "그냥 운이 조금 나빴고, 그 회사와 인연이 없었던 건데 왜 이렇게까지 아무것도 하기가 싫을까요?"

그에게 왜 그토록 그 회사에 가고 싶었는지 물어보았습니다. 그는 디자인 관련 업계에 종사했는데, 그가 지원했던 회사는 업계에서 일류였습니다. 반면에 그가 다니는 곳은 업무 여건이 꽤 좋기는 하지만 잘 알려지지 않은 신생 업체였습니다. 탈락한 회사는 대기업답지 않게 직원들의 창의성과 자율성을 적극 보장해주는 곳이라고 했습니다. 실험적인 작품을 많이 선보이고 프로젝트를 자율적으로 구성할 수 있는 것이 매력적으로 다가왔다고 했습니다. 그에게 가장 중요한 삶의 가치는 창의성과 자율성을 마음껏 발휘하며 자기 작품을 세상에 내보이는 것이라고 했습니다.

"지금 다니는 회사에서는 그러한 가치를 실현하는 것이 불가능한가요?"라는 질문에 그는 꼭 그렇지는 않다고 했습니다. 회사 업무와 별개로 지인들과 팀을 꾸려 프로젝트를 진행하고 있고, 경력이 쌓이면 독립해서 개인 사업을 할 수도 있다고 했습니다. 하지만 그는 자

변화를 위한 딱 한 걸음이 필요합니다

신의 창의성과 재능을 꼭 그 회사에서 발휘하는 모습을 간절히 꿈꿔왔다고 했습니다. 그 회사의 일원이 된 자기 자신을 생각하면 더 바랄 게 없다고 말입니다.

그에게 그 회사는 꼭 이루고 싶은 삶의 목표였습니다. 하지만 그의 말대로 창의성과 자율성을 발휘하며 자기만의 작품을 만드는 것이 그의 진정한 가치와 맞는지 의문이 들었습니다. 왜냐하면 가치는 소유하거나 달성할 수 있는 그 무엇이 아니라 끊임없이 나아갈 방향을 제시하는 표지판과 같기 때문입니다. 끝이 있고 완성될 수 있는 것은 목표이고 끝이 없는 지향은 가치에 해당합니다.

그가 중요하게 생각하는 가치를 실현하기 위해 꼭 '그 회사'에 들어가야만 할 절대적 이유는 없습니다. 목표를 달성함으로써 가치를 실현할 수 있다면 더할 나위 없이 좋겠지만, 꼭 그 회사를 통해서만 가치를 실현할 수 있는 것은 아닙니다. 그가 따르고자 하는 가치가 자율성과 창의성을 발휘하며 자기 작품을 만드는 삶이라면, 그는 꼭 그 회사의 일원이 되지 않더라도 가치를 실현할 방법을 찾아낼 수 있습니다.

반면에 타인의 인정을 받고 명예로운 삶을 살고자 한다면 지금 있는 신생 업체보다는 명성이 있는 회사로 옮기는 것이 도움이 될 것입니다. 하지만 내가 어느 회사를 다니는지 아무도 모른다고 하더라도 여전히 이 사안을 중요하게 여길지 자문해보아야 합니다. 가치는 아무도 모른다고 하더라도 여전히 자신이 중요하게 여기고, 믿고 따를 방향에 관한 것입니다.

그는 이직에 실패함으로써 자신이 지금껏 믿어온 가치가 자신이 진정으로 바라는 삶으로 인도하는 표지판이 아닐 수도 있음을 어렴풋이 깨닫게 되었습니다. '그렇다면 이제 무엇을 위해 살아야 하지?' 그가 느끼는 무력감은 삶의 방향을 잃어버린 상실감에서 비롯한 듯 보였습니다.

사랑, 내 삶을 이끄는 가치

제가 처음 내담자로 심리상담을 받게 된 계기는 '내게는 누군가를 사랑할 능력이 없다'는 인식 때문이었습니다. 상담 업계에 종사하는 전문가가 더 경력이 많은 선배에게 상담을 받는 일은 흔하지만, 상담을 배우는 '교육생' 처지가 아니라 도움이 필요한 '내담자'로 상담사를 찾아가는 데는 생각보다 많은 용기가 필요합니다. 저 또한 알량한 지식을 바탕으로 제 문제를 스스로 해결해보려고 발버둥쳤지만 '이건 나 혼자 힘으로는 도저히 넘을 수 없는 벽이다'라는 생각이 들 때가 되어서야 상담받을 결심을 했습니다.

당시 제 화두는 결혼이었는데, 어느 날 애정욕구와 인간 불신으로 뒤죽박죽된 앞뒤가 맞지 않는 제 이야기를 잠자코 듣던 상담 선생님이 질문을 던졌습니다.

"그래서 너는 결혼이 하고 싶기는 한 거니?"

"하…." 깊은 한숨 끝에 더듬더듬 답했습니다.

"결혼이 하고 싶다기보다는… 결혼할 수 있는 사람이 되고 싶어요. 그러니까… 누군가를 사랑할 수 있는 사람이 되고 싶어요."

결혼을 인생의 목표로 본다면 사랑을 주고받을 수 있는 사람이 되는 것은 제 인생의 가치였던 셈입니다. 결혼을 하든 하지 않든 결혼과 별개로 사랑을 실천하는 사람이 되고 싶음을 깨달은 저는 목표에 연연하는 마음을 내려놓게 되었습니다. 목표는 이룰 수도, 이루지 못할 수도 있는 제 통제 밖의 일임을 인식하게 된 것입니다.

'나는 냉소적이고, 이기적이고, 부정적인 인간이다'라는 자기개념을 진리로 믿으며 살아오면서 저에게는 늘 존재에 대한 부적절감이 따라다녔습니다. '내가 이런 일을 해도 되는 사람인가?' '타인의 고통을 나눌 선의가 있는 사람인가?' 애정 대상과의 이별 경험은 부정적 자기개념을 더욱 강화했습니다. '나는 결국 아무도 사랑하지 못하는 사람이 아닐까?'

당시 선생님은 제 답변을 듣고 고개를 끄덕였습니다. 모범생 기질이 강했던 저는 그 순간에도 '이번에는 내가 정답을 말했나 보다' 하고 안도하며 선생님의 승인을 구하기에 급급했습니다.

하지만 훗날 되돌아보았을 때 제가 선생님의 끄덕임에 큰 안도감을 느낀 것은 아마도 그녀가 제 마음속에 있는 선의와 사랑의 씨앗을 긍정해주어서가 아니었을까 싶습니다. 존재에 대한 긍정 덕분인지 상담을 이어가던 중 혼자 살아도 잘 살 수 있을 것 같은 생각이 들 때 즈음 저는 결혼했고, 첫아이 출산을 얼마 남겨두지 않은 시점에 상담을 종결했습니다. '내가 엄마가 될 자격이 있을까?' 하는 의

구심은 여전히 남아 있었지만 '내 안에 사랑의 마음이 있음을 잊지 않아야겠다'고 다짐하면서 말입니다.

때때로 저 자신이 몹시 부적절하게 느껴지거나, 스스로를 비난하는 마음이 올라올 때마다 선생님의 끄덕임을 떠올립니다. '나에게는 냉소적이고, 이기적이고, 부정적인 면이 있지. 그리고 사랑받고 싶어 하고, 사랑을 주고 싶어 하는 따뜻한 면도 있지.'

삶의 방향이 흔들릴 때마다 비록 내가 아주 사랑이 넘치는 인정 많고 자비로운 사람이 되지는 못하더라도 사랑의 방향으로 내 인생을 운전해나가기로 선택했습니다.

변화를 위한 딱 한 걸음이 필요합니다

우울과 불안으로부터 온전함을 위한 워크북

내 삶에서 중요한 가치를 찾는 연습을 해보겠습니다. 가치는 특정한 목표가 아니라 전반적인 삶의 방향입니다. 아무도 내가 어떻게 사는지 모른다고 할 때 그럼에도 여전히 중요하게 여기는 삶의 모습을 떠올려봅니다. 이룰 수 있는 가능성이 희박하거나 지금 내 삶의 모습과 달라 보여도 괜찮습니다.

생을 마칠 때 당신은 어떤 모습으로 기억되고 싶습니까? 나를 아끼고 사랑하는 사람이 나를 기리는 비문을 묘비에 남긴다고 생각해보십시오. 어떤 비문이 남겨지기를 바라는지 생각해보고, 비문을 완성해봅니다.

여기에 ○○가 잠들다. 그/그녀는_____

〈예〉

1. 사랑을 주고 사랑을 받은 사람이었다.

2. 힘들 때 기댈 수 있는 엄마였다.

3. 솔직한 자기 모습으로 살고자 했다.

4. 고통을 삶의 일부로 받아들였다.

5. 글을 읽고 쓰는 일을 사랑했다.

변화를 위한 딱 한 걸음이 필요합니다

우울과 불안에 취약하고 비관적인 이들의 내면세계는
부정 쪽으로 무게추가 기울어져 있습니다. 긍정적 감정
과 시각을 배양함으로써 기울어진 무게추를 되돌리는
것은 막연한 낙관주의가 아닙니다. 이는 긍정과 부정에
고루 주의를 기울임으로써 세상사의 복합적인 측면을
통합하는 것이고, 현실을 있는 그대로 보는 것입니다.
내가 아직 발견하지 못한 나의 강점을 믿어봅니다. 즐거
운 감정이 일순간이라도 그 순간을 충분히 누려봅니다.
좌절 끝에 다가올 새로운 시작을 두 팔 벌려 환영합니
다. 아직 내가 알지 못하는 세상이 있음을 기억합니다.

CHAPTER 4

긍정의 씨앗을 심습니다

가만히 있는다고 절로
행복해지지 않습니다

부정의 기억과 감정에 사로잡히면 긍정의 기억과 신념은 빛을 잃고 달아납니다.
그러나 아픔 속에 기쁨이 있고, 고통 속에 성장이 있고,
사랑과 미움은 늘 함께 있습니다.

그놈의 긍정심리학

제가 대학원 석사과정에 입학할 무렵, 심리학계에는 커다란 지각 변동이 진행되고 있었습니다. 1998년 미국심리학회 회장에 취임한 마틴 셀리그먼(Martin Seligman)의 주도 아래 시작된 긍정심리학 운동(Positive Psychology Movement)이 한국으로 전파되어 학계를 휩쓸고 있었던 것입니다.

긍정심리학은 제2차 세계대전 이후 전쟁으로 고통받는 인간들을

치료하고 인간의 부정적인 심리적 특성을 밝히는 데 매진해온 심리학의 기울어진 무게 추에 경종을 울렸습니다. 인간의 잔혹함, 악하고 나약한 본성, 상처받고 타락한 영혼을 까발리고 치료하는 데 주력해온 심리학계에 긍정심리학은 한 가지 질문을 던졌습니다. '인간은 그렇게 나쁘기만 합니까? 인간에게도 세상을 빛낼 어떤 선함과 희망이 있지 않나요?' 긍정심리학은 심리학이 인간의 고통과 불행을 찾아내고 경감하는 데만 매달릴 것이 아니라 행복을 증진하고 성장을 지원하는 학문으로 거듭나기를 촉구했습니다.

그에 상응하여 한국에서도 긍정심리학 관련 연구 논문과 저서가 쏟아져 나왔고, 그 여파로 출판계와 언론 매체도 '행복'을 주제로 하는 콘텐츠가 넘쳐났습니다. '행복한 인생이란 무엇인가' '행복한 삶을 위해서는 무엇이 필요한가' '다들 행복하게 삽시다' 등 행복에 관한 담론이 넘쳐났고 온 국민이 행복을 부르짖는 것만 같았습니다.

그때나 지금이나 저는 '인생은 행복하려고 사는 것이다'라는 명제에 동의할 수 없고 '삶은 고(苦)다'라는 믿음에 한 치의 흔들림도 없었기 때문에 긍정심리학의 유행이 탐탁지 않았습니다. 삶의 고뇌와 고통을 파고드는 습벽을 지닌 자로서 긍정심리학이 초점을 두는 연구주제들은 한없이 가볍게 다가왔습니다. 감사일기를 쓰고, 운동을 하고, 여가를 즐기고, 삶을 향유하고, 주변을 둘러보라는 그 메시지가 진부하게만 느껴졌습니다. 뭐 저렇게 당연한 소리를, 저렇게 공들여 하나 싶었던 것입니다.

하나 돌이켜보면 그때 저는 제 삶이 불행하다고 느꼈기에 이 세상

어딘가에 행복을 누리면서 살아가는 사람들이 있다는 것을 부정하고 싶었던 것 같습니다. 내가 세상을 똑바로 보고 있고 그들은 비현실 속에 살고 있다고 말입니다.

저의 이런 태도는 로런 앨로이(Lauren Alloy)와 린 에이브럼슨(Lyn Abramson)이 제안한 '우울한 현실주의(depressive realism)'의 일면을 반영하고 있습니다. 연구자들은 우울한 사람들과 우울하지 않은 사람들의 인지편향을 비교하고자 실험을 진행합니다. 참여자들은 컴퓨터 화면에 나타나는 파란빛을 가급적 오래 볼 수 있도록 스페이스 바를 누르라는 지시를 받습니다. 그러나 실제로 파란빛에 노출되는 시간은 참여자들의 조작과 무관하게 설정되어 있었습니다. 즉 아무리 노력해봐도 참여자가 파란빛을 보는 시간을 스스로 통제할 수 없는 상황이었습니다. 실험 결과 우울한 사람들은 우울하지 않은 사람들에 비해 상황에 대한 통제감을 낮게 보고했고 스페이스 바를 조작하는 반응률도 낮았습니다. 실제로 스페이스 바를 열심히 눌러봐도 소용이 없는 상황이었으니 우울한 사람들이 상황을 더 객관적이고 현실적으로 보았다고 추론할 만한 결과였습니다.

그러나 그들이 보는 현실은 반쪽짜리입니다. 반응률이 낮다는 것은 그들이 상황을 바꾸려고 에너지를 쏟지 않았음을 의미합니다. 실험은 실제로 통제 시도가 먹히지 않는 상황에서 했으니 우울한 사람들이 더 현실적이고 객관적이라는 타이틀을 거머쥐었지만, 우울한 사람들의 비극은 자신이 충분히 바꿀 수 있는 상황에서도 에너지를 쏟지 못한다는 데 있습니다.

긍정의 씨앗을 심습니다

삶을 비관하고 냉소하면서 저 또한 우울한 현실주의자라는 우월감을 가지고 있었습니다. 내가 삐딱한 것이 아니라 이 세상을 냉철하고 객관적으로 보는 것이라고 말입니다. 긍정심리학의 광풍 속에서 '쯧쯧, 세상을 반쪽만 보고 있군' 하며 그 사조를 비웃었으나 정작 제가 그러한 사람이라는 사실은 깨닫지 못했습니다. 고통에 잠식되어 있는 사람들은 자기가 보는 세상이 전부이고 이 고통이 영원히 지속될 거라는 환상의 덫에 걸려 허우적댄다는 것을 그때는 알지 못했습니다.

내가 사랑한 주인공들은 구질구질하지만

언제나 현실이 고통스럽다고 여겼기에 현실에서 벗어나기를 즐겼고 각종 소설, 만화, 드라마, 영화 등 허구의 세계에 탐닉하곤 했습니다. 그중 고3 수능시험을 마치고 비디오테이프로 빌려서 봤던 허진호 감독의 〈봄날은 간다〉는 어린 저에게 수많은 의문을 남긴 영화였습니다.

"어떻게 사랑이 변하니?"라고 묻는 남자 주인공 상우의 순수함과 이미 사랑만으로는 현실의 무게를 견디지 못하는 연상의 연인 은수의 이야기가 너무 이해가 되지 않았습니다. 잔잔한 분위기에 꾸벅꾸벅 졸면서 세 번을 끊어서 본 뒤에야 겨우 결말을 확인한 저는 '저 여자… 돌아이인가?'라는 단순한 감상평을 남기고 영화를 까맣게 잊고 지냈습니다. 자기가 먼저 "라면 먹고 갈래?"라며 순진한 남자 꼬셔놓고 제멋대로 헤어지자고 했다가 마음 정리 겨우 끝낸 남자를 다시 찾아오는 건 도대체 무슨 심보일까 하는 의문이 들었던 것입니다.

먼 훗날 '사랑이 어떻게 변하니?'라는 질문에 '사람이니까 변하지'라고 답하는 이동진 평론가의 영화 리뷰를 보고서야 저는 당최 이해할 수 없었던 은수의 심리를 조금은 알 것 같았습니다. 그녀가 유별난 돌아이라기보다는 참으로 현실적인, 지극히 현실적인 인물이어서 위화감이 드는 영화였던 것입니다.

그즈음 저 또한 장밋빛 로맨스 스토리에 등장하는 백마 탄 왕자보다는 처절한 현실을 반영하는 복합적인 인물들에 애정을 느꼈습니다. 〈조제, 호랑이, 그리고 물고기들〉이라는 영화의 마지막 장면에서 남자 주인공 역을 맡은 츠마부키 사토시가 길바닥에 주저앉아 울던 장면을 몇 번이나 돌려보았습니다. 두 다리를 못 쓰는 조제와의 강렬한 사랑을 뒤로하고 이별을 고한 그 남자, 조제를 떠나 과거에 만났던 여자친구로 환승했지만 차마 나쁜 놈이라고 욕할 수 없던 그 구질구질한 주인공에게 마음이 갔습니다.

저는 이별 후 남는 것은 아무것도 없다고, 지나간 시간은 허비되었고 과거의 대상은 다시는 만날 일이 없으니 내 안에서 죽은 것과 마찬가지라고 여겼습니다. 그러나 영화 속 이별을 맞은 주인공들은 사랑의 기억과 함께 자기 일상을 꿋꿋이 살아내고 있었습니다. 사운드 엔지니어인 상우는 넓은 들판에서 두 팔 벌려 자연의 소리를 느끼고, 두 다리가 묶인 채 숨어 살던 조제는 전동휠체어를 타고 혼자 세상 밖으로 나갑니다. 아픈 이별 뒤 조금은 성장하고 담담해진 상우와 조제를 보면서 해피엔드가 아니라고 지나온 시간까지 모두 부정으로 물들일 필요는 없음을 알게 되었습니다.

아픔 속에 기쁨이 있고, 고통 속에 성장이 있고, 사랑과 미움은 늘 함께 있다는 것을, 현실에서 차마 받아들이기 힘든 그 모순을, 저는 허구의 세상에서 발견하고 안도했습니다. 그리고 바랐습니다. 나도 그 현실에 속할 수 있는 사람이기를.

긍정과 부정은 함께 있다

처음 심리상담을 받게 되면 지나간 상처를 돌아보는 과정에서 과거에 대한 회한과 원망, 분노가 뒤섞인 혼돈의 시간을 보내기 마련입니다. 그러나 꾹꾹 눌러왔던 부정적 기억과 감정을 끄집어내면서 그것들에 사로잡히지 않도록 주의해야 합니다. 심리상담은 나에게 상처를 준 가해자를 찾아내 그들에게 책임을 묻는 도구가 될 수 없습니다. 과거의 내가 상처받았을지라도 현재를 살아갈 책임이 나에게 있다는 것을 받아들이고, 지금부터 어떻게 살아갈지를 스스로 선택해야 합니다.

그 선택의 책임을 오롯이 짊어지려면 이 세상에 존재하는 긍정적 측면과 부정적 측면에 고루 주의를 기울일 수 있어야 합니다. 현실의 이쪽저쪽을 통합할 수 있어야 현실을 견딜 수 있기 때문입니다.

한참 상담을 받던 어느 날 저는 부모님의 고생에 보답해야 한다는 의무감에 짓눌려 악착같이 무언가를 이루려 애썼던 스스로에 대한 연민에 사로잡혔습니다. 울분을 토하던 저에게 선생님은 나지막이 한마디를 건넸습니다.

"그게 네 자부심이기도 했잖니."

당시 저는 새로운 세상이 열리는 듯한 해방감을 느꼈습니다. '아, 이것이 지금까지 내가 보지 못했던 고통의 이면이구나.' 사실 그 악착같이 애쓰던 마음이 지금의 나를 있게 한 원동력이기도 하다는 것을, 그 고통으로부터 많은 것을 배우고 성취해왔음을 체감하는 순간이었습니다. 머리로는 어렴풋이 알았지만 부정적 기억과 감정에 사로잡히면 멀리 달아나버리던 그 긍정의 실체를, 선생님은 고통의 순간에 끄집어내 저에게 돌려주었던 것입니다. 그때서야 저는 긍정적인 것은 부정적인 것과 함께 존재할 수 있다는 것을 믿게 되었습니다. 아니, 제 마음속 한 바구니에 같이 담아두게 되었다는 것이 맞겠습니다.

긍정심리학은 애초에 인간이 긍정적이기만 하고 행복으로 가득 찬 인생을 살아야 한다고 주장하지 않습니다. 그저 긍정적 경험과 부정적 경험을 동등하게 고려함으로써 인간에 대한 통합적 시각을 촉구하는 것이 본래 목표입니다.

부정에 사로잡혀 긍정이라면 유치하고 비현실적인 것이라고 냉소하던 제가 오히려 현실의 반쪽만 보고 있었던 건지도 모른다는 생각이 들었습니다. 마음이 부정 모드에 휩싸이면 긍정의 기억과 신념은 빛을 잃어버리는 것입니다. '내 마음에서 일순간 지워진 것이지 현실에 존재하지 않는 것은 아닌데, 어쩌면 나는 가만히 앉아서 절로 행복해지기를, 누군가 나 대신 어둠을 걷어내주기를 바라기만 한 건 아닐까?' 하는 생각이 들었습니다.

물론 한 번의 강렬한 경험으로 그다음 날 바로 제가 긍정적인 사람으로 새롭게 태어난 것은 아닙니다. 여전히 작은 스트레스만 받아도 일순간 반짝이던 긍정의 빛은 사라지고 암울 모드에 빠지기 십상입니다. 다만 '아이고, 또 불이 꺼졌네' 하며 툴툴 털어버리고 다시 일어서기까지 시간은 단축되었습니다. 아무래도 긍정적인 것을 좀처럼 마음에 편안하게 담아두지 못하는 사람이라면 부지런히 긍정의 경험을 캐내고, 기억하고, 누리는 연습이 필요합니다. 자꾸만 무너지고 도망가는 긍정의 기억과 신념을 마음속에서 되살리고 붙들어두는 연습 말입니다.

우울과 불안으로부터 온전함을 위한 워크북

다음은 긍정심리학의 기본 전제입니다.

1. 인간은 행복과 성장을 추구하는 존재이다.
2. 인간은 자신이 지닌 미덕과 강점을 개발하고 활용함으로써 개인적 성장과 번영을 실현할 수 있다.
3. 인간은 역경과 고난을 극복하고 변화와 스트레스에 적응하는 능력을 개발할 수 있다.
4. 긍정정서와 부정정서는 단일 차원의 양극단이 아니라 서로 독립적 차원이다. 따라서 부정정서를 완화한다고 해서 긍정정서가 절로 증가하는 것은 아니며, 부정정서를 자주 느낀다고 해서 긍정정서를 느낄 수 없는 것도 아니다.

긍정심리학의 전제에 얼마나 동의하시나요? 선뜻 동의하기 어렵더라도 괜찮습니다. '나와는 다른 관점으로 세상을 보는구나' 정도로 이해해도 좋습니다. 다만 '언젠가 나도 내가 보지 못했던 세상을 보게 될지도 모른다'는 가능성은 열어둡시다.

'내가 모르는 세상이 있다'는 것이 불안을 유발할 수도 있지만 무엇이든 될 수 있고 무엇이든 경험할 수 있는 가능성을 선사하기도 합니다.

잊힌 강점을
찾아서

타인이 나를 비난하고 단정하더라도 곧이곧대로 받아들일 필요는 없습니다.
타인이 나보다 나를 잘 알 리 없고
나조차 앞으로 내가 어떤 모습이 되어갈지 알 수 없습니다.

누구에게나 강점이 있다

"예전에 상담받으러 가서 심리검사를 해본 적이 있어요."

"어떠셨나요?"

"결과지를 받아보니 세상에 있는 나쁜 말을 몽땅 모아놓은 것 같았죠. 이것도 문제, 저것도 문제, 전부 다 제 문제라고 하는 것 같더라고요."

"그건 아마 검사의 목적 자체가 당신이 겪고 있는 문제와 어려움을

긍정의 씨앗을 심습니다

찾아내 도와주려는 것이다 보니 그렇게 느껴졌을 수도 있겠네요."

이미 심리상담이니 검사니 하는 것에 부정적 인식을 가지고 있는 듯한 내담자의 심기를 건드리지 않으려고 조심스럽게 심리평가의 목적을 대변해보았습니다. 부연 설명도 덧붙였습니다.

"제대로 된 해석을 듣지 못해서일 수도 있어요. 원래 모든 증상과 성격에는 이중적 측면이 있거든요. 그런데 짧은 시간에 해결해야 할 문제에만 집중하다 보면 반대 측면을 놓치게 되죠. 주목받지 못했다고 해서 없는 건 아니에요."

"저한테도 좋은 점이 있을까요?"

"그럼요. 당연합니다. 이미 상처받은 적이 있는데도 이 자리에 오셨잖아요. 그 용기를 높이 삽니다."

자기 문제를 인정하고 심리상담을 받으러 오기까지 얼마나 많은 망설임과 용기가 필요한지 알기에 주저없이 확답했습니다. "누구에게나 약점이 있고 또 강점도 있죠." 당연한 듯이 술술 내뱉던 이 말이 새삼 낯설게 느껴졌습니다.

'진짜로 그렇게 생각해?'

남에게는 관대하고 자신에게는 가혹한

내담자들에게 자신의 부족한 점, 못난 점, 고쳐야 할 점을 말해보라고 하면 술술 답합니다. 하지만 자신의 훌륭한 점, 두고두고 자기와 타인을 이롭게 하는 점, 널리 알리고 자랑할 만한 점을 말해보라고 하면 꿀 먹은 벙어리가 되고 맙니다. 자기 자랑이 남사스럽다는 겸양의 표현은 차치하더라도 그들의 장점을 찾아 들려주면 "이게 뭐 자랑거리가 되기는 하나요? 이 정도는 기본 아닌가요?" 하는 답이 돌아오곤 합니다. 그럼 저는 "참 기준이 높으시네요!"라며 지나치게 이상적인 기준을 마음에 두고 있는 것이 아닌지 반문하곤 했습니다.

그러나 자기 비난에 익숙한 내담자들에게 '자기한테 그렇게 가혹할 필요는 없다'고 누누이 말해오면서도 사실은 저 스스로도 제게 좋은 면이 있음을 잘 믿지 못한다는 생각이 들었습니다. 늘 제가 가지지 못한 것은 너무나 커 보이고 제가 가진 것은 오히려 인생의 방해물처럼 거추장스럽게 느껴졌기 때문입니다.

긍정심리학 운동을 주도한 셀리그먼과 크리스토퍼 피터슨(Christopher Peterson)은 인간의 긍정적인 성격의 강점과 미덕을 체계적으로 분류하고 측정하는 검사도구를 마련했습니다. 그들은 시대와 문화를 초월해 보편적 선으로 받아들여지는 인간의 여섯 가지 덕목(virtue)과 스물네 개의 성격강점(character strength)을 제안했습니다(표 1 참조).

제 검사 결과를 보면 언제나 스물네 개 강점 중 가장 높은 순위를 차지하는 항목은 끈기와 자기조절이었고 가장 낮은 순위를 차지하는 항목은 사랑, 용서, 열정 따위였습니다. 저는 이 결과가 참 나답다고 동의하면서도 썩 마음에 들지 않았습니다. 그 넘치는 끈기와 자기조절 능력 때문에 사는 게 고달팠던 기억이 선명했습니다. 욕구를 억누르고 하기 싫은 것도 끝까지 참아내는 그 미련함이 버거웠고, 누구를 사랑하지도 사랑받지도 못하고 관대하지도 못한 제가 못나 보였습니다. '어쩌면 나를 비난하던 그들이 나를 똑바로 본 거지. 독하고 못됐어.'

〈표 1〉 덕목과 성격강점 목록

덕목	성격강점	
1. 지혜 및 지식	창의성, 호기심, 개방성, 학구열, 지혜	
2. 자애	사랑, 친절성, 사회지능	
3. 용기	용감성, 끈기, 진실성, 활력	
4. 절제	용서, 겸손, 신중성, 자기조절	
5. 정의	시민정신, 공정성, 리더십	
6. 초월	감상력, 감사, 낙관성, 유머감각, 영성	

나까지 나를 그렇게 볼 필요는 없다

어느새 타인의 말들이 머릿속에 똬리를 틀고 저 자신이 작고 초라하게 느껴지는 순간마다 독처럼 퍼져 나갔습니다. 타인이 저에 대해 하는 말을 곧이곧대로 받아들인 결과 '나는 어째서 늘 부족한 인간인가' '어째서 그들이 원하는 인간이 될 수 없었던가' 되뇌이며 스스로를 깎아내리곤 했습니다. "나는 그냥 못되게 생겨먹은 인간인가 봐." 검사 결과를 두고 자조하는 저에게 한 친구가 말했습니다.

"뭐 다른 사람 눈에는 그렇게 보일 수 있지. 자기를 조절하는 데 에너지를 쏟다 보면 다른 사람을 돌볼 여력이 없는 게 사실이잖아. 그런데 너까지 너를 그렇게 볼 필요가 있을까? 그 말을 하는 사람이 너를 위해 그런 말을 하는 것 같지는 않은데? 앞으로 그런 소리 들으면 한마디 해. 당신은 뭐 완벽한 인간이냐고."

어쩐지 통쾌한 기분이 들었습니다. '나는 그냥 인간이라서 완벽할 수 없고, 타인의 기준대로 이것도 잘하고 저것도 잘하고 다 잘하는 인간이 될 수가 없다'고 대변해주는 것만 같았습니다.

애초에 셀리그먼과 피터슨은 스물네 개 강점에 우열은 없으며 각각의 강점은 나름의 방식으로 삶에 기여한다고 했거늘, 저는 또 제가 가진 것의 가치는 폄하하고 순위가 낮은 강점은 제 치부라 여기며 모자람을 탓하는 데만 혈안이 되어 있었습니다.

순위가 높은 대표강점은 오른손잡이가 오른손으로 밥 먹듯이 일상생활에서 익숙하게 사용하고 나를 나답게 해주는 특성입니다. 반면 순위가 낮은 강점은 자기 약점이 아니라 아직 알아차리지 못했거나, 저평가되었거나, 사용될 기회가 없었던 강점입니다. 어쩌면 이 강점들은 나답다고 여겨지지 않는 특성들, 누군가 나에게 '너는 이런 사람이 아니야' 또는 '너는 결코 이런 사람이 될 수 없어'라고 딱지 붙인 특성들일 수 있습니다.

하지만 누군가 나를 비난할 때 그것이 진짜 내 잘못인지, 아니면 내가 그 사람 뜻대로 움직여주지 않거나 그의 욕구를 채워주지 못하는 것에 화풀이를 하는지 구분해야 합니다. 누군가 나의 부족을 꼬집어 지적하고 전시할 때, 누군가 나에 대해 확신하고 단정할 때 한 번쯤 의문을 품어봐야 합니다.

"나를 그렇게 잘 알아요?"

우울과 불안으로부터 온전함을 위한 워크북

　인터넷 사이트(https://www.viacharacter.org/)에서 무료로 성격 강점 검사를 받아볼 수 있습니다. 검사 결과에서 순위가 높은 나의 대표강점과 순위가 낮은 강점이 무엇인지 확인해봅니다.

　강점에는 우열이 없습니다. 스물네 개 강점은 모두 중요합니다. 다만 우리는 어떤 강점을 사용하는 데는 더 익숙하고, 어떤 강점을 사용하는 데는 덜 익숙합니다. 순위가 낮은 강점들 중에서 나에게 이런 면이 있다고 믿어지지 않거나 늘 내 단점이라고 여겨왔던 특징들을 발견할 수도 있습니다.

　검사 결과를 보고 '역시 나는 이런 점이 부족하구나'라고 생각하기보다는 '이런 강점은 아직 미개발 영역이구나' 하고 생각하기 바랍니다. 강점은 선천적 능력이나 재능이 아니라 후천적으로 함양이 가능한 덕성입니다. 오른손잡이가 왼손으로 밥 먹는 것처럼 어색하더라도 내 안의 잊힌 강점을 발견해 활용할수록, 양손이 보조를 맞춰 삶을 더 풍요롭게 해줄 것입니다.

순간을
영원히 사는 법

빠른 재생 모드 대신 느린 재생 모드로 순간을 천천히 음미해봅니다.
순간의 감각에 집중하고 즐거운 정서를 한껏 끌어올려
최대한 오래 그 순간을 살아봅니다.

남는 시간에 쉴 생각을 말아야

"지금부터 쉬는 법을 배우세요. 안타깝게도 앞으로 살면서 점점 더 할 일이 많아지고 바빠지지 지금보다 한가해질 일은 잘 없을 겁니다. 그러니 휴식을 미루지 말고 일상 속에 끼워넣는 법을 배워야 합니다."

강의에서 만난 학생들에게 늘 하는 당부입니다. 공부도, 취업 준비도 중요하지만 사람도 만나고 휴식을 취하라, 아무것도 하지 않고 멍 때리는 시간을 가져라, 자기 전에는 스마트폰을 멀리하라 등. 솔직히 이런 말들을 늘어놓으면서 저조차 지키지 못하는 일을 설교하고 있다는 생각에 양심이 찔리기도 합니다. 그래도 입 밖으로 꺼냄으로써 한 번 더 다짐을 되새기고 앞만 보고 달려가던 일상에 브레이크를 걸어주게 됩니다.

스마트폰이 우리나라에 처음 상용화된 시점은 2009년, 그 무렵 지하철, 버스, 길거리 등에서 폰에 얼굴을 묻고 있는 사람들이 하나둘 눈에 띄었고, 저는 '굳이 밖에 나와서까지 저럴 필요가 있을까?' 싶었습니다. 하지만 정확히 1년 후 제가 바로 굳이 저럴 필요까지 없는 일에 목을 매는 사람이 되어 있었습니다. 스마트폰 사용 시간을 알려주는 주간 리포트에는 오늘도 어김없이 "지난주보다 ○○시간 많이 사용했습니다"라는 메시지가 뜹니다.

얼마 전, 지하철에서 스마트폰을 들여다보는 사람이 정상이고 멍 때리면서 가만히 있는 사람이 진짜 광기라는 우스갯소리를 들었습니다. 손 안의 작은 화면을 통해 끊임없이 쏟아지는 자극들, 그 많은 정보를 우리 뇌는 어떻게 소화시킬까요?

멀티보다 모노가 필요하다

평소 이런저런 걱정으로 머리가 가득 차 숙면을 취해본 적이 별로 없는데, 머릿속을 헤집어놓는 생각들이 무엇인지 잘 들여다보면 늘

해야 할 일들에 관한 것이었습니다. 어떤 일을 하면서도 이다음에 무슨 일을 해야 할지 생각하는 식입니다. 침대에 누워서조차 '할 일이 너무 많아, 피곤해'를 중얼거리는 저 자신을 보고 있으면 어린 왕자가 여행을 떠나 네 번째 별에서 만난 사업가가 생각나곤 했습니다. 연신 "난 중대한 일을 하는 사람이거든" 하고 외치던 그 사람.

한때는 한 번에 여러 가지 일을 동시에 처리하는 멀티태스킹 능력이 똑똑함과 효율성의 상징처럼 받아들여졌습니다. 저 또한 여러 일을 한꺼번에 처리하면서 입으로 '피곤해'를 달고 살았지만, 내심 한편으로는 뿌듯함을 느꼈습니다. 바쁘게 돌아가는 일상 속에서 이 많은 일을 제가 다 통제한다는 사실이 전능함을 느끼도록 해주었기 때문입니다. 하지만 허황된 전능감은 오래가지 못했습니다. 그렇게 일에 치여 기본적인 수면과 식사, 여가를 포기한 대가로 만성위염과 불면증, 소통 단절로 인한 가정불화의 조짐이 나타났습니다.

당시 저는 직장생활과 박사과정, 육아를 병행했는데 하루 일과가 아주 빡빡하게 돌아갔습니다. 저녁 6시에 퇴근하면 밤 10시까지 육아와 살림을 하고 새벽 1~2시까지 논문을 쓰는 식이었습니다. 이 일과를 계획하고 실행하는 동안 한 가지 커다란 착각을 깨닫게 되었는데, 모든 일이 때맞춰 딱 그 시간에 끝마칠 수 있는 사안이 아니라는 것입니다. 직장에서 일하는 동안에도 어린이집에서 오는 연락을 받으며 집에 필요한 생필품을 주문해야 하고, 집에 가서도 직장에서 다 끝내지 못한 일을 처리하고, 새벽에 논문을 쓰면서 자다가 깬 아이를 돌봐야 하는 일이 생긴다는 사실을 간과했습니다.

이 와중에 아이가 아프기라도 해서 어린이집에 갈 수 없게 되면 폭탄 맞은 심정으로 하루하루를 수습해야 했습니다. 그렇게 몇 년이 지나고 나니 가만히 있어도 심장이 두근거리고, 일정을 통째로 잊어버리는 일들이 벌어졌습니다. 미팅 일정을 완전히 잊어버렸다는 사실을 남이 알려주기 전까지 알아채지 못하는 상태가 되었습니다. "선생님, 왜 저번 미팅에 안 나오셨어요?"라는 질문에 "미팅이 있었어요?"라고 되묻던 때의 황당함이란.

그렇게 또 시간이 지나고, 이것도 저것도 잘해내고 싶은 제 바람과 달리 인간의 뇌는 멀티태스킹에 적합하게 진화하지 않았음을 결국 인정하게 되었습니다. 그때까지도 저는 대학 입시를 앞둔 고3 수험생 같은 모드로 살았던 것입니다. 그때처럼 공부만 할 수도 없고, 그때처럼 체력과 지력이 따라주지 않는 나이가 되어서도, 제가 하는 모든 역할에 그만큼의 시간과 노력을 쏟아붓는 것이 당연하다고 생각했던 것입니다. 하나를 위해 다른 하나를 어느 정도 포기해야 한다는 자명한 사실을, 일과 가정의 공존을 위해 새로운 삶의 방식을 모색해야 한다는 사실을 온몸으로 거부하고 있었습니다. 어쩌면 당시 제가 경쟁하던 대상은 최고치의 수행을 해낸 과거의 저 자신이었는지도 모르겠습니다.

'여건'이 따라주기만 하면 늘 최고치 수행을 가볍게 달성할 수 있으리라는 혹은 그래야만 한다는 자기 자신에 대한 과대평가. 이는 마치 보정을 최대로 해서 가장 잘 나온 셀카가 내 평소 모습이라고 믿는 것만큼 허황되다는 것을 그때는 몰랐습니다. 늘 따라주지 않는

'여건'을 원망했지만 그 여건까지 모두 제가 속한 세계의 일부임을 받아들이지 못했던 것입니다.

게다가 계획표대로 열심히 살아도 계획했던 일을 다 끝내기가 어려웠으니 여기서 제 두 번째 착각을 깨달았습니다. 한 역할 모드에서 다른 역할 모드로 전환할 때도 집중력과 에너지의 누락은 전혀 발생하지 않으며 1분 1초의 지연도 없이 새로운 역할 모드에 재빠르게 적응할 수 있으리라는 완전한 착각.

오늘날 멀티태스킹에 관한 연구 결과들에 따르면, 여러 종류의 작업에 노출된 사람은 하나의 작업을 하는 사람보다 주의력과 기억력이 낮고 일시 중단된 작업에 다시 집중하려면 평균 23분 15초가 소요된다고 합니다. 게다가 멀티태스킹은 스트레스 호르몬인 코르티솔의 분비를 촉진하고 인지 통제력과 학업 성취 저하, 정서조절의 어려움과 관련된다는 연구 결과가 잇따르고 있습니다.

왜 이런 과학적 사실에도 불구하고 항상 나만은 예외 인간이 될 수 있을 것처럼 살다가 내가 평범한 인간이란 사실을 깨닫고 좌절하는 것일까? 하나 마침내 한계를 인정하고 나니 일견 속이 시원했습니다.

'아, 나는 평범한 인간이다. 그래, 이 사실을 잊지 말자. 할 수 없는 일들을 쳐내고 일과를 단순하게 하자. 한 번에 한 가지 일만 하자. 그리고 하늘을 보자.'

느린 재생 모드로 살아본다

짧은 유튜브 클립조차 2배속 감기에 익숙해진 시대에는 감각적 경험을 진득하게 느껴볼 여유가 없습니다. 하나의 감각을 음미할 틈도 없이 새로운 자극이 쏟아져 들어오고 모든 자극이 수박 겉핥기처럼 빠르게 스쳐 지나갑니다. 깊이에 접촉하기가 불가능한 상태는 감각적 소외를 유발합니다. 무언가를 끊임없이 소비하지만 아무것도 마음에 와닿지 않고, 그 무엇도 흔적을 남기지 못합니다.

이러한 빠른 재생 모드에서는 즐거운 추억도 긍정적 정서도 아무런 발자취를 남기지 못합니다. 행복한 순간에도 그 기쁨을 누리지 못하고 과거의 즐거웠던 일들을 떠올리며 감상에 젖는 일도, 곧 일어날 좋은 일을 상상하며 설렘을 느끼는 것도 불가능합니다. 긍정정서가 끼어들 틈조차 없는 일상이 쳇바퀴처럼 돌아갑니다.

미국의 심리학자 프레드 브라이언트(Fred Bryant)와 조셉 베로프(Joseph Veroff)는 긍정적 경험에 의식적으로 주의를 기울이고 음미하면서 즐거움을 증진할 수 있는 능력을 향유하기(savoring)로 지칭했습니다. 향유는 어떤 목적을 달성하려고 달려가는 것이 아니라 존재 자체가 목적이 되는 순간에 누릴 수 있는 경험이기도 합니다. 눈앞에 있는 음식을 빨리 먹어치우는 것이 목적이 아니라 음식의 맛과 향, 질감에 주의를 기울이고 최대한 천천히 하나씩 느껴보는 그 순간 긍정적 정서가 극대화되는 것입니다.

현재의 순간에 의식적으로 주의를 둔다는 점에서 마음챙김과 유

긍정의 씨앗을 심습니다

사하지만 긍정적 정서와 관련된 내적·외적 자극에 제한적으로 초점을 둔다는 점에서 마음챙김과 구별됩니다. 의식적으로 긍정정서를 불러올 수 있는 자극을 선택하고 즐기는 것 그리고 즐거움의 경험을 넘어 자신의 일부에 대한 반성적 통찰까지 포괄하는 개념이라고 볼 수 있습니다.

무언가를 진득하게 향유하려면 한 번에 한 가지에만 주의를 두어야 합니다. 목적 없이 여기저기 표류하는 주의를 어디에 둘지 의식적으로 선택하고, 주의의 초점을 모아 한순간을 느린 재생 모드로 살아보는 것입니다. 그 순간은 현재일 수도 있고, 미래에 일어나길 기대하는 즐거운 순간일 수도 있고, 떠올리면 미소가 절로 지어지는 과거의 어느 시점일 수도 있습니다. 그 순간에 깊이 몰입하여 긍정적 정서를 온몸으로 받아들이고 흠뻑 젖어보는 것입니다.

예전의 저는 과거를 떠올리는 것은 시간 낭비라 생각했고 즐거운 일들을 회상하면 그렇지 못한 현실과 대비되어 울적해질 것을 두려워했습니다. '지나간 일 떠올려봤자 아무 의미 없다.'

문제는 과거를 향유하지 못하니 현실에 몰입해 지금을 즐기는 것도 의미가 없어 보였다는 것입니다. 어차피 지나갈 것, 좋은 풍광을 봐도 사진 한 장 남길 필요성을 느끼지 못했고, 계획한 일정대로 다음 목적지로 넘어가기에 바빴습니다. 향유하기의 개념을 접하고도 '이게 뭐 얼마나 소용이 있겠어?'라는 삐딱한 시선을 거두지 못했습니다. 시도하기도 전에 냉소하는 것이 우울한 사람들의 특징이기도 합니다. 그렇게 하나의 이론이 일상에서 체험되기 전까지 그것은 그저 죽어 있는 지식에 불과했습니다.

지나가는 순간이 아까워 오래오래 남겨두고 싶다는 생각이 들기 시작한 것은 아이들이 커나가는 모습을 지켜보면서부터였습니다. 일하는 엄마 때문에 어린이집에 가장 늦게까지 남아 있기 일쑤였던 아들을 평소보다 일찍 데리러 간 날 공원도 걷고, 아이스크림도 먹고 돌아오는 길에 아들이 말했습니다.

"엄마, 일 빨리빨리 하세요. 알겠죠?"

"왜?"

"나랑 데이트 또 하자요."

그 순간 아들의 씽긋 웃는 얼굴, 꼭 맞잡은 작은 손, 여름 저녁의 풀내음, 벅차오르는 마음을 영원히 간직하고 싶었습니다. '순간을 오래오래 기억하고, 추억하고, 영원히 사는 법이 여기에 있구나.'

하지만 또 시간이 지나고 저는 이 기억을 까맣게 잊고 지냈습니다. 책을 쓰려고 향유하기와 관련된 예시를 찾으며 일기장을 뒤적이다가 2021년 8월 21일에 남긴 아들과의 대화에 눈길이 갔습니다. 그걸 보는 순간, 아들과의 일화가 다시 떠오름과 동시에 일기를 쓰던 때의 제 마음 상태까지 떠올랐습니다.

가만히 눈을 감고 그 순간에 오래오래 머물러보았습니다. 충만한 기쁨과 아련함에 코끝이 찡해지는 감각을 향유해보았습니다.

우울과 불안으로부터 온전함을 위한 워크북

감동적이고 의미 있는 순간을 향유해봅니다. '그때 그랬지' 하고 단순히 인지하는 것이 아니라 긍정적 순간을 떠올리며 천천히 그 안으로 들어가봅니다.

1. 깊게 숨을 들이마시고 천천히 내쉬면서 몸의 긴장을 내려놓습니다.
2. 즐거운 경험의 순간을 떠올려봅니다. 그 순간에 당신이 찍힌 사진 한 장을 보고 있다고 상상해봅니다.
3. 사진 속 내 얼굴을 가만히 바라보고 주변으로 주의를 옮겨봅니다. 그때 상황으로 천천히 걸어 들어가 그 장소에서 눈을 뜬다고 상상해봅니다.
4. 내 주변의 모든 광경을 인식합니다. 옆에 있는 사람들, 냄새, 소리, 피부로 느껴지는 감각을 알아차려 봅니다. 하나의 대상이 떠오르면 그 대상에 주의를 모으고 최대한 천천히,

오래 머무르며 생생하게 느껴봅니다.

5. 그 순간에 느꼈던 감정을 지금 여기로 가져옵니다. 행복감, 안도감, 충만감, 포근함, 성취감과 환희, 사랑과 감사 등의 감정에 오래 머무릅니다.

6. 사진에서 걸어 나와 현재로 돌아옵니다. 그때를 추억하는 현재 순간에 감사하면서 잠시 그대로 머무릅니다.

7. 이 경험을 기록하거나 즐거운 순간을 함께했던 사람들과 나누어봅니다. 소중한 순간을 함께할 수 있어 행복하고 감사한 마음을 표현해봅니다.

긍정의 씨앗을 심습니다

추락 끝에
남는 것은?

좌절을 피하려고 하면
추락 끝에 산산조각 나버릴 자신을 두려워하지만
온몸으로 맞닥뜨릴 때는 생각보다 강한 나를 발견하게 됩니다.

눈 딱 감고 낙하

즐겨 듣는 노래 중 악뮤의 〈낙하〉가 있습니다.

"죄다 낭떠러지야, 봐. 예상했던 것보다 더 아플지도 모르지만.

내 손을 잡으면 하늘을 나는 정도 그 이상도 느낄 수 있을 거야."

그러니 두려워 말고 눈 딱 감고 뛰어내리자는 가사가 마음에 들어

뮤직비디오를 찾아보았습니다. 낙하와 상승의 이미지가 뒤범벅된

조금은 난해한 영상들이 펼쳐지는 가운데 악뮤 이찬혁 님의 인터뷰

영상을 보게 되었습니다. 〈낙하〉는 슬럼프를 겪고 있는 동생 수현 양을 위해 만든 곡으로, 뮤직비디오는 한쪽에서 보면 추락하는 것이지만 지구는 둥그니까 반대쪽에서 보면 솟아오르는 거나 마찬가지라는 의미를 담고 있다고 했습니다.

추락의 이미지와 가장자리에 선 느낌(feeling on edge)은 불안한 사람들이 흔히 호소하는 증상이기도 하고 저를 평생 따라다닌 잔상이기도 합니다. 스트레스가 쌓이고 압박감이 심해질 때면 문득 높은 건물이나 절벽에서 떨어지는 장면들이 침투적으로 떠올랐다 사라지곤 했습니다.

사실 그럴 때도 저는 스스로 힘들다는 것을 잘 느끼지 못했고 '이렇게 무너져선 안 돼' 하는 생각에 감정을 마비시키는 데 익숙했습니다. 그러다 문득 나도 모르게 '아, 죽고 싶다'는 혼잣말을 내뱉는 자신을 발견하고 깜짝 놀라기도 했습니다. 죽음으로써 이 모든 것에서 벗어날 수 있다면.

돌아보건대 죽음으로써 그토록 피하고 싶었던 끔찍한 두려움이 무엇인지 그 당시에는 알지 못했습니다. 낭떠러지 끝은 항상 아무것도 보이지 않는 암흑이었고, 추락의 이미지는 늘 몸이 기우뚱하면서 떨어지는 시점에 끝나버리곤 했습니다. 그러니 어쩌면 제가 그토록 강력하게 피하고자 했던 두려움은 추락의 결말이었던 것 같습니다.

낭떠러지 끝에 내가 도착할 종착점은 맨땅이거나 그보다 더 딱딱하고 날카로운 표면, 추락의 충격파로 완전히 망가지고 갈갈이 찢겨서 다시는 일어서지 못할 좌절.

좌절을 피하기 위해 치러야 할 대가

우리는 자신의 성공에 대해서는 자기 노력으로 내부 귀인하고, 타인의 성공에 대해서는 운과 환경의 덕으로 외부 귀인하는 경향이 있습니다. 나는 내 속사정은 잘 알지만 타인의 속사정은 속속들이 알기 어렵기 때문입니다. 그러니 타인의 인생을 겉에서만 보면 그 사람이 걸어온 화려한 발자취만 눈에 띄기 마련입니다. 큰 좌절도 없고, 운도 따라주고, 승승장구하는 인생이 부럽기도 합니다.

하지만 누군가 큰 영광을 누릴 때 그 이면에는 반드시 큰 희생이 있다는 것을 간과합니다. 그래서 실패하지 않은 자에게는 힘들어할 권리도 없다고 믿는 경향이 있습니다. 원하는 것을 얻지 못해 상심에 잠긴 사람도 많은데, 원하는 것을 얻어놓고 힘들어하는 자에게 나누어줄 연민 따위는 없는 것처럼 말입니다. 그 논리에 가로막혀 저는 늘 힘들어할 자격이 없는 사람이 되곤 했습니다. '나는 실패해서는 안 되는 사람이고, 실패하지 않았으니 힘들 이유도 없다'는 무적의 논리가 감정을 가로막았습니다. '힘들어'라고 외치고 싶을 때면 더 크고 강력하게 '유난 떨지 마. 남들은 더 힘들게 살아'라고 말하는 목소리가 따라왔습니다.

하지만 차마 감당할 수 없을 것 같은 실패와 좌절을 피하려고 얼마나 스스로를 절벽 끝으로 몰아세워 왔는지. 어쩌면 그토록 두려워하는 좌절이 나를 망가뜨리기 전에 그 좌절을 피하려고 치러온 대가가 나를 먼저 죽일 수도 있겠다는 생각이 들었습니다.

흔히 높은 곳에서 떨어지는 꿈을 키 크는 꿈이라고 합니다. 카를 융(Carl Jung)의 후계자인 폰 프란츠(Marie-Louise von Franz)는 추락하는 꿈이 이상과 현실의 괴리에서 오는 충격을 나타낸다고 설명했습니다. 추락하는 꿈이 성장기의 중요한 발달 과업을 앞둔 시점에서 오는 긴장과 스트레스를 반영한다고 할 때 이 시기의 충격파를 겪어내면 한 단계 성장한다는 의미에서 키 크는 꿈도 그럴듯한 해석이라고 할 수 있습니다.

어쨌든 좌절을 피하려고 제가 치러온 대가는 이상과 현실의 괴리에서 늘 현실이 이상을 좇아가도록 힘껏 액셀을 밟으며 과열된 엔진과 마모된 부품을 방치하는 삶이었습니다. 현실에 맞게 이상을 조절한다는 것은 차마 용납할 수 없는 실패를 의미했습니다.

좌절의 계절이 찾아오면?

그랬던 저에게도 어김없이 좌절의 계절이 찾아왔습니다. 그때가 되어서야 지금까지 성취해온 것들이 온전히 내 손으로 일구어낸 것들이 아니라, 내가 통제할 수 없는 많은 요소와 운이 테트리스처럼 맞아 들어간 기적의 순간들이었음을 깨닫게 되었습니다.

'귀하의 능력은 출중하오나 아쉽게도…'로 시작하는 이메일을 받으면 처음에는 "출중하면 뽑지 왜?!" 하며 역정을 냈으나, 탈락이 거듭될수록 낙방 소식이라도 알려주는 인사과의 친절한 직원에게 감

긍정의 씨앗을 심습니다

사하게 되었습니다.

다행히도 연이은 탈락 소식을 접하던 무렵에는 이미 엔진 과열로 몸과 마음이 지치고 더는 지금까지의 방식으로 살 수 없겠다는 생각이 들 때였습니다. 그토록 두려워했던 실패와 좌절을 이제 그냥 온몸으로 맞닥뜨리는 수밖에 없겠다 싶었습니다.

처음에는 '내가 무엇이 부족했을까, 어떻게 답했어야 했나, 왜 바보같이 그걸 고려하지 못했지?' 하며 자책했지만 그것마저 할 기력이 떨어지자 마음을 바꿨습니다.

'그냥 슬퍼하고 말자. 이제 이 좌절감을 충분히 누려보자. 열심히 하고 기대도 했으니 실망도 하고 허탈한 게 당연하잖아?' 스스로에게 말을 건네보았습니다.

"나 참 애썼네. 심란해. 그렇지?"

손바닥을 펴 가슴팍을 가만히 어루만져 보았습니다. 슬프고 아린 느낌이 서서히 퍼져 나가는 것을 느껴보았습니다.

좌절은 쓰라렸지만 의외로 죽을 정도로 아프지는 않았습니다. 신기하게도 좌절과 슬픔을 피하려 하지 않고 끌어안으려고 할수록 그 감정들은 투명해졌습니다. 게다가 좌절을 숨기려 들지 않고 드러낼수록 웃어넘길 수 있는 그 무엇같이 느껴졌습니다.

예전에는 내가 좌절했고, 그것 때문에 힘들다는 것을 타인에게 말하는 것이 구차하고 부질없다고 생각했습니다. 신뢰하는 사람들과 감정을 나누는 것이 중요하다고 설파하면서도 마음속 깊은 곳에는 또 나를 예외 인간 취급했던 것입니다. '일반적으로 좋지. 그런데 나는 안 돼. 수치스러운 실패를 굳이 알릴 필요는 없으니까.' 그러한 자동적 사고의 밑바닥에는 '세상에 믿을 사람 아무도 없다. 절대 치부를 들켜서는 안 돼' 같은 인간 불신이 도사리고 있었습니다.

하지만 충격파를 겪어내고 지나온 삶의 방식이 반전되는 순간이 오면, 자신이 지켜왔던 신념에도 회의를 느끼는 순간이 찾아옵니다. '힘들다고 말해도 되지 않아? 어차피 숨겨지지도 않는걸. 나를 아끼는 사람이라면 내 실패를 위로할 테고, 흠잡기 좋아하는 사람이라면 얕잡아보겠지만, 후자의 사람이 내 인생에 뭐가 그리 중요하다고 그들의 눈총을 피하는 데 사력을 다해야 할까?' 남들이 뭐라 할 것이 두려워 아무렇지 않은 척, 괜찮은 척, 평생 자기를 기만하는 삶을 살지는 말아야겠다고 생각했습니다.

가까운 이들에게 좌절의 슬픔을 털어놓았을 때 대부분 "아이고, 마음 고생 많았어" 하며 토닥여주었습니다. 그저 제 푸념을 들어주고 또 별일 아니라는 듯이 흘려보냈습니다. 언제나처럼 일상의 이야기를 하고, 웃고 떠드는 시간을 보냈습니다. 그들이 저를 너무 안쓰러워하거나 하늘이 무너질 듯 덩달아 슬퍼하지 않는다는 사실이 위로가 되었습니다.

미국의 여류 시인 엘라 윌콕스(Ella Wilcox)는 자신의 시 〈고독(solitude)〉에서 "웃어라, 온 세상이 너와 함께 웃을 것이다. 울어라, 너 혼자 울 것이다"라는 유명한 구절을 남겼습니다. 윌콕스는 주지사 취임을 기념해 열리는 무도회에 참석하려고 매디슨행 기차를 타고 있었습니다. 자기 앞에서 검은색 상복을 입고 흐느끼는 여인을 본

윌콕스는 말없이 그녀 옆에서 위로를 건넸습니다. 그녀의 슬픔에 깊게 이입한 윌콕스는 도무지 이런 기분으로는 파티에 참석할 수 없을 것 같았습니다. 하지만 연회장에 들어가기 전 바라본 거울에는 기대감에 차서 설레어 하는 여인의 얼굴이 자리 잡고 있었습니다. 고독의 시상이 떠오른 것은 바로 그때였다고 합니다. 윌콕스는 "누구나 네 즐거움은 나누고 싶어 하지만 네 근심거리는 필요로 하지 않는다"라며 인간의 근원적 고독을 노래했습니다.

그러나 상복을 입은 여인 옆에서 위로를 건네던 그 순간, 윌콕스는 진심을 담았을 것입니다. 그 마음이 영원하지 않다고 해서 아무 의미 없는 값싼 동정이라 치부할 수는 없습니다. 저 또한 내가 울면 온 세상이 나를 비웃고 나 혼자만 울게 될 것을 염려했으나, 내가 울 때 덩달아 울지 않는다고 해서 그들을 적대시할 필요는 없다는 것을 깨달았습니다.

때로는 내 힘듦을 나보다 더 힘들어하며 더 큰 소리로 우는 자들은 나를 위하는 자들이 아니라 자기 하나 건사할 힘이 없어 타인의 감정을 버텨줄 여력이 없는 자일지도 모릅니다. 이들 앞에서 우리는 마음의 짐을 얹어주지 않으려고 항상 더 강한 사람으로 남아야 합니다. 따라서 오히려 적당히 멀리 있는 자들이 힘듦을 나누기에는 적격일 때가 있습니다. 내가 힘들어도 그들은 별일 없이 잘 살 수 있을 만큼 우리 사이에 거리가 있고, 나를 위하는 것과는 별개로 각자 자기 인생 살기에 바쁘다는 사실이 오히려 안심이 되었습니다. 내가 무너져도 나를 둘러싼 주변이 건재하다는 사실이 나도 그 건재한 일상에 속해 있다는 안도감을 주었습니다.

그렇게 우리는 떨어져 있는 남일지라도 낙하의 순간에 누군가의 손을 잡으면, 충격은 어느 정도 상쇄됩니다. 온몸으로 좌절을 맞이하면 낭떠러지 끝에는 생각보다 두툼한 안전매트가 있음을 알게 됩니다.

이제 추락의 심상이 침투적으로 떠오를 때면 그 장면을 회피하지 않고 추락의 결말을 끝까지 지켜보려고 합니다. 추락할 것 같은 불안감은 내 의지와 관계없이 엄습하지만, 뜬금없이 낙하가 시작되더라도 낙하의 중간 과정과 결말을 내 멋대로 써내려갈 수 있습니다. 하강이 시작되면 온몸이 가볍게 나부끼며 얼굴에 스치는 시원한 바람을 느껴봅니다. 추락의 끝에는 푹신한 매트가 펼쳐져 있고, 잠시 그 위에 대자로 누워 휴식을 취해도 좋습니다. 어떤 날에는 낙하산을 펼쳐 유유히 비행하다가 땅 위를 데굴데굴 구르며 멋지게 착지하는 모습을 그려보기도 했습니다.

나는 생각보다 강하다

이쪽에서 보면 낙하지만 반대쪽에서 보면 솟아오르는 것처럼 보인다는 찬혁 님의 말처럼 고난과 역경은 우리를 성장시키고 도약하게 만듭니다. 이는 회복탄력성(resilience)의 작동 원리이기도 합니다. 역경과 시련을 견디고 이로써 성장하려면 먼저 온몸으로 고통을 맞이해야 합니다.

갑각류는 몸이 성장함에 따라 단단한 껍데기를 벗습니다. 탈피 과정에서 연한 속살이 드러나기 때문에 외부의 공격에 취약해져 죽을 위험이 있지만, 더는 작은 껍데기를 가지고 살아갈 수 없기에 남은 생을 위해 변태 과정을 거쳐야 합니다. 껍데기 뒤에 숨지 않고 다가오는 고통을 맞닥뜨리기로 결심할 때, 바로 그 용기가 성장의 양분이 되는 것입니다.

저는 여전히 고생은 굳이 사서 할 필요가 없고 좌절은 안 겪을 수 있으면 안 겪는 게 낫다는 주의지만, 피할 수 없다면 잘 겪어내는 법을 배워야 한다는 데 동의합니다. 피할 수 없는 고통과 좌절이라면, 이를 겪어낸 뒤 나와 나를 둘러싼 세상이 어떻게 달라질지 상상해봅니다. 이 고난이 나에게 찾아온 목적과 의미가 무엇인지, 이로써 무엇을 배우고 얼마나 성장하게 될지 자문해봅니다.

스스로 답을 찾고자 한다면 아마도 낙하의 끝에서 생각보다 강한 자신을 만나게 될 것입니다.

우울과 불안으로부터 온전함을 위한 워크북

영국의 총리였던 윈스턴 처칠은 "비관적인 사람은 모든 기회에서 위기를 보고 낙관적인 사람은 모든 위기에서 기회를 본다"라고 했습니다. 희망과 낙관성 키우기는 우울과 불안에 대한 강력한 해독제로 작용합니다. 희망적인 생각과 낙관적인 태도에는 긍정적 정서가 따라오고, 목표 달성 방법을 찾는 방향으로 움직이도록 동기화합니다.

'닫힌 문과 열린 문' 기법으로 좌절의 끝에서 희망을 발견해보겠습니다.

1. 원하는 목표를 이루지 못했거나 중요한 사람으로부터 거절당한 경험을 떠올려봅니다.
2. 하나의 문이 닫히면 또 다른 하나의 문이 열린다는 것을 기억하십시오. 하나의 문이 닫히고 다른 문이 즉각 열릴 수도 있고, 시간이 좀 걸릴 수도 있습니다.

3. 닫힌 문 세 개를 떠올려봅니다. 그 문이 닫히고 다른 문이 열렸나요? 있다면 열린 문을 작성해보고, 없다면 비워둡니다.

(1) 영원히 닫혔던 문은 _____,

열렸던 문은 _____

(2) 최근에 가장 아쉽게 닫혔던 문은 _____,

열렸던 문은 _____

(3) 운이 나쁘거나 기회를 놓쳐 닫혔던 문은

_____, 열렸던 문은 _____

4. 열린 문이 없다면 열린 문을 순조롭게 찾기 위해 앞으로 할 수 있는 일을 적어봅니다.

(1) 영원히 닫혔던 문은 _____,

열린 문을 찾으려면 _____

(2) 최근에 가장 아쉽게 닫혔던 문은 _____,

열린 문을 찾으려면 _____

(3) 운이 나쁘거나 기회를 놓쳐 닫혔던 문은

_____, 열린 문을 찾으려면 _____

아직 열린 문을 찾을 수 없더라도 괜찮습니다. 끝이 없어 보이는 좌절의 가운데에 있을 때 하나의 문이 닫히면 반드시 하나의 문이 열린다는 것을 기억합니다.

　당장 열린 문이 보이지 않더라도 언제 어떤 문이 열릴지, 그 문이 어떤 새로운 세상으로 나를 인도해줄지 아무도 모른다는 사실을 떠올리기 바랍니다.

조금 더 관대해도
괜찮아

성숙한 초자아는 관대합니다.
자신을 채찍질하며 '되어야만 하는 나'에 매달리지 말고
자기비난 대신 자기자비를 베풉니다.

오늘날 불안은 왜 쓸모 없는 감정이 되었나?

불안장애를 처음 배울 때 가장 먼저 다루는 내용은 불안의 적응적 가치입니다. 이를테면, 불안은 위험한 상황에서 느끼는 정상적인 정서적 반응으로, 외부의 위협으로부터 우리를 보호하고, 원치 않는 부정적 결과에 대비하도록 동기화하는 유용한 감정이라는 것입니다.

그러나 이러한 정상적 불안과 달리 현실적 위험이 없는데도 불안을 느끼거나, 위험의 정도에 비해 지나치게 과도하거나, 위험 요인이 사라지고 나서도 지속된다면 병적 불안으로 간주됩니다. 즉 과도한 불안으로 고통받는 사람들은 사소한 위협의 단서를 침소봉대하는 격입니다. 따라서 '뭐 이런 것 가지고 이렇게까지 호들갑이지? 너무 예민한 거 아니야?' 하는 질타를 받곤 합니다.

오늘날 우리는 예기치 못한 자연재해나 맹수들의 습격, 전쟁의 위험이 눈에 띌 정도로 줄어든 세상에 살고 있습니다. 잘 통제된 환경에서 생활하며 외부의 위협으로부터 생명의 위험을 느낄 일이 그만큼 줄어든 것입니다. 그러나 문제는 인간의 진화 속도가 문명 발전의 속도를 따라가지 못한다는 데 있습니다.

그 옛날, 생존의 위협에 맞서 싸우며 인류를 보호했던 '불안'의 경계 경보 체계는 여전히 우리의 뇌에 새겨져 있습니다. 현실에서 늑대를 찾기도 어려운 마당에 이 민감한 경보 체계는 '늑대가 나타날지도 모른다'고 끊임없이 울려대는 셈입니다. 이 알람 반응은 빗방울에 오작동하는 자동차 도난 경보장치처럼 거추장스러운 소음으로 경험됩니다. 그러니 불안에 취약한 사람들은 이 낡아빠진 경계경보를 탓하며 왜 남들처럼 대담하고 자신감 넘치게 살아가지 못하냐고 자신을 비난하게 됩니다.

그러나 우리는 정말로 위협 요인이 제거된 안전한 세상에 살고 있을까요?

적은 외부가 아니라 내부에 있다

인간의 뇌를 크게 세 영역으로 나누면 파충류 뇌에 해당하는 뇌간, 포유류 뇌에 해당하는 변연계, 영장류 뇌에 해당하는 대뇌피질로 구분됩니다. 뇌의 안쪽 깊숙이 자리하고 있는 파충류 뇌는 호흡, 심장박동, 소화 등 생존과 직결된 생명활동을 담당하고, 중간층의 포유류 뇌는 감정 반응을 담당합니다. 뇌의 가장 겉쪽 피질 영역은 의식적 판단과 충동 조절, 고차원적 사고 과정에 관여합니다.

파충류 뇌는 원시적 뇌의 초기 형태로 위협방어체계를 관장합니다. 위협 자극이 감지되면 뇌간은 맥박을 빠르게 하고 대근육에 피를 보내는 등 생존을 위해 싸우거나 도망가려고 준비태세를 갖추도록 작동합니다. 이러한 위협방어체계는 물리적으로 신체가 위협당할 때 우리를 보호하는 역할을 합니다.

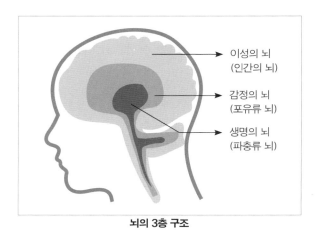

이성의 뇌
(인간의 뇌)

감정의 뇌
(포유류 뇌)

생명의 뇌
(파충류 뇌)

뇌의 3층 구조

그러나 물리적 위협 요소가 지극히 줄어든 오늘날, 우리가 겪는 대부분의 위협은 외부에서 오는 것이 아니라 내부에서 기인합니다. 우리가 그토록 지키고 싶어 하는 자기 이미지나 자기개념에 대한 도전이 우울과 불안의 근원이 됩니다. 그토록 되고 싶었던 이상적인 '나', 사랑과 인정을 받기 위해 되어야만 했던 '나', 하지만 결코 그런 내가 될 수 없으리라는 좌절감은 자신을 공격하고, 이로 인한 자기비난은 파충류 뇌의 위협방어체계를 활성화합니다.

우리 뇌는 외부에서 오는 공격과 내부에서 오는 공격에 똑같이 반응합니다. 싸우거나(fight) 도망가거나(flight) 얼어붙습니다(freeze). 자기를 비난하며 자신과 투쟁하고, 타인을 회피하며 고립을 택합니다. 그리고 끊임없는 반추의 굴레에 갇혀 꼼짝달싹할 수 없는 상태에 이릅니다.

성숙한 초자아는 관대하다

'~해야만 한다' '~해서는 안 된다' 같은 경직된 원칙 그리고 이러한 원칙에서 벗어난 자기를 비난하는 태도는 완고한 초자아의 목소리를 대변합니다. 정신분석치료의 창시자인 지그문트 프로이트(Sigmund Freud)는 성격의 삼원구조를 원초아(id), 자아(ego), 초자아(superego)로 명명했습니다.

원초아는 원초적 욕구를 충족하려는 심리적 구조로 쾌락 원리에 따라 작동합니다. 초자아는 내면화된 사회적 규범과 양심을 대변하며 도덕 원리에 따라 작동합니다. 자아는 현실적 적응을 담당하는 심리적 구조로 현실 원리에 따라 움직이며 원초아와 초자아를 중재하는 역할을 합니다. 각각 본능과 이상, 현실을 대변하는 세 가지 심리구조는 서로 경합하며 끊임없는 갈등과 번뇌를 야기합니다.

원초아의 힘이 강하면 행위의 결과를 고려하지 않고 본능적 충동에 이끌려 제멋대로 행동합니다. 반면에 초자아의 힘이 강하면 지나치게 완고하고 완벽주의적인 모습을 보입니다. 우리는 본능에 따라 제멋대로 행동하는 사람들에 대해서는 뭔가 단단히 잘못되었음을 쉽게 알아차리지만, 높은 이상에 따라 지나치게 엄격하고 융통성 없이 행동하는 사람들에게는 유보적 태도를 보입니다. 조금 지나치다 싶지만 따지고 보면 옳은 행동을 추구하는 것이기에 잘못되었다고 하기는 어렵습니다. 오히려 높은 이상과 도덕성, 완벽을 추구하는 사람들을 동경하고 본보기로 치켜세우기도 합니다. 강한 초자아의 영향력 아래 살아가는 사람들이 참으로 위대해서 평범한 사람과는 다른 고결한 존재라도 되는 듯이 여깁니다.

그러나 강력한 초자아가 지배하는 이상은 강력한 원초아가 지배하는 본능만큼 파괴적입니다. '~해야만 한다' '~해서는 안 된다'로 경험되는 초자아의 목소리는 감히 거역할 수 없는 성역이 되고, 이 목소리에 따라 살아가지 못하는 자신을 끊임없이 채찍질하고 비난하는 절대자로 군림합니다. 그뿐만 아니라 주변 사람들에게도 똑같이 완고한 기준을 적용함으로써 자신과 주변인들의 내면 세계를 잠식하고 질식시키는 거대한 힘으로 작용합니다. 이는 의식이 아닌 무의식의 영역에서 우리를 지배하는 파괴적 힘입니다.

성격강점 검사에서 가장 높은 순위를 차지한 높은 인내심과 절제력이 저를 숨막히게 하면서도 이를 내려놓을 수 없었던 이유는 그것이 언제나 '옳은' 목소리로 경험되었기 때문입니다. 그러나 닿을 수 없는 이상을 향해 질주하다가 숨이 넘어갈 때쯤 되어서야 절벽 끝에 매달려 누군가의 인정을 갈구하는 어린아이를 발견했습니다. 그때서야 깨달았습니다. '나의 초자아는 아직 자라지 못했구나.'

'초자아(superego)'의 독일어 원어는 'Über-Ich'로 영어의 'above(위)'와 'I(나)'가 결합된 형태입니다. 즉 초자아는 'super' 'ultra' 훌륭하고 좋은 것이 아니라 '자아(ego)'의 위(above)에 군림하려는 힘입니다. 길들여지지 않은 초자아는 인간에게 신이 되길 요구하고, 현실이 아닌 이상을 바라보며 만족 없는 세계로 우리를 유혹합니다.

그러나 프로이트는 '원초아'나 '초자아'가 아닌 현실 원리를 따르는 '자아'에 인간 정신의 위대한 권위와 힘을 부여했습니다. 본능이나 이상의 세계가 아닌 현실에 발을 딛고 살라고 명한 것입니다.

성숙한 초자아는 절대자의 위치에 군림하지 않습니다. 성숙한 초자아는 아이의 잘못을 꾸짖는 엄한 부모이면서 동시에 아이의 잘못을 품어주는 인자한 부모이기도 합니다.

자기비난 대신 자기자비를

우리는 왜 자기비난을 멈추기 어려울까요? 초자아는 내면화된 부모의 목소리로 경험되며, 이에서 벗어나고자 할 때 자신의 근본을 부정하는 데서 오는 엄청난 죄책감이 뒤따릅니다. '~해야만 한다'는 신념을 내려놓을 때 고삐 풀린 망아지처럼 자기 방종에 빠질 것을 경계합니다. 강력한 채찍질이 아니라면 나를 길들일 수 없을 테고, 나는 게을러져서 결국 도태될 것이라는 두려움이 엄습합니다.

그러나 자기자비(self-compassion) 개념을 연구하고 심리치료에 적용해온 크리스틴 네프(Kristin Neff) 박사는 '자기에 대한 가혹하고 엄격한 태도가 더 많은 성취를 보장할 것이다'라는 신념에 의문을 제기합니다. 연구 결과에 따르면, 가혹하고 자기비난적인 태도는 더 높은 수준의 우울·불안과 관련되며, 자기 확신을 약화시켜 실패에 대한 두려움을 증가시키는 것으로 나타났습니다. 반면에 자기자비의 태도가 높을수록 스트레스 상황에 더 잘 대처하고, 타인에게 더욱 이타적인 태도를 보이며, 단기적 쾌락보다 장기적 건강과 만족스러운 삶을 추구하는 경향이 있습니다.

자기자비는 자신의 부적절함, 실패, 고통을 경험하는 순간에 자신을 비난하거나 고통을 회피하지 않고 너그럽게 스스로를 이해하고 돌보는 태도를 의미합니다. 스스로에게 친절하게 대하며(self-kindness: 자기친절), 고통과 실패를 누구나 경험할 수 있는 인간사의 보편적 경험(common humanity: 인간보편성)으로 받아들이고, 비판단적으로 자신을 수용(mindfulness: 마음챙김)하는 태도를 포함합니다. 이는 우리가 자기비난에 직면했을 때 자신과 투쟁하고(fight), 홀로 고립되며(flight), 반추의 굴레 속에 얼어붙는(freeze) 반응과 정확히 반대됩니다. 자기비난이 파충류 뇌의 위협방어체계를 활성화하는 반면 자기자비는 포유류 뇌의 정서적 돌봄체계를 활성화합니다.

그러니 스스로에게 자비로운 태도를 보인다고 해서 게으르고, 실패를 합리화하며, 자기연민에 빠진 패배자가 되고 말 것이라는 두려움은 내려놓아도 괜찮습니다. 특히 자신을 채찍질하며 높은 이상을 추구하는 데 익숙한 사람들이라면, 우울과 불안이 자신을 옥죄어 오는 순간에 반드시 삶의 태도를 자기비난에서 자기자비로 전환해야만 숨 쉴 구멍을 찾을 수 있습니다.

우리가 그토록 자신을 채찍질하며 스스로를 단련하는 데 익숙해지고 자신을 돌보는 데 야박해진 이유는 자신의 존재 가치를 타인의 눈을 통해 확인받으려 했기 때문입니다. 비난의 말 뒤에 덧붙은 '내가 아니면 누가 말해주니' '다 너를 위해서 하는 말이지' 같은 말들이 자신을 상처 내는 줄도 모르고 나를 위한 것이라 믿어버렸기 때문입니다. 그러니 지금부터 타인의 승인으로 나를 긍정하고자 했던, 타인으로부터 그토록 인정받고자 했던 자신을 내려놓아도 괜찮습니다.

지금의 나를 부정해야만 더 나은 내가 될 수 있으리라는 환상을 내려놓고, 내가 먼저 나를 돌보고 긍정하고 수용합니다. 자기를 부정하는 가혹한 목소리는 미래에 대한 낙관적 기대와 변화의 가능성까지 파괴합니다. 지금의 나를 수용해야만 지금 내가 서 있는 그 자

긍정의 씨앗을 심습니다

리에서 변화를 향해 나아갈 수 있습니다. 자기에 대한 자비로운 마음은 스스로를 좀 먹는 대신 나를 지키고 성장시키는 터전이 되어줄 것입니다.

그러나 이런 권유에도 불구하고 자기에게 자비로운 마음을 내는 것이 좀처럼 내키지 않는다면 최소한 남에게 하지 못할 짓을 자기에게는 스스럼없이 하는 잘못을 하지는 말았으면 합니다. "어머, 제가 왜 이런 말을 하죠? 바보같이"하며 습관적으로 자기 뺨을 때리는 내담자에게 물어보았습니다.

"왜 자꾸 때려요? 누가 마음에 안 드는 소리 한다고 그 사람 뺨 때린 적 있어요?"

"에이, 그건 말도 안 되죠."

"남에게는 하지도 못할 말도 안 되는 짓을 왜 자기한테는 해요?"

멍하게 뺨을 어루만지는 그녀에게 시범을 보이며 말했습니다. "찰싹 때리지 말고 이렇게 살살 쓰다듬어줘요. 그래야 하고 싶은 말도 생각이 더 잘 날 거예요."

우울과 불안으로부터 온전함을 위한 워크북

오늘 하루를 돌아보며 기분이 나쁘거나 힘들었던 일을 떠올려봅니다. 그 일 때문에 나 자신을 평가하고 비난했던 경험을 적어봅니다. 예를 들어, 당신은 자녀가 식사 시간에 밥을 제대로 먹지 않고 시끄럽게 떠들며 음식물로 장난을 치는 것에 화가 났을 수 있습니다. 몇 차례 주의를 주다가 결국 참지 못하고 버럭 소리를 지르고 말았습니다. 그 후 당신은 미안하고 부끄러운 마음을 느꼈습니다.

지금부터 자기자비의 태도로 그 사건과 연결되도록 마음챙김을 하고, 보편적인 인간성의 차원에서 바라보며, 자기친절을 베풀어봅니다.

1. 마음챙김

마음챙김은 자신의 경험에 대해 자기판단을 배제하고 균형 잡힌 자각을 하는 것을 말합니다. 후회스럽고 부끄럽고 두렵고 슬픈 감정을 적어봅니다. 글을 쓰면서 자기 경험을 과도하게 극적으로 만들거나 약화시키지 않으며, 있는 그대로 담담하게 적도록 노력합니다.

〈예〉

"나는 아이가 밥을 먹지 않고 장난을 쳐서 화가 났고 소리를 버럭 지른 후 후회스럽고 자괴감이 든다."

2. 인간보편성

당신의 경험이 보편적 인간 경험의 일부임을 깨닫고 이를 적어봅니다. 인간보편성은 인간이 불완전한 존재이며, 보통의 사람들이 이와 같은 경험을 한다는 것을 인정하는 과정입니다. 나도 예외가 아니며, 평범한 사람 중 하나일 뿐임을 인정하고 이를 적어봅니다.

〈예〉

"어떤 엄마도 완벽할 수 없다. 나 또한 그렇다." "누구나 실수를 한다. 피곤하고 힘든 상황에서는 자제력이 더욱 떨어질 수 있다."

3. 자기친절

당신의 소중한 친구에게 해주는 말처럼 스스로에게 친절하고 사려 깊은 말을 해줍니다. 부드럽고 따뜻한 어조로 자신에게 속삭여줍니다.

〈예〉

"괜찮아. 한번 실수했다고 세상이 끝나는 건 아니야. 아이는 엄마가 자신을 얼마나 사랑하는지 이미 잘 알고 있어. 한번 혼냈다고 해서 그 사랑이 깨졌다고 생각하지 않을 거야. 먼저 휴식을 취하고 기분 전환을 해. 그러고 나면 아이를 돌볼 힘을 얻게 될 테고, 다음에는 다르게 대응할 수 있을 거야. 완벽하지 않아도 조금씩 더 나은 방향으로 나아가고 있어."

모 아니면 도, 성공 아니면 실패, 사랑 아니면 미움으로
대변되는 이분법적 사고는 삶의 불확실성을 허용하지
않습니다. 모든 것이 딱 맞아떨어지는 정답이 있으리라
는 완벽주의적인 기대는 인간적인 한계와 실수를 거부
합니다. 그러나 우리는 당위의 세계가 아닌 현실에 속한
사람이어야 합니다. 현실에 속한 인간은 모든 것이 불확
실하고, 모순으로 가득합니다. 그 복잡성과 모순을 끌어
안으면서 그 사이에서 균형을 잡습니다. 끊임없이 흔들
리지만, 그 무엇이든 될 수 있는 자유를 느껴봅니다.

긍정과 부정 사이에 균형을 잡습니다

CHAPTER 5

회색분자도
괜찮습니다

이분법적 사고는 양극단 사이에 늘어선 수많은 삶의 가능성을 단념시킵니다.
우리는 절대 원칙이 지배하는 당위의 세계가 아닌
현실에 속한 사람이어야 합니다.

흑도 아니고 백도 아닌 제3의 길

"대충 할 거면 시작도 하지 마. 그게 우리 집의 신조였습니다."

자신은 아무것도 할 줄 아는 게 없고 하고 싶은 것도 없다는 남성이 말했습니다. "아버지는 뭐든 할 거면 제대로 하라는 말을 밥 먹듯이 했습니다. 저는 뭔가를 시작하기도 전에 그 눈빛에 기가 질렸어요. 아무리 생각해도 처음부터 제대로 해낼 자신은 없었거든요. 그런데… 처음부터 제대로 하는 사람이 있기는 하나요?"

긍정과 부정 사이에 균형을 잡습니다

그는 아버지의 신조에 따라 아무것도 선뜻 시작하지 못하는 사람이 되고 말았습니다.

그의 이야기를 듣고 있자니 갑갑함이 밀려왔습니다. 마음속 깊은 곳에서 오랫동안 저를 따라다닌 망령이 되살아나는 것 같았습니다.

"나를 실망시키면 '절대로' 용납하지 못한다."

저는 언제나 그 '절대로'에서 벗어나고 싶은 강렬한 충동을 느꼈습니다. 그리고 '제대로 완벽하게 하는 것'과 '하나도 못하는 것'의 양극단에서 옴짝달싹 못하는 그에게도 제3의 길을 보여주고 싶었습니다.

"아버지에게 많은 영향을 받았다고 해서 계속 아버지 뜻대로 살 필요는 없다고 생각합니다. 당신에게 필요한 말은 뭐였을까요? 어떤 이야기를 믿었다면 지금과 달랐을 것 같아요?"

"뭐… 처음부터 잘할 수 있는 사람은 없다. 처음에는 어려워도 하다 보면 점점 나아질 거야. 그런 말?"

"그럼 우린 그 말을 믿읍시다. 저는 안 하는 것보다 대충이라도 하는 게 낫다고 생각해요. 대충 조금 시작해놓으면 다음에 또 이어서 하면 되니까요."

"정말 그럴까요?"

"무엇을 믿을지 선택하는 거죠. 먼저 당신이 아버지 기준에 맞는 아들이 아니라는 걸 인정하면 됩니다. 따지고 보면 아버지도 당신 기준에 썩 맞는 부모는 아니었을 테니 공평하지 않나요?"

이분법적 사고를 경계한다

즐거운 순간을 향유하지 못하고 자신에게 관대하지 못한 사람들을 관통하는 인지적 특징 중 하나는 이분법적 사고(dichotomous thinking)입니다. 이들에게는 생각과 판단의 회색지대가 허용되지 않습니다. 모든 것이 선 아니면 악, 성공 아니면 실패, 사랑 아니면 미움, 행복 아니면 불행으로 확연히 구분되는 흑백의 세계에서 살아갑니다.

이 흑백의 세계에서는 모든 것이 선명해 보이지만 현실 세계에서는 언제나 이 선명함을 흐리는 흙탕물이 일어납니다. 행복한 한때에 끼어든 불순물 같은 불쾌함이 모든 순간을 완전히 망쳐버립니다. '100%의 완벽한 행복이 아니라면 이것은 행복하다고 말할 수 없다' 같은 융통성 없는 기준을 지녔기 때문입니다.

들뜬 마음으로 놀이공원에 간 날 느닷없이 쏟아진 소나기에 즐거운 추억은 물거품이 되고, '왜 이렇게 재수가 없냐'며 하루 종일 불평을 늘어놓습니다. 우비를 입고 비 오는 놀이공원을 활보하는 일은 생각보다 멋진 추억으로 남을 수도 있습니다. 그러나 예상치 못한 상황에 대한 적응을 방해하는 이분법적 사고는 뜻밖의 행복을 누릴 기회를 박탈하고 타인에게도 가혹한 잣대를 들이댑니다. 열심히 공부한 아이가 수학 시험에서 한 문제를 틀리면 왜 이렇게 칠칠맞지 못하냐며 실수만 꼬집는 식입니다.

이들은 또한 흑백논리의 수호자이기도 합니다. 이것도 맞고 저것도 맞는다는 모호한 입장은 용납할 수 없고 무책임한 태도라고 일갈

합니다. '모 아니면 도'의 입장을 분명히 하고 변함없이 신조를 지키는 것이 화끈하고 솔직하며 바람직한 삶의 자세라고 믿습니다. 때로 '좋음과 싫음이 분명하고 앞과 뒤가 같은 사람'이라는 칭송을 받으며 자신이 신봉하는 절대 원칙에서 벗어나는 사람들을 가차없이 비난합니다.

이와 더불어 자신은 언제나 악이 아닌 선에, 실패가 아닌 성공에, 불행이 아닌 행복에 속한 사람이고자 하며, 그렇게 되어야만 제대로 굴러가는 세상이라고 믿습니다. 그 절대적 믿음은 타인의 희생을 요구합니다. 자신이 통합하기를 거부한 부정의 경험들은 타인의 몫으로 남습니다. 자신이 속한 세계의 반대편에 타인을 놓아둬야만 자신이 속한 세계가 정당성을 부여받기 때문입니다. 타인은 늘 악이 되고, 실패자가 되고, 불행한 자가 되어야 자신의 세계가 안전하다는 것을 확신할 수 있습니다. 대충 할 거면 시작도 하지 말라던 아버지 앞에서 그 아들은 늘 할 줄 아는 게 하나도 없는 패배자로 남아 있어야 했습니다.

그러나 현실세계에서 자신은 늘 선이 될 수 없고 타인은 늘 악의 축이 아닙니다. 내 안에도 선과 악이 함께 존재하고 행운과 불행이 앞다투어 찾아옵니다. 현실의 복잡성을 거부하는 이분법적 사고는 통제가능한 세상에 대한 짜릿한 환상을 선사하지만 우울, 불안, 양극성 장애, 경계선 성격장애 등 다양한 정신병리의 공통적 취약성으로 작용합니다.

그들에게는 '절대로' 지켜야만 하는 절대 원칙들이 차고 넘치게 존재합니다. 이를테면 '거짓말은 절대 용납 못 한다' '뭐든 완벽하게 해내야만 한다' '항상 모든 사람에게서 인정받아야 한다' 등. 현실의 벽에 부딪혀 깨지기 쉬운 이 유약한 절대 원칙의 파편들은 심연에 박혀 마음을 병들게 합니다.

성숙하고 유연한 사고의 특징들

흑백의 양극단으로 나뉜 이분법적 사고 대신에 우리가 지향해야 할 성숙하고 유연한 사고의 특징은 무엇일까요? 인지치료의 창시자인 아론 벡(Aaron Beck)은 원시적 사고와 성숙한 사고의 차이를 다음과 같이 설명했습니다.

원시적 사고가 일차원적 관점으로 개인을 규정하는 반면, 성숙한 사고는 다차원적 관점을 통해 개인에게 다양한 특징을 부여합니다. 스스로 '나는 게으른 사람이다'라고 생각할 때 게으름은 나의 전부가 되어버립니다. 그러나 '나는 상당히 게으르고, 꽤 배려심이 많으며, 약간 유쾌하다'고 할 때 게으름은 나의 일부 특징으로 남습니다. 어느 날, 한 후배에게 인간관계의 어려움을 털어놓으며 "나는 웃어른들과 잘 못 지내는 사람인가 봐요" 하고 자조적으로 말했습니다. 그러자 후배가 제 말을 친절하게 정정해주었습니다. "그런 사람이라기보다 그런 면이 있는 거죠."

원시적 사고가 절대적이고 도덕적인 반면에 성숙한 사고는 상대적이고 비판단적입니다. 부모의 지나친 간섭이 고민이라는 여성이 있었습니다. 그런데 가만히 보니 그녀는 성인이 되어서도 부모님께 굳이 말하지 않아도 될 일들까지 미주알고주알 보고하며 간섭의 빌미를 제공했습니다. 그녀가 부모의 가르침으로부터 내면화한 절대 신념은 '거짓말은 나쁜 짓이다. 어떤 경우든 거짓말은 절대 용납되지 않는다'였습니다. 그녀에게는 거짓말에 대한 상대적 관점이 필요했습니다. 선의의 거짓말이 필요한 경우도 있다는 것, 꼭 거짓말이 아니더라도 굳이 남에게 알리지 않아도 될 사적 영역이 있다는 것을 허용해야 합니다.

마지막으로, 원시적 사고가 불변적이고 비가역적인 반면에 성숙한 사고는 가변적이고 가역적입니다. '나는 한심하고 게으른 인간이다. 여태까지 그래왔고 앞으로도 쭉 그렇게 살 것이다. 나는 근본이 글러먹었다'고 생각하면 우울증에 빠지기 쉽습니다. 반면에 '지금은 게으른 생활을 할지라도 내가 항상 한심했던 것은 아니야. 지금 그렇다고 해서 앞으로도 계속 이렇게 살라는 법은 없지. 앞일을 누가 알겠어?'라고 생각할 수 있는 유연성은 우울의 늪에서 빠져나오는 실마리가 됩니다.

어느 쪽을 믿을지, 어느 쪽이 나를 이롭게 할지를 생각하면 선택은 단순해집니다. 우리는 당위의 세계가 아닌 현실에 속한 사람이어야 합니다. 판단의 기준이 흔들릴 때면 어느 쪽이 옳은지보다 어느 쪽이 나에게 도움이 되고 현실에 더 가까운지를 묻는 편이 이롭습니다.

긍정으로 부정을 대체할 필요는 없다

긍정과 부정 사이에 균형을 잡는 일은 어느 한쪽을 취사선택하거나 한쪽이 승리하면 한쪽이 지고 마는 제로섬 게임이 아닙니다. 내 안의 불쾌하고 부정적인 생각과 경험들을 굳이 유쾌하고 긍정적인 것들로 대체해야만 완전한 행복에 이르는 것도 아닙니다.

대상관계 심리학자 도널드 위니컷(Donald Winicott)은 '성숙되어가는 과정의 특징은 통합으로 가려는 추동'이라고 밝힌 바 있습니다. 통합은 좋은 것에서 나쁜 것을 감해 얻어지는 나머지가 아닙니다. 긍정은 부정을 대체하지 못하고 부정은 긍정을 좀 먹지 않습니다. 통합은 긍정과 부정의 경험들이 온전히 각각 존재함을 인정하는 것, 모순적인 경험의 양날을 있는 그대로 받아들이는 것입니다.

대학 졸업 후 처음 들어간 회사에서 6년을 근무하고 퇴사한 여성이 상담을 신청했습니다. 그녀는 작은 회사에서 일했는데, 사장님을 비롯한 동료 직원들과 가족같이 끈끈한 관계를 유지했다고 했습니다. 서울로 상경하여 가족 없이 홀로 지내며 힘들었지만, 회사 사람들 덕분에 외로움을 견딜 수 있었습니다. 부친상을 당했을 때 먼 지방까지 찾아와준 그들이 너무 고마웠습니다.

그러나 회사는 경영난을 겪었고 월급이 연체되거나 말도 없이 차감되는 일이 점점 늘었습니다. 모두 함께 고통을 분담한다고 믿었는데, 알고 보니 이러한 불합리한 처우를 받고 있는 것은 그녀 혼자였다는 사실을 뒤늦게 알게 되었습니다. 그녀는 고심 끝에 퇴사하고 새로운 직장을 알아보고 있었습니다.

"가끔 너무 혼란스러워요. 그들이 저를 호구로 보고 친절하게 대해준 걸까 생각하면 미칠 것 같아요. 먼 길을 찾아와서 위로해준 건 진심으로 보였는데. 가족같이 잘 대해준 걸 생각하면, 밀린 임금 달라고 내용증명 보낸 게 못할 짓을 한 것 같아요. 회사가 어려웠던 건 맞거든요. 용서하지도 못하겠고 미워하지도 못하겠어요. 뭐가 그들의 진심이었을까요?"

"그들의 마음은 알 수 없죠. 중요한 건 당신에게는 두 가지 경험이 모두 진실이라는 겁니다. 그들로부터 인간적인 따뜻함과 친절함을 느낀 것도 맞고, 부당한 대우를 받았다고 느끼는 것도 맞습니다. 하나로 다른 하나를 없애려 하지 않아도 됩니다. 그러니 인간적으로 잘 대해준 것에 감사해하고 부당하게 대한 것에는 분노하세요. 두 가지 마음 다 공존할 수 있도록 자리를 내주세요."

그럼에도 선택은 필요하다

두 가지 마음을 다 인정하더라도 그녀의 고민은 계속되었습니다.

"그 사람들을 어떤 얼굴로 다시 봐야 할까요? 이대로 연을 끊자니 지난 몇 년간 제일 친하게 지낸 친구들을 잃어버린 것 같아요."

"일단 두 가지 마음을 다 돌아보면서 시간을 가지세요. 어느 정도 마음 정리가 되고 나면 어느 쪽을 원하는지 분명해질 수도 있습니다. 인연을 이어가고 싶다면, 그동안 고맙고 의지했던 마음과 나를 속인 것에 실망한 마음을 솔직하게 전해보는 것도 방법입니다. 인연을 끝내고 싶다면 끝내도 됩니다. 끝내더라도 고맙고 의지했던 마음은 좋은 추억으로 남겨두고, 부당한 처우에는 적법한 절차에 따라 보상을 받으세요. 어느 쪽이든 큰 깨달음을 얻었으니 다음부터는 직장 내 인간관계에서 조금 거리를 둘 필요는 있겠지요. 때로는 너무 가까운 것이 무례의 빌미가 되기도 하니까요."

　이분법적 사고를 경계하고 회색분자로 살아가더라도 선택은 필요합니다. '이것도 맞고 저것도 맞으니 난 아무 쪽도 선택할 수 없어'는 제3의 길이 아닌, 그야말로 무책임한 태도입니다. 다만 어느 쪽을 선택하든, 양쪽을 모두 있는 그대로 보아야 합니다. 한쪽을 선택함으로써 내가 감당해야 할 다른 쪽의 무게를 기꺼이 짊어져야 합니다.

긍정과 부정 사이에 균형을 잡습니다

우울과 불안으로부터 온전함을 위한 워크북

　다음은 이분법적 사고의 대표 예시입니다. 각 문장에 동의하는 정도가 높을수록 이분법적으로 사고하는 경향이 있음을 의미합니다. 나는 얼마나 동의하는지 살펴보고, 이에 대한 대안적 생각으로는 어떤 것이 있을지 생각해봅니다.

이분법적 사고	대안적 사고
1. 내가 수행한 일에 대해 완전한 성공이 아니면 완전한 실패로 보는 편이다.	• 내가 수행한 일에 대해 성공한 부분과 실패한 부분을 있는 그대로 보려고 한다.
2. 잘할 수 없는 일은 아예 시작할 필요가 없다.	• 잘할 수 없더라도 시작하는 것은 용기 있는 일이다. • 시작하기 전에 잘할 수 있을지 없을지 미리 확신할 수는 없다.

3. 세상에는 좋은 사람과 나쁜 사람 그렇게 두 종류만 있다.	• 누구나 좋은 면도 있고 나쁜 면도 있다. • 대부분 사람들은 아주 좋은 사람도 아니고 아주 나쁜 사람도 아니고 보통 사람이다.
4. 내게는 실수하는 것이 완전히 실패하는 것처럼 나쁜 일이다.	• 누구나 실수하면서 배운다.
5. 절반의 실패는 전부 실패한 거나 다름없다.	• 절반의 실패가 있으면 절반의 성공이 있는 법이다.
6. 내가 원하거나 계획하는 상태에서 뭔가 하나라도 흐트러지면 전체가 엉망이 된 듯하다.	• 일이 언제나 내가 원하거나 계획하는 대로 흘러가기를 바라는 것은 욕심이다. • 내가 원하거나 계획하는 상태에서 뭔가 하나라도 흐트러지면 엉망이 된 것같이 느껴지더라도 실제로 엉망인 것은 아니다.
7. 어떤 대상이나 사람에 대해 좋아하는 마음과 싫어하는 마음이 섞여 있으면 불편하다. 그래서 좋거나 싫은 것 중 어느 한쪽을 택한다.	• 좋아하는 마음과 싫어하는 마음은 공존할 수 있다. • 두 마음을 다 보살피면서 결정을 유보해도 좋다.
8. 최선이 아니면 차선을 택하라는 말을 받아들이기 어렵다.	• 최선이 아니면 차선을 택하는 것은 합리적 선택이다. • 늘 내 선택이 최선일 수는 없다.
9. 나쁜 성적을 받느니 아예 시험을 안 보는 편이 더 낫다.	• 나쁜 성적을 받더라도 과정을 끝까지 완주하는 것이 더 멋지다.
10. 내가 삶을 살아가는 방식은 모가 아니면 도이다.	• 모와 도 사이에는 개, 걸, 윷이 있다. 양극단 사이에 존재하는 다양한 삶의 가능성을 단념할 필요는 없다.

* 이분법적 사고의 예시는 황성훈(2007)의 개정판 이분법 사고지표(DTI-30R)에서 발췌한 문항을 사용함.

긍정과 부정 사이에 균형을 잡습니다

슬퍼도 밥은
넘어가요

고통이 간절함의 징표는 아닙니다.
내가 겪은 불행의 무게를 증명하기 위해 혹은 미래에 다가올 불행을 면하기 위해
현재도 불행 속에 고통받아야 할 이유는 없습니다.

슬퍼해도 괜찮지만 슬퍼만 하지는 말자

노희경 작가가 쓴 〈우리들의 블루스〉라는 드라마는 저마다 기구한 사연을 간직한 주인공들이 제주도를 배경으로 아옹다옹 살아가는 모습을 그렸습니다. 뛰어난 배우들이 대거 출연한 그 드라마에서 저는 신민아, 이병헌 배우가 연기한 선아와 동석의 사연에 눈이 갔습니다. 어린 시절 서로의 상처를 위로해준 짧은 인연을 뒤로하고 선아는 절망의 끝에서 동석과 재회합니다.

선아는 시간 감각을 잃어버릴 정도로 심각한 우울증에 시달렸고 더이상 참지 못한 남편은 이혼을 요구했습니다. 게다가 사랑하는 아들의 양육권까지 빼앗길 위기에 처해 있었습니다. 유일한 삶의 의미인 아들을 잃는 것은 상상조차 할 수 없는 일이지만 우울증에 시달리는 그녀에게는 아들을 안전하게 돌볼 힘이 부족해 보였습니다. 결국 양육권 소송에서 패한 날, 온 세상이 무너지는 상실감에 빠져 허우적대는 선아에게 동석은 투박한 위로를 건넵니다.

"슬퍼하지 말란 말이 아니야. 우리 엄마처럼 슬퍼만 하지는 말라고. 슬퍼도 하고, 울기도 하고, 그러다가 밥도 먹고, 잠도 자고, 어쩔 땐 웃기도 하고, 행복도 하고! 애랑 같이 못 사는 것도 성질 나 죽겠는데 그것도 모자라서 네가 엉망진창 망가지면 네 인생이 너무 엿같잖아."

언제나 세상에서 사라져버리길 소망하는 선아에게 동석은 살아야 할 이유를 되살리려고 노력합니다. 동석은 선아에게 진심 어린 관심으로 우울감이 찾아오면 기분이 어떠냐고 묻습니다. 선아는 지금처럼 불빛들이 많은데도 우울감이 오면 아무것도 안 보이고 앞이 깜깜해진다고 말하죠. 동석은 "그거 다 착각이네. 분명히 불빛이 밝은데 깜깜한 게 말이 되냐"라고 받아치고 또 그런 순간이 찾아오면 "이거 다 착각이다. 내가 지금 잠깐 정신이 이상해져서 그런 거다"라고 주문을 외우라고 합니다.

그날 이후 또다시 깊은 우울에 빠져 어둠 속에 홀로 남겨진 선아는 눈물을 흘리며 주문을 외웁니다. "이건 착각이야. 이 어둠은 거짓

궁정과 부정 사이에 균형을 잡습니다

이야. 밖은 밝아."

그 순간 "뒤를 봐. 다른 세상이 있잖아"라고 말해주던 동석의 목소리를 떠올리며 선아는 자리를 떨치고 일어나 러닝머신을 타기 시작합니다. 그때 스마트폰 진동이 울리고 동석이 보낸 녹음 파일을 확인합니다. 파일을 열자 만물상으로 방방곡곡을 떠돌며 생계를 이어가는 동석이 녹음한 확성기 방송이 흘러나옵니다.

"양배추, 양배추, 포도, 포도, 요구르트, 요구르트… 강냉이, 강냉이, 추억의 과자, 추억의 과자…."

먹고살기 위해 수고스러움과 부끄러움을 마다하지 않는, 세월의 풍파에 단련되고 농익은 현실의 소리. 선아는 러닝머신의 속도를 올리고 더욱 힘차게 걷기 시작합니다. 동석의 목소리는 우울의 늪으로 빠져드는 선아를 현실로 되돌려놓는 생동감 넘치는 삶의 소리 자체였습니다.

고통이 간절함의 징표는 아니다

정신분석적 관점에서 우울은 사랑하는 대상의 상실에 대한 반응으로, 자신을 향한 분노로 간주됩니다. 실제적 상실이건 상상 속의 상징적 상실이건, 사랑하는 대상을 잃게 되면 일차적으로 떠나간 대상에 대한 분노를 경험합니다. 그러나 분노의 대상은 이미 떠나고 없기에 허공에 던져진 분노는 부메랑처럼 자신에게 돌아옵니다. 중요한 대상을 잃어버린 것은 내 책임이고, 나의 부족이 상대를 떠나도록 만들었다는 자책과 자기비난이 이어집니다. 사업 실패로 자살한 아버지와 자신을 버리고 떠난 어머니를 원망했던 선아는 부모 대신 자신을 해침으로써 자신이 받은 상처의 무게를 증명하고 싶었던 건지도 모릅니다.

살아가면서 우리는 소중한 무언가를 끊임없이 잃어갑니다. 상실의 대상은 사랑하는 사람일 수도 있고, 늘 곁을 지켜준 반려동물일 수도 있고, 꿈꿔왔던 목표나 가치일 수도 있고, 찬란하게 빛나던 과거의 나일 수도 있습니다. 어떻게든 간직하고 싶었던 대상, 간절히 원했던 내 일부와 이별하는 슬픔을 어떻게 견뎌낼 수 있을까요?

사랑하는 이의 죽음으로 힘들어하는 이들에게 흔히 "산 사람은 살아야지"라는 위로를 건네곤 합니다. 그러나 남겨진 자는 사람답게 살아갈 자격에 의문을 품습니다. '중요한 대상을 잃고도 잘 산다면, 그건 그만큼 중요하지 않다는 뜻이 아닐까?' '당신이 떠나고도 내가 잘 산다면 그건 당신을 잊어버렸다는 뜻이 아닐까?'

이러한 회의는 끔찍한 트라우마를 겪고 회복을 꿈꾸는 이들의 발목을 잡기도 합니다. '트라우마를 겪고도 일상을 살아간다면 내 고통이 무의미해지는 것은 아닌가?' '내가 회복되면 내가 당한 일이 별거 아니었다고 인정하는 꼴이 아닐까?' 내 고통의 무게를 증명하고자 결코 잘 살아갈 수 없는 덫에 빠지고 맙니다.

이렇듯 마음속에 긍정과 부정이 양립하기 어려운 이들은 내가 잘 살아감으로써 내가 겪은 슬픔과 고통이 잊힐 것을, 그 슬픔과 고통에 담겨 있는 중요한 의미가 사라지는 것을 두려워합니다. 나아가 중요한 대상을 잃지 않으려면 내가 계속 고통받고 괴로워해야 한다는 자기처벌적 관념에 사로잡힙니다.

한때 저는 무언가를 간절히 원하면 그만큼 고통스러워야만 그것을 얻을 자격이 생긴다는 미신에 기댔습니다. 열심히 하는 것 외에 나를 지켜줄 것이 없다고 믿었기에 스스로를 혹사하며 고통받는 만큼 그 대가가 따라올 것이라 여겼던 것입니다. 마음 편히 지내면, 한 줌의 행운도 허락되지 않을 것처럼, 어쩌면 고통을 방패막이 삼아 비극적 운명에 대항하고 싶었던 건지도 모르겠습니다. '이것 봐. 나는 지금 이만큼 괴롭다고. 그러니 나를 불쌍히 여겨서 더는 불행을 주지는 말아줘.' 혹은 다가올 좌절과 실패에서 내 책임을 면하고 싶어 발버둥친 것입니다. '이렇게 열심히 했는데 어떻게 나한테 이럴 수 있어?' 하고 피해자의 위치에 서려는 마지막 변명을 남겨두고 싶었던 것입니다.

그래서 중요한 일을 앞두면 스트레스로 제대로 먹지도 자지도 못하고 속을 끓이곤 했습니다. 꼬리에 꼬리를 무는 걱정에 사로잡혀 뜬눈으로 밤을 지새우면서 어쩌면 마음 한편으로는 안도하고 있었는지도 모르겠습니다. '이렇게 간절히 바라고 고통받았으니 원하는 대로 이루어질 것이다'라고 말입니다. 고통이 간절함의 징표가 되어야 할 마땅한 이유가 없음에도 내가 내어줄 것은 나의 안위와 일상의 행복뿐이라는 듯이 현재의 삶을 희생했던 것입니다.

그러나 과거에 내가 겪은 불행의 무게를 증명하려고 혹은 미래에 다가올 불행의 책임을 면하려고 현재도 불행 속에 고통받아야 할 필요는 없습니다. 지금 내가 행복을 누린다고 해서 과거의 상처가 모두 사라지는 것은 아닙니다. 또한 지금 행복을 누린다고 해서 그것이 미래에 누릴 행복을 당겨서 쓰고 언젠가 고리대금으로 갚아야 할 채무가 되는 것도 아닙니다. 이러한 생각이야말로 행복과 불행을 이분법적으로 대치시키려는 원시적 사고와 내 의지대로 불행을 통제할 수 있으리라는 비현실적 전능감의 발로입니다.

슬프지만 맛있다, 맛있지만 슬프다

세상에는 내가 통제할 수 없는 일들이 언제나 벌어지고 내 의지를 넘어선 더 큰 힘이 존재한다는 것을 인식하면서는 '지나치게 비장할 필요 없다'고 스스로에게 말해주곤 합니다. 어차피 피할 수 없는 고통이라면 받아들이는 수밖에 없을 테고, 원치 않는 무언가를 피하려는 회피 동기로 인생을 사는 것보다는 원하는 무언가를 얻으려는 접근 동기로 사는 것이 삶을 긍정하는 방법입니다. 그러니 그저 가만히 앉아서 '제발 나에게 이런 고통을 주지 마세요' 하고 주술적인 소망에 기대어 내 앞에 놓인 현재를 희생시키지 말고 피할 수 없는 고통을 수용하는 방법을 익히고 실천하는 편이 좋을 것입니다.

정서적 고통의 수용을 강조한 변증법적 행동치료에서 말하는 변증법이란 '대립되는 것들 사이의 균형 혹은 통합'을 일컫습니다. 변

긍정과 부정 사이에 균형을 잡습니다

증법은 진리에 도달하기 위해 대립되는 개념들을 자세히 살펴보고 논의하는 방법을 일컫는데, 정-반-합의 단계에 걸쳐 서로 모순되는 판단 사이의 통합을 끌어내는 과정을 의미합니다. 리네한은 변증법의 원리를 심리치료에 적용함으로써 정서적 고통에 대한 수용을 강조했습니다. 그녀는 정서적 고통의 본질이 모순적인 감정과 양가적인 갈등을 감당하기 어려워하는 것이라고 보았습니다. 선아는 '나는 부모에게도 버림받은 존재이고, 좋은 부모가 될 자격이 없다'와 '나는 아들을 사랑하고, 좋은 엄마가 되고 싶다'는 양 갈래의 마음에서 고통받았습니다. 또한 그녀는 '아들과 함께 살 수 없어서 슬프다. 이 세상은 살 가치가 없다'와 '동석이에게 받는 위로가 따뜻하다. 다시 행복한 일상을 살고 싶다'는 마음을 동시에 간직하기 어려워했습니다. 아마 그녀의 마음속 깊은 곳에는 '내가 행복할 자격이, 사랑받을 자격이 있는 사람인가?' 하는 근원적 의구심이 자리 잡고 있었을 것입니다.

양극단의 생각과 감정 사이에서 갈 곳을 잃고 괴로워하는 사람들은 어느 쪽으로든 빠른 결론을 내림으로써 이러한 혼란을 피하고자 합니다. 그 결과, 자기 경험을 분열(splitting)시킴으로써 경험의 한쪽만 남겨두고, 다른 쪽 측면은 묻어버립니다. 그러나 묻어둔 경험은 결코 사라지지 않고 다시 존재를 부각하며 의식을 점령하려고 사투를 벌입니다. 그 결과, 이쪽저쪽의 마음을 오가며 극단적인 감정과 생각 사이에서 중심을 잃고 휘청거립니다. 그러한 끝없는 혼란으로부터 벗어나고자 세상에서 조용히 사라져버리길 바라는 자살 환상을 키워나갑니다.

모순으로 가득 찬 세상에서 중심을 잃지 않고 살아가려면 한 극단에 서 있을 때도 다른 극단의 마음을 있는 그대로 볼 수 있어야 합니다. 선아가 아들을 잃고 상심하며 무너지는 와중에도 잘 살고 싶고, 좋은 엄마가 되고 싶고, 자신과 아들을 지키고 싶은 강한 자신의 일부를 끌어내야 합니다.

'약한 동시에 강할 수 있다.'

'행복하면서 슬플 수 있다.'

'누군가와 함께 있고 싶기도 하고, 혼자 있고 싶기도 하다.'

그 모든 마음이 내 안에 있다는 것을 받아들이는 것입니다.

우리의 마음에는 언제나 모순적인 감정과 욕구, 생각들이 자리 잡고 있습니다. 저는 이러한 이중성을 마주할 때마다 인간의 마음은 왜 이리도 나약하고 간사하냐고 냉소했으나, 혹자는 이를 들어 모순적인 것이 아니라 지극히 인간적인 것일 뿐이라고 일갈했습니다. 어쩌면 저에게 필요했던 것은 바로 그 갈대 같은 인간성에 대한 애정이었는지도 모르겠습니다.

생각과 감정이 한쪽 극단으로 치달을 때는 세상만사에는 이중적인 면이 있다는 것을 되새기면서 '지금 내가 놓치고 있는 면은 무엇일까?'를 떠올리고자 합니다. 아직 깨닫지 못하더라도 내가 보지 못한 다른 측면이 있을 수 있다는 것을, 그 불확실성의 여지를 환영해 보겠다고 마음먹었습니다.

연이어 좌절의 고배를 마시던 시기에는 비슷한 인생 경로에서 고락을 함께해온 친구의 대처를 보며 위안을 얻기도 했습니다. 나란히 임용 지원을 했다가 떨어진 어느 날, 친구는 SNS에 맛있게 한우를 구워 먹는 사진과 함께 짤막한 멘트를 남겼습니다. "슬프지만 맛있다, 맛있지만 슬프다!"

'웃기면서 슬프다'를 뜻하는 신조어 '웃프다'가 딱 들어맞는 상황이었습니다. 문득 '웃프다'라는 용어가 모순적인 말을 나란히 배치함으로써 인생사의 복합적 측면을 잘 포착했다는 생각이 들었습니다.

저 또한 식구들을 불러모아 맛있는 음식을 먹으면서 좌절의 시간을 버텼습니다. "오늘은 엄마의 좌절을 기념하며 맛있는 걸 먹자"라는 제 선언에 아이들은 눈을 동그랗게 뜨고 물었습니다.

"좌절을 왜 기념해요?"

"음…. 좌절했으니까 맛있는 거 먹고 힘내라고? 원하던 대로 안 되면 다른 길로 가면 되니까 괜찮다고 위로하는 거야."

내가 통제할 수 없는 좌절과 상실을 애써 피하려고 하거나, 그 상처의 의미를 잊지 않으려고 발버둥칠 것이 아니라 충분히 아파하고, 또한 일상을 살아가면서 서서히 잊어도 괜찮을 것입니다.

상실을 대하는 우리의 자세

'슬퍼하되 슬퍼만 하지는 말라'는 동석의 주문은 애도의 이중과정 모델을 잘 보여줍니다. 마거릿 스트로베(Margaret Stroebe)와 헨크 슈트

(Henk Schut)의 이중과정 모델에 따르면, 건강한 애도작업을 하려면 두 개의 서로 다른 과정이 요구됩니다. 하나는 상실 초점적 대처로, 상실에 대해 충분히 슬퍼할 권리를 부여하는 것입니다. 충분히 슬퍼하고 안타까워하며 잃어버린 대상을 현실로 받아들이는 과정이 필요합니다. 소중한 대상을 영원히 잃었고 간절했던 소망이 결코 현실에서 이루어질 수 없음을 아프게 인식해나가야 합니다.

다른 하나는 회복 초점적 대처로, 스스로에게 일상을 살아갈 권리를 부여하는 것입니다. 슬퍼도 밥을 먹고, 잠을 자고, 할 일을 하고, 친구를 만나고, 웃고 떠들고, 새로운 관계나 삶의 다른 측면에 집중하며 지내다가 또 슬픔이 찾아오면 슬픔을 맞아주는 것입니다. '나의 슬픔은 아무것도 아니야'라며 상실을 외면해서도 안 되고, '아무 일도 없다는 듯 잘 지내면 떠난 이에게 몹쓸 짓이다'라며 죄책감에 빠져 자신을 망쳐서도 안 됩니다.

대체로 상실 이후에 따라오는 자기 파괴적 행동은 떠난 대상을 위한 것이라기보다 자신의 죄책감을 상쇄하고, 자신을 운명의 희생자로 놓아두고자 하는 욕구에서 비롯합니다. 갑작스러운 뇌졸중으로 세상을 떠난 부인과 사별한 남성은 괴로움을 잊으려고 매일 술을 마셨습니다. 사실 그 일이 아니었더라도 그는 매일 술을 마셨고, 그로써 생전 그의 부인은 고단한 생을 살았습니다.

"어떻게 이런 일이 있을 수 있습니까? 평생 고생만 하고 이제야 좀 살 만해졌는데, 좋은 시절 한번 누리지도 못하고 갔습니다. 나도 따라 죽는 수밖에 없어요."

긍정과 부정 사이에 균형을 잡습니다

저는 그 슬픔이 누구를 위한 것인지, 떠난 부인이 진정으로 원하는 일이라고 생각하는지, 아니면 홀로 남겨진 자신의 처지가 비참해서 하는 말인지 묻고 싶었습니다.

이중과정 모델은 상실에 대한 직면과 일상의 회복 단계를 교차적으로 오가며, 그에 수반되는 인지적·정서적 반응을 차분히 맞이할 것을 권합니다. '당신을 잃어서 슬프다'와 '내게 주어진 하루하루를 잘 살고 있다' 사이에서, '목표를 이루지 못해 좌절스럽다'와 '오늘은 화끈하게 매운 음식이 먹고 싶다' 사이에서 오가는 감정과 생각의 흐름에 자신을 온전히 맡기는 것입니다.

어떤 종류의 상실이든 상실은 우리 모두에게 찾아올 피할 수 없는 운명입니다. 무언가를 소중히 여기고 간절히 원했던 만큼 우리는 슬퍼하고 아파할 것입니다. 그러나 소중한 무언가를 지키고 싶고, 그 대상을 추구하는 마음이 그동안 우리를 살게 해준 원동력임을 기억합니다. 그 힘으로 지금까지 버틸 수 있었던 것에 감사하고 또 그 추억으로 살아갈 힘을 얻는 것, 언젠가 잃을 것을 알면서도 마음을 다해 사랑하는 것, 잃어버린 대상은 나의 중요한 한 부분이지만 내 전부는 아님을 아는 것, 상실을 삶의 일부로 받아들이는 데 필요한 우리의 자세입니다.

우울과 불안으로부터 온전함을 위한 워크북

받아들이기 힘든 상실과 좌절에 직면할 때 이에 수반되는 슬픔과 고통을 피하지 않고 온전히 느끼면서도 일상을 다시 살아갈 힘을 회복해야 합니다. 다음은 상실의 직면과 일상의 회복 단계를 오가며 마음을 추스르는 데 도움이 되는 문구들입니다. 이는 고통과 행복을 모두 삶의 일부로 받아들이는 과정이기도 합니다.

1. 나는 내가 원하는 만큼 충분히 그리고 깊게 슬퍼할 권리가 있다.
2. 나는 고통의 주관성을 거부하는 절대주의적 시각으로부터 자유로울 권리가 있다.
3. 나는 내 슬픔을 존중해주지 않는 사람과 환경으로부터 나 자신을 보호할 권리가 있다.
4. 나는 슬픔뿐만 아니라 죄책감, 분노, 불안, 무력감, 안도감

긍정과 부정 사이에 균형을 잡습니다

등 다양한 감정을 느낄 권리가 있다.

5. 나는 다른 사람의 권리를 침해하지 않는 한 내 느낌과 감정을 자유롭게 표현할 권리가 있다.

6. 나는 나 자신으로 온전히 존재할 권리가 있다.

7. 나는 행복하고 즐거울 권리가 있다.

8. 나는 일상을 누릴 권리가 있다.

9. 나는 내가 원하는 때 희망을 갖고 내가 원하는 삶을 새롭게 시작할 권리가 있다.

가까이서도 보고
멀리서도 봅니다

"지금과는 다른 삶을 살 수 있다면 어떤 삶을 택하겠는가?"
다른 삶을 위해서는 과거가 남긴 고통을 있는 그대로 느껴야 하고
또한 한 발짝 떨어져서 보아야 합니다.

가까이서 보면 비극, 멀리서 보면 희극

찰리 채플린은 '인생은 가까이서 보면 비극이고, 멀리서 보면 희극
이다'라는 명언을 남겼습니다. 이는 타인의 고통을 웃음거리로 소비
하며 진지한 관심을 쏟지 않는 세태를 풍자하는 말이기도 하고, 동
일한 상황을 두고 다양한 관점을 취할 수 있는 심리적 유연성을 빗
댄 표현이기도 합니다. 가까이서 보면 우리 인생에서 겪게 되는 개
인적 비극들이 처절하고 고통스럽지만, 멀리서 보면 종국에는 그 고

긍정과 부정 사이에 균형을 잡습니다

통마저 웃어 넘길 수 있는 일이 되고, 그 안에서 우리가 취했던 행동과 선택들이 어떤 의미 있는 이야기로 연결될 수 있는 것입니다.

〈모던 타임스〉 영화에서 찰리 채플린은 컨베이어벨트에서 하루 종일 나사 조이는 일을 하는 노동자 '떠돌이'로 분했습니다. 스크린으로 바라본 그의 어리숙한 표정과 엉뚱한 행동은 관객들의 폭소를 유발합니다. 그러나 그가 살고 있는 현실은 녹록지 않습니다. 격무에 시달린 끝에 눈에 보이는 동그란 것은 닥치는 대로 조여버리는 직업병을 얻은 그는 결국 실성해서 직장을 잃고, 우연히 시위대 인파에 휩쓸려 교도소에 갑니다. 출감 후에도 자기 의지와 상관없이 여러 사건에 연루되며 정처없이 떠돌게 됩니다. 그와 동행하는 고아 소녀 개민은 어디에도 정착할 곳 없는 자신들의 처지를 한탄하며 묻습니다.

개민: "살려고 노력해봤자 무슨 소용이죠?"
떠돌이: "힘내요! 죽는단 말은 하지 말아요. 우린 버틸 거예요."

떠돌이는 개민에게 웃으라 조언하고, 그들은 웃으면서 불확실한 미래를 향해 힘차게 나아가며 영화는 막을 내립니다.

떠돌이는 어째서 비극적인 현실에서도 웃을 수 있었을까요? 아마도 그는 현실에 속한 사람이면서 동시에 한 걸음 물러나 현실을 바라보는 사람이었을 것입니다.

잊고 싶으면서도 잊고 싶지 않은 마음

정해진 틀에서 벗어나기를 두려워했던 저는 어떤 경험에 대한 태도와 관점 또한 일관되게 유지하는 것을 선호했습니다. 변하는 것들은 무의미하다고, 믿을 수 없다고 여겼습니다. 이러한 집요한 일관성은 부정적 사건에 대한 기억을 반추하는 기폭제로 작용했습니다.

어린 시절 제가 처한 환경은 여러모로 불안정했습니다. 제2차 세계대전 당시 수시로 공습이 이어지던 런던에 살던 아이들 중에는 전쟁의 공포에도 불구하고 정서적으로 안정된 아이들이 있었습니다. 그들은 공습경보가 울리면 자신을 집 안 가장 깊숙하고 안전한 곳으로 데려간 뒤 꼭 안아주던 부모의 품을 기억한다고 보고했습니다. 온 세계가 산산조각 나도 따뜻한 부모의 품을 기억하는 아이들은 안전하겠지만, 온 세상이 꽃밭이어도 부모의 불화를 기억하는 아이들은 살아가는 게 전쟁이 됩니다.

고성이 오가는 싸움 끝에 "엄마 따라 갈래, 아빠 따라 갈래?" 같은 질문을 마주할 때면, 오늘은 죽일 듯이 싸우고 다음 날은 고요가 감도는 납득할 수 없는 현실을 마주할 때면 마음속으로 다짐했습니다. '나는 절대 잊지 않고 모든 것을 기억할 거야.'

"잊지 않고 뭘 하려고? 복수라도 하려고?"라고 누군가 묻는다면 딱히 마땅한 답은 없었습니다. 복수하고 싶기보다는 그저 예측하고 싶었을 뿐입니다.

인간의 기억 시스템은 미래에 가장 유용하리라 예상되는 정보를 기억하는 방향으로 진화했다고 합니다. 하버드대학교 심리학 교수 댄 샥터(Dan Schacter)는 기억은 과거를 완벽하게 복제하는 비디오 레코더가 아니라 미래 사건을 시뮬레이션하는 시스템이라고 제안했습니다. 인간은 과거를 기반으로 미래에 무슨 일이 일어날지 예측하려고 과거 정보의 주요 내용을 추출·재조합하여 일련의 기억을 구성합니다. 그 과정에서 기억의 오류가 발생하기도 하지만, 어쨌든 기억에 저장될 정보가 취사선택될 때는 무언가 생존에 유리한 단서들이 포함되었을 가능성이 높습니다.

제가 떠올리고 싶지 않은 어두운 기억의 조각들을 그토록 붙잡아두려고 애쓴 이유는 내 존재를 가장 위태롭게 하고, 우울과 불안의 근원이 되는 사건들에 대한 표식을 남겨두고 싶었던 건지도 모르겠습니다. 위험을 알리는 경고신호를 빠르게 탐지하려고 과거를 절대 잊지 않고 기억에 새겨두고자 했습니다. 그 덕분에 불화의 징조가 관찰되면 이내 감정을 완전히 차단하고 내면 세계에 은신하는 전략을 터득하게 되었습니다. 또한 기억을 곱씹으면서 결코 이해되지 않는 일들에 내재할지도 모를 어떤 의미를 이해하고 싶었습니다. 환멸나는 기억 속에도 사랑이 숨어 있다면 기꺼이 그 흔적을 찾고 싶었습니다. 나를 가장 사랑한다는 이들이 내게 가장 큰 고통을 주는 이 모순을 어떻게든 이해하고 싶었습니다.

그러나 아무리 과거를 반추하며 시뮬레이션을 돌려봐도 무력감이 더해질 뿐이었습니다. '내가 그때 어떤 대답을 했어야 했을까?' '어떻게 해야 그 싸움을 막을 수 있었지?' '나는 왜 태어났을까?' '왜 이렇게 고통스러운 삶을 유지해야 하지?' 이러한 답도 없는 추상적인 생각에 몰두함으로써 현실에 대한 구체적 기억과 미래에 대한 긍정적 기대는 아득히 멀어졌습니다. 제 기억 창고에는 불행한 장면에 대한 파편화된 기억 외에는 많은 것이 불투명하게 기록되었습니다.

우울증 환자들은 과거와 미래 사건을 지나치게 일반적이고 비구체적으로 생각하는 경향이 있습니다. 과거 기억을 구체적으로 생생하게 기억하지 못하는 이들은 미래 사건을 상상하는 데도 어려움을 겪습니다. 해마는 기억의 저장뿐 아니라 과거 사건의 세부 사항을 재조합해 새로운 미래 사건으로 떠올리는 데 관여합니다. 따라서 과거를 생생하게 기억하지 못하는 사람들은 생동감 있게 미래를 그리기가 어렵습니다. 떠올리고 싶은 즐거운 기억이 없는 이들은 살고 싶은 내일을 꿈꿀 수 없습니다. 저 또한 최악의 상황을 대비해 시뮬레이션을 돌려가며 열심히 매일을 살면서도 정작 내일이 이어지리라는 기대를 하지 못했습니다. 오늘 밤 잠들어 내일 아침 일어나지 못하더라도 고달픈 인생을 이대로 마감할 수 있다면 그것도 괜찮으리라 생각하곤 했습니다.

한결같은 게 꼭 좋은 건 아니다

심리적 유연성(psychological flexibility)은 현재 순간의 경험에 온전히 접촉하면서도 상황에 맞춰 관점을 전환하고 심리적 자원을 재구성하는 역량을 일컫습니다. 예측하기 어려운 불안정한 환경에서 생존을 위해 발달시킨 집요한 일관성과 고집스러운 전략은 변화에 대한 적응력을 떨어뜨립니다. 고통을 최소화하려고 한 가지 방식을 고집한 대가로 지금까지와 다른 삶을 살 가능성을 닫아버립니다. 하지만 저는 과거 기억에 깃들어 있는 감정을 차단하고, 남은 생에 미련은 별로 없다고 자조하면서도 다르게 살아볼 일말의 가능성까지 단념하지는 못했습니다.

"지금과 다른 삶을 살 수 있다면 어떤 삶을 택하겠는가?"

제 대답은 '삶에 애착을 가질 수 있는 삶'이었습니다. 가족이라는 울타리 안에서 제 부재가 사랑하는 누군가의 슬픔이 되지 않고 하루라도 더 살려고 끈질기게 노력하는 삶, 즐거운 추억을 돌아보고 다가올 내일을, 일주일 후를, 한 달 후를, 일 년 후를, 십 년 후를 그려보는 삶.

그 삶을 위해서는 과거 기억으로 들어가 고통을 있는 그대로 느껴야 하고, 또한 한 발짝 떨어져서 보아야 했습니다.

기억의 재구성

오랫동안 '그때 내가 어떻게 했어야 했지?'를 곱씹었지만 이제 와서 과거 기억을 바꿀 기회가 주어진다고 해도 저는 시간을 되돌리지 않을 것입니다. 두 아이가 태어난 뒤 저는 그 이전의 시점으로 인생을 돌이키고 싶지 않게 되었습니다. 힘들었던 순간들마저도 그중 하나가 빠져버리면 더이상 지금의 제가 아닐 테고, 그들은 존재하지 않을 것입니다. 저는 지금 여기에서 어떻게 살지를 선택했고, 그렇게 함으로써 원치 않던 과거 경험까지 제 일부로 받아들이기로 선택한 셈입니다.

과거에 벌어진 사건은 변화될 수 없지만 그 의미는 시시각각 재구성됩니다. 내 인생이 불행하다고 느낄 때, 과거는 내 발목을 잡는 걸림돌 같지만, 내 인생이 이만하면 괜찮다고 느낄 때, 과거는 지금의 나를 있게 해준 디딤돌이 됩니다.

과거가 저에게 남긴 유산을 가까이에서도 보고 멀리서도 보려고 합니다. 피할 수 있는 상처였다면 좋았겠지만 유감스럽게도 제게는 선택권이 없었고, 현실에서 벗어나기를 바랐던 만큼 내면 세계를 유영할 추진력을 얻었습니다. 늘 긴장 속에 상황을 통제하려고 애쓰며 살았던 것도 맞고, 그 악착스러움 덕분에 원하는 것을 성취해온 것도 맞습니다. 괴로움에서 벗어나려고 접어든 길에서 스스로를 돌보는 법을 배우고 소중한 인연들을 만났으니 이만하면 많은 행운이 따라주었습니다. 늘 사는 게 힘들다고 툴툴댔지만, 검은색 바탕 위에는 별처럼 빛나는 즐겁고 따뜻한 순간이 분명히 존재했습니다.

간혹 언성을 높여 남편과 티격태격할 때면 아이들은 "그만해. 시끄러워. 엄마도 조용히 하고, 아빠도 조용히 하세요. 작게 말해도 잘 들려요"라고 싸움의 종식을 알립니다. 아이들이 꽥꽥 소리지를 때마다 "소리지르지 않고 작게 말해도 잘 들려"라고 주의를 주었는데,

제가 한 말이 고스란히 저에게 돌아왔습니다.

"그래, 소리쳐서 미안해. 잠시 의견 다툼이 있었어. 걱정하지 않아도 돼." 사과하고 그들의 세계를 안전하게 지켜주고자 다짐합니다. 한편으로는 아이들이 공포에 질리지 않고 또박또박 자신들이 원하는 바를 명확하게 말하는 것을 볼 때 안심했습니다.

'그래, 너희는 나와 다르지.'

바꿀 수 없는 과거 대신에 바꿀 수 있는 현재를 다르게 살아봄으로써 빛바랜 과거도 색을 되찾고 허물어진 벽돌을 쌓아올리는 것만 같았습니다.

어떤 종결을 원하십니까?

집단상담 수업을 듣는 학생들과 함께 종결되지 않은 기억에 대한 작업을 해보았습니다. 떠올리면 부정적 정서를 불러일으키고 미해결된 갈등과 관련된 기억을 제3자의 관점에서 객관적으로 기술해보는 활동이었습니다. 사실 제3자의 관점에서 객관적으로 쓰라고 했는데도 등장인물 중 작중의 화자가 누구인지는 너무나 쉽게 드러났습니다. 아마 학생들이 제 글을 보더라도 제가 감정이입하는 대상이 누구인지 쉽게 눈치챘을 것입니다. 그만큼 우리는 자신의 경험에서 거리를 두기 어렵습니다. '나'라는 존재, '나'라는 자기개념은 그만큼이나 중요합니다.

그러나 여러 사람의 도움으로 종결되지 않은 기억을 다양한 관점에서 천천히 응시함에 따라 놓치고 있던 기억의 조각들을 발견하고, 미처 알지 못했던 의미를 이해할 것이라 기대합니다. 기억의 이쪽저쪽 측면을 들여다본 다음에는 그 기억을 안고도 제 인생을 잘 살아갈 거라고 용기를 내봅니다.

"어떤 종결을 원하시나요?"

끝나지 않은 기억의 끝을 어떻게 마무리하고 싶은지 스스로에게 물어보았습니다.

현재의 나는 과거의 기억 속으로 저벅저벅 걸어 들어간다. 여덟 살의 A양에게 다가가 그녀의 귀를 막아주고 눈을 가려준다. 그녀의 손을 잡고 싸움이 벌어지고 있는 집을 빠져나온다. 그녀의 눈을 바라보며 이것은 네 잘못이 아니며 너는 아무것도 하지 않아도 괜찮다고 말해준다. 그들의 싸움은 지나갈 테고, 네 세계는 안전할 것이라고.

긍정과 부정 사이에 균형을 잡습니다

우울과 불안으로부터 온전함을 위한 워크북

1. 부정적 기억과 거리를 둘 수 있는 심리적 공간 만들기

떠올리면 가슴 아프고 부정적 감정을 불러일으키는 기억을 제3자의 관점에서 묘사해봅니다. 주어로 '나'를 사용하지 않고 기억을 묘사해봅니다. 자신이 저널리스트나 사진작가, 다큐멘터리 영화의 감독이라고 상상하면서 중립적인 3인칭 관점을 유지해봅니다.

2. 의식적으로 부정적 기억에 초점 두기

수용적인 마음으로 종결되지 않은 부정적 기억을 바라봅니다. 기억이 펼쳐지면 그에 반응하기보다 그저 관찰합니다. 마치 부정적 기억이 한 편의 영화처럼 눈앞에 펼쳐지게 둡니다. 그 기억의 감정에 휩쓸리기보다 한 명의 관객이 됩니다. 불쾌한 기억이 스쳐가게 둡니다.

이와 같은 실습을 반복하면서 기억과 관련된 분노, 슬픔 등이 다소 누그러졌는지 기록해봅니다. 부정적 기억을 떠올리는 동안 자신에 대한 자비로운 마음을 유지합니다.

- ✔ 부정적 기억이 너무 강렬하게 감정을 자극할 때면 주의를 잠시 다른 곳으로 전환하고, 마음이 진정되면 다시 스크린에 기억을 띄워봅니다. 거리를 조금 더 가까이, 멀리 조절하면서 어디 즈음에 나를 위치할지 결정합니다. 적당히 떨어진 거리에서 충분히 익숙해질 때까지 스크린에 재생되는 장면을 관찰합니다.
- ✔ 현재의 내가 종결되지 않은 기억의 장면으로 들어간다고 상상해봅니다. 지금의 내가 할 수 있는 최선의 행동을 떠올려봅니다. 그때의 나에게 필요했던 말과 행동을 지금의 내가 과거의 나에게 전달해봅니다.

긍정과 부정 사이에 균형을 잡습니다

EPILOGUE

생생한 현실을 삽니다

영화 〈킹스맨: 시크릿 에이전트〉 편에는 사무엘 잭슨 배우가 연기한 희대의 악당 발렌타인이 등장합니다. 세계 굴지의 IT기업을 운영하는 그는 이산화탄소 배출량을 줄여 지구온난화를 막으려고 분투합니다. 그러나 뜻대로 되지 않자 '지구를 위해 인류를 제거하자'는 삐뚤어진 사명감으로 인간의 폭력성을 자극하는 유심칩을 전 세계에 배포해 인류를 위험에 빠뜨립니다.

영화를 같이 보고 나서 남편은 한마디 감상평을 남겼습니다. "발렌타인, 너 닮았네."

저는 기분이 나쁘기보다는 그가 제 안에 뿌리 깊게 박혀 있는 인간혐오의 실체를 이해하고 있다는 점에서 위안을 받았습니다.

'이 세상 만물 중 가장 잔인하고, 악랄하고, 지구와 다른 생명체에게 가장 많은 해를 끼치는 존재가 바로 인간이며, 지구적 관점에서 봤을 때 인간은 쓰레기 제조 공장에 불과하다.' '귀신 무서워할 거 하나 없다. 살아 있는 인간이 제일 무섭지' 같은 얼토당토않은 저의 인간혐오론을 듣고 있던 남편이 말했습니다.

"네가 인간인데, 인간을 그렇게 싫어하는 건 일종의 자기혐오 같은 거야? 인간을 그렇게 싫어하면서 어떻게 이런 일을 하는지 신기하네."

"혐오하는 만큼 사랑하고 싶다는 거지."

제 뜻대로 일이 굴러가지 않거나 스스로에게 실망스러울 때, 타인에게 화가 날 때, 그 모든 상황에서 저는 인간에 대한 혐오감을 느꼈습니다. 혐오의 기류를 관통하는 주된 생각은 '인간은 왜 이거밖에 안 되는 걸까?'였습니다.

'왜 이거밖에 안 되는 걸까?'라는 생각에는 '~이상이 되어야 한다'는 전제가 깔려 있습니다. 저는 늘 '너는 왜 그거밖에 안 되냐?' '인간 되려면 한참 멀었다' 같은 가혹한 내면의 목소리와 싸워왔습니다. 결코 닿을 수 없는 이상에 빗대어 스스로를 재단하고 다그치는 데 익숙했던 만큼 타인에게도 관대하지 못했습니다.

제가 그렇게 비관적이고 속이 꼬인 사람인 걸 알면서도 어째서 결혼을 결심했냐고 물은 적이 있습니다. 그는 "누구에게나 그런 면이 있잖아. 내가 감당할 만한 수준이라고 판단했으니까"라고 심드렁하게 답했습니다. 저는 그 답변에 안도했습니다. 저의 좋은 점만 보고 있지 않다는 점이, 저보다 나은 제가 되기를 바라지 않는다는 점이 마음에 들었습니다. 그 덕분에 제 마음에 들지 않는 제 모습도 그저 감당하면서 살면 되겠다는 생각이 들었습니다.

지금까지 사는 동안 제가 보지 못한 세상을 볼 수 있도록 이끌어 준 소중한 인연을 많이 만났습니다. 제가 어떤 근거도 없이 자신과 세상을 불신하고 부정할 때 그들은 별다른 이유도 없이 저에게 친절과 애정을 베풀어주었고, 저도 알지 못하는 제 장점을 발견해주었습니다. 그러한 순간들이 모여 '이런 나라도 괜찮네' 하고 저를 사랑할 용기를 갖게 되었습니다.

이 책에는 다양한 심리치료 이론의 개념들과 기법들이 있습니다. 한 가지 이론을 온전히 이해하고 전달하기에도 모자란데 여러 이론을 뒤죽박죽 끼워 넣는 것이 주제를 드러내는 데 방해가 되는 건 아닐까 고민했습니다. 그러나 이 책은 특정 심리치료 이론의 원리를 설명하는 전문서적이 아니며 다양한 이론을 망라해 제가 살면서 도움이 된 내용을 알기 쉽게 전달하는 데 초점을 두었습니다. 또한 여러 심리치료 접근법을 가로질러 그 기저에 깔린 공통적 인간상을 보여주고 싶었습니다. 심리치료의 가르침은 인간에게 신이 되길 요구하지 않는다는 것, 빼어난 능력자나 대단한 인격을 갖춘 성인군자가 되길 요구하지 않으며 그저 평범한 인간으로 살라는 것이 핵심임을 전하고자 했습니다.

프롤로그에서 '적어도 이 책을 쓰는 동안 나도 이렇게 살아보겠다'는 다짐을 밝힌 바 있습니다. 책을 끝까지 읽으신 분들이라면 이 실험의 결과가 궁금할 것입니다. 결론을 말씀드리자면, 책을 집필하는 동안 "정신건강을 향상시키는 방법에 대한 책을 쓰는 중인데 책 쓰느라 내 정신건강이 나빠지고 있어"라고 우스갯소리를 하곤 했습니다. 머릿속에 얼기설기 부유하는 생각들을 정리하고, 자료를 찾고, 글로 풀어내는 과정은 역시나 많은 노력을 요구했고, 할 일이 있으면 일이 끝날 때까지 안절부절못하는 제 성미는 여전했습니다.

그러나 그 고단함과 불안을 끌어안으면서 고통의 이면을 보고자 했습니다. '내가 좋아하는 일을 하는 지금이 얼마나 행복한 순간인가!' 이런 기회가 주어졌음에 감사하고 그 순간을 즐기고자 했습니다. 책을 쓰면서 잊고 지냈던 마음가짐과 소소한 일화들을 되새기는 것도 스트레스를 견디는 데 도움이 되었습니다.

한때 저는 세상에는 힘든 일이 너무 많고 즐거운 순간은 너무 적다고 불평했습니다. 짧은 행복 뒤에 곧 다가올 고난을 걱정하며 행복한 순간마저 즐기지 못했습니다. 그러나 큰 불행을 막아내기 위해 반드시 큰 행복이 필요한 것은 아니라는 생각이 듭니다. 나를 살리고 나를 웃게 하는 것들은 대부분 예상치 못한 큰 행운이나 특별한 성과가 아니라 일상적 접촉의 순간들이었습니다. 좋아하는 사람들과의 만남, 글을 쓰는 동안의 몰입감, 아이들의 재잘거리는 소리, 일과를 마치고 침대에 누웠을 때의 나른함…. 이러한 일상의 작은 행복을 그러모아 시시때때로 덮쳐오는 큰 불행을 막아내는 것이 평범한 인간으로서 우리가 살 수 있는 최선의 삶이 아닐까 싶습니다.

삶은 꼭 행복과 불행의 이분법으로 나뉘는 것도 아니고 대부분의 순간은 양쪽 어느 극단이 아니라 그 중간의 어디 즈음을 흘러가고 있습니다. 그 흐름에 휩쓸려 넋을 놓고 지내기보다 물결의 흐름과 온도, 눈에 들어오는 풍경과 주변의 소리를 더욱 생생하게 느껴보려고 합니다. 내게 주어진 삶이 얼추 밑그림이 그려진 도화지라면 바꿀 수 없는 밑그림에 대고 화를 내기보다 도화지에 색을 입히고 입체감을 더하는 것이 제 몫이 아닐까 합니다.

참고문헌

- 가토 다이조, 최푸름 역, 『착한 아이로 키우지 마라』, 푸른육아, 2012
- 장윤정·황성훈 (2020). 〈긍정정서 반응척도 확장판의 타당화〉, 한국심리학회지: 임상심리 연구와 실제, 6(1), 1-29.
- 조현석·권석만·임영진 (2010). 〈한국판 향유신념 척도의 타당화 연구〉, Korean Journal of Clinical Psychology, 29(2), 349-365.
- 황성훈 (2007). 〈정신병리에서 이분법적 사고의 역할〉, 서울대학교 박사학위논문
- Bruno Bettelheim, 김종주 외 역, 『프로이드와 인간의 영혼』, 하나의학사, 2001
- Hubert Dreyfus, Sean Dorrance Kelly, 김동규 역, 『모든 것은 빛난다』, 사월의책, 2021
- Kristin Neff, Christopher K. Germer, 서광 외 3인 역, 『나를 사랑하기로 했습니다』, 이너북스, 2020
- Marsha M. Linehan, 정미나·박지니 역, 『인생이 지옥처럼 느껴질 때』, 비잉, 2022
- Marsha M. Linehan, 최현정 외 4인 역, 『마샤 리네한 변증법행동치료』, 학지사, 2023
- Martin E. P. Seligman, Tayyab Rashid, 우문식·이미정 역, 『긍정심리치료 치료자 매뉴얼』, 물푸레, 2020
- Martin E. P. Seligman, Tayyab Rashid, 우문식·이미정 역, 『긍정심리치료 내담자 워크북』, 물푸레, 2023
- Paul Gilbert, 조현주·박성현 역, 『자비중심치료』, 학지사, 2010
- Steven C. Hayes, Kirk D. Strosahl, 손정락·이금단 역, 『수용-전념치료 실무지침서』, 학지사, 2015
- Steven C. Hayes, Spencer Smith, 민병배·문현미 역, 『마음에서 빠져나와 삶 속으로 들어가라』, 학지사, 2010

- Aaron T. Beck (1979), *Cognitive therapy of depression*, The Guilford Press
- Alloy, L. B., & Abramson, L. Y. (1988). *Depressive realism: Four theoretical perspectives*. In L. B. Alloy (Ed.), Cognitive processes in depression(pp. 223 – 265). The Guilford Press.
- Barlow, D. H., Ellard, K. K., Sauer-Zavala, S., Bullis, J. R., & Carl, J. R. (2014). *The Origins of Neuroticism*. Perspectives on Psychological Science, 9(5), 481-496.
- Bryant, F. B., & Veroff, J. (2007). *Savoring: A New Model of Positive Experience*. Mahwah, New Jersey: Lawrence Erlbaum Associates, Inc.
- Madore, K. P., Khazenzon, A. M., Backes, C. W., Jiang, J., Uncapher, M. R., Norcia, A. M., & Wagner, A. D. (2020). Memory failure predicted by attention lapsing and media multitasking. Nature, 587(7832), 87-91.
- Neff, K. (2011). *Self-compassion: Stop being yourself up and leave insecurity behind*. London: Hodder & Stoughton Ltd.
- Peterson, C., & Seligman, M. E. (2004). *Character strengths and virtues: A handbook and classification* (Vol. 1). Oxford University Press.
- Stroebe, M., and Schut, H. (1999). *The dual process model of coping with bereavement: rationale and description*. Death Studies, 23, 197-224.
- Schacter, D. L., & Addis, D. R. (2007). The ghosts of past and future. Nature, 445(7123), 27-27.
- Van Der Schuur, W. A., Baumgartner, S. E., Sumter, S. R., & Valkenburg, P. M. (2015). The consequences of media multitasking for youth: A review. Computers in Human Behavior, 53, 204-215.

술꾼의 가족으로 산다는 것, 그 고통과 회복에 대해

우리 엄마 아빠가 알코올 중독자예요

제리 모 지음 | 김만희·정민철·구도연 옮김 | 값 15,000원

우리는 왜 중독 가정 아이들에게 관심을 기울여야 할까? 중독 가정에서 자란 아이는 유전적으로 미래에 중독자가 될 확률이 매우 높기 때문이다. 중독자의 부모나 배우자는 이미 자기 정체성이 확립된 성인이기 때문에 선택의 여지가 있지만, 아이들은 고통을 혼자 감내하면서 자라나는 경우가 많다. 이제는 중독 가정 아이들의 고통을 인식하고, 치유하는 것에 관심을 기울여야 할 때다.

여자의 복잡한 마음을 꿰뚫는 관계 심리학

심리학으로 이해하는 여자의 인간관계와 감정

이시하라 가즈코 지음 | 김하경 옮김 | 값 15,000원

이해하기 힘든 상대방의 감정 때문에 괴로워하기도 하고, 복잡한 대립관계 속에서 갈팡질팡 중심을 잡지 못하는 등 여자의 고민거리는 끝이 없다. 일본의 유명 심리 카운슬러인 이시하라 가즈코는 여성만의 독특한 인간관계 문제와 복잡 미묘한 감정의 특성을 심리학으로 해설한다. 여성의 심리를 대변하는 키워드를 살펴보면서 그동안의 인간관계를 진단하고, 관계개선의 열쇠가 될 조언들을 실행하면서 건강한 관계를 가꾸어보자.

상한 마음으로 힘겨운 당신에게 바칩니다

고통의 쓸모

홍선화 지음 | 값 15,000원

고통의 감정이 극단으로 치우친 적이 있는가? 그 고통으로부터 빠져나와 일상을 회복하기 위해서는 어떤 과정을 거쳐야 할까? 정신건강사회복지사인 저자는 어느 누구든지 슬픔을 알아봐주고 위로해주면 속도가 느리고 걸려 넘어지더라도 결국 변화가 이루어진다고 말한다. 일상적으로 스트레스를 받고 우울증을 겪는 사람들, 분노 감정으로 스스로를 고립시키는 사람들에게 이 책을 추천한다.

성숙한 어른으로 살기 위해 다져야 할 마음의 기본기

감정에 휘둘리는 당신을 위한 심리수업

김세정 지음 | 값 15,000원

이 책의 저자는 상담심리전문가로 평소 많은 내담자들로부터 '나는 왜 이러는 걸까?'라는 질문을 받았다고 한다. 이 책은 그 질문에 대한 답을 담고 있으며, 여러 감정 중에서도 슬픔, 불안, 외로움, 무기력, 죄책감, 수치심, 분노라는 7가지의 부정적 감정을 주로 다룬다. 과거 자신이 부정적인 감정을 느꼈던 상황 속에서 어떤 반응을 했고, 그 안의 내면 메시지는 무엇이었는지를 따라가보자. 숨어 있는 진짜 나를 발견하고 어루만져줄 수 있을 것이다.

심리학을 처음 공부하는 사람이 꼭 알아야 하는 것

내 생애 첫 심리학

박준성 지음 | 값 18,000원

이 책은 심리학의 정의, 분야, 역사와 같은 기초 정보부터 뇌, 발달, 학습, 기억, 성격, 스트레스 등 다양한 주제의 심리학 지식을 한데 모아놓은 심리학 입문서다. 심리학을 통해 교훈을 전달하려는 자기계발서들과는 달리 이 책은 객관적인 정보전달이 목적이므로 심리학을 처음 공부하는 사람들도 쉽게 이해할 수 있도록 친절하게 설명했다. 이 책을 통해 그동안 어렵게만 느껴졌던 심리학의 방대한 지식을 차곡차곡 쌓아보자.

이유 없는 아픔은 없어

삶이 힘들고 지칠 때 심리학을 권합니다

박경은 지음 | 값 15,000원

질투, 서운함, 열등감, 분노 등 마음을 흩뜨리는 많은 부정적인 감정들로 스스로를 상처 내고 있는 사람들이 꼭 읽어야 할 책이다. 오랜 기간 심리상담을 해온 저자는 은밀하면서도 치명적인 삶의 상처에 대한 다양한 사례들을 담고자 했다. 책 속 사례를 통해 내면을 성찰하고 자신의 문제를 객관화할 수 있어야 한다. 이 책을 통해 당신의 아픔을 있는 그대로 들여다볼 수 있을 것이다. 삶이 힘들고 지친 이들에게 이 책을 권한다.

예민하고 민감한 사람들이 행복하게 사는 법

예민해서 힘들다면 심리학을 권합니다

곽소현 지음 | 값 15,000원

이 책은 영화, 드라마, 그림책, 다양한 문학작품 속에 등장하는 인물들을 소개함으로써 우리의 모습을 보게 한다. 우리를 닮은 주인공들의 모습을 들여다보고, 음미하다 보면 우리 자신을 수용하고 이해하는 마음이 생길 것이다. 어쩌다 우중충한 모습도 나의 일부분임을 인정하자. 예민함이 싫어 가면을 쓰고 살았다면 이제는 당신을 제대로 만나볼 시간이다. 이 책은 당신이 가장 당신답게 잘 살 수 있는 방법을 알려준다.

코로나시대, 마음이 위험하다

6주 만에 끝내는 공황장애 치유법

김영화 지음 | 값 15,000원

불안을 느끼며 살아가는 현대인은 남녀노소 불문하고 공황장애에 노출되기 쉽다. 이 책에서는 지나친 스트레스 반응으로 생긴 불안을 호흡으로 스스로 조절하는 방법에 대해 자세히 다루고 있다. 특히 횡격막호흡 훈련은 스트레스에 반응하는 교감신경의 긴장을 억제해 불안 수준을 낮추고 마음의 평안을 찾는 데도 도움이 된다. 미래가 불안한 코로나시대, 공황과 불안증세가 증폭될 수 있는 이때에 이 책이 치유책이 될 수 있을 것이다.

위기의 시대, 건강한 나로 생존하는 법

힘들다면 기대를 내려놓길 권합니다

선안남 지음 | 값 15,000원

나에 대한 기대와 희망이 내 삶을 활기차고 긍정적으로 바꾼다는 세상의 오랜 상식에 반기를 드는 책이다. 다양한 사람들을 만나 그들의 마음을 받아쓰며 살아온 선안남 상담사는 엇갈리는 기대, 버거운 기대가 오히려 삶을 힘들게 한다고 말한다. 즉 기대하는 대로 이루어지리라 맹신하면 오히려 삶이 피폐해지고 힘들어진다는 것이다. 이 책을 통해 힘들고 지칠 때마다 기대를 잘 살펴본다면 해결의 실마리를 얻을 수 있을 것이다.

가족 때문에 힘든 당신을 위한 심리학

가족의 세계

조영은 지음 | 값 15,000원

가족에게 받은 상처를 떠나보내고 싶다면 상처를 마주하는 것이 시작이다. 저자는 상처를 바라보는 것이 불편할 수도 있지만, 이를 알아차리고 마주하는 과정은 자기 사랑을 위해 꼭 필요하다고 말한다. 그 과정이 아프더라도 그것은 진짜 나의 얼굴을 찾아가는 과정인 것이다. 이 책을 통해 가족이 준 상처의 의미를 비로소 발견하고 자기 스스로를 용서하고 사랑하는 과정에 이르게 될 것이다.

MMPI 초보자가 꼭 알아야 할 것들

처음 시작하는 MMPI

황선미 지음 | 값 16,000원

이 책은 가장 자주 사용되는 중요한 심리검사인 MMPI를 최대한 이해하기 쉽게 설명한 최고의 가이드북이다. 숫자와 그래프가 아직은 쉽지 않은 초보 상담자들, 검사는 자주 하지만 정작 해석에 고충을 느끼는 상담자들에게 MMPI를 쉽게 설명하고자 하는 목적으로 집필된 책이다. MMPI 검사의 개념, 타당도 척도와 임상척도, MMPI 프로파일 해석법, MMPI 검사로 본 임상 사례, MMPI 검사 보고서 작성법 등 MMPI의 모든 것을 최대한 이해하기 쉽게 풀어놓아 MMPI에 관심있는 분들이라면 많은 도움이 될 것이다.

언니가 들려주는 달콤쌉쌀한 연애 이야기

심리학, 연애를 부탁해

이계정 지음 | 값 15,000원

나만 어려운 연애, 어떻게 해야 하나? 사랑과 이별에 관한 우리들의 이야기를 담은 책이다. 연애할 때 고민이 되는 다양한 주제들, 즉 연애와 사랑과 이별을 한 편의 소설처럼 엮었다. 사랑의 과정이 늘 행복할 수는 없음을, 행복을 가장 익숙함에 머무르지 말 것을 당부하며, 결국 연인과 헤어진다 하더라도 좋은 기억이면 그것은 사랑이라고 한다. 이 세상 모든 사람들이 더 이상 사랑 앞에서 주저하지 않기를! 여전히 기대와 실망을 거듭하지만, 그럼에도 '결국 사랑!'이다.

내면의 힘을 탄탄하게 만드는 감정 공부

감정 때문에 마음이 시끄러운 나에게

김연희 지음 | 값 15,000원

감정이란 무엇이고, 어떻게 생겨나며, 감정을 효과적으로 잘 처리하는 방법은 무엇인지 뇌과학·진화심리학·정신건강의학·정신분석학적 지식을 바탕으로 소개하는 책이다. 감정에 대한 이해를 위해 일상에서 겪을 수 있는 친근한 상담 사례와 사회적 이슈 및 미디어 속 이야기를 예시로 들어 알기 쉽게 설명했다. 시끄러운 감정들 속에서 도망치며 열등감을 키울 것인가, 아니면 감정에 휘둘리지 않고 자존감을 회복해나갈 것인가? 내 안의 부정적인 감정을 다시 보는 기회를 이 책을 통해 가져보자.

핵심 개념어 160개로 살펴보는 심리학의 모든 것

한번 읽으면 절대로 잊지 않는 심리학 공부

강현식 지음 | 값 18,000원

'누다심(누구나 다가갈 수 있는 심리학)'이라는 필명으로 심리학 블로그를 운영하고 있는 저자는 사람들에게 제대로 된 심리학을 쉽고 재미있게 알리겠다는 의지를 이 책 한 권에 담았다. 160개의 심리학 핵심 개념어를 간결하면서도 통찰력 있게 풀이했기 때문에 이 책을 통해 심리학에 대한 객관적이고 다양한 정보를 얻을 수 있을 것이다. 심리학에 관심이 많은 일반인들이나, 심리학을 전공하고자 하는 이들에게 일독을 권한다.

먹는 것 때문에 힘든 사람들을 위한 8가지 제안

음식이 아니라 마음이 문제였습니다

캐롤린 코스틴·그웬 그랩 지음 | 값 16,000원

캐롤린 코스틴은 실제로 거식증을 앓아 '살기 위해' 심리학을 공부했으며, 이를 자신에게 직접 적용해 완치한 후 미국 최고의 섭식장애 전문가가 되었다. 이 책은 먹는 것으로부터의 회복과 자유를 갈구하는 사람들에게 진정 필요한 것이 무언인지 명쾌하게 알려준다. 먹는 것 때문에 고통을 겪는 사람들은 물론이고, 주변의 가족들과 친구들도 이 책을 읽으며 한결 마음의 안정을 얻을 수 있을 것이다.

관계, 사랑, 운명을 바꾸는 감사의 힘

그저 감사했을 뿐인데

김경미 지음 | 값 15,000원

저자는 긍정심리학을 오래 연구한 학자로서 일상을 통한 감사함의 실천이 행복에 이르는 길이라는 이야기를 이 책에 담았다. 감사의 눈으로 자신과 세상을 바라보면 '가짜 행복'이 아닌 '진짜 행복'을 찾을 수 있으며, 행복은 멀리 있는 것이 아니라 우리 주변에 있다는 평범하지만 위대한 삶의 진리도 깨닫게 된다. 이 책을 통해 너무나도 잘 알고 있었던 '감사'의 효과를 실생활에서 누려보자.

■ 독자 여러분의 소중한 원고를 기다립니다

초록은 독자 여러분의 소중한 원고를 기다리고 있습니다. 집필을 끝냈거나 집필중인 원고가 있으신 분은 khg0109@hanmail.net으로 원고의 간단한 기획의도와 개요, 연락처 등과 함께 보내주시면 최대한 빨리 검토한 후에 연락드리겠습니다. 머뭇거리지 마시고 언제라도 초록의 문을 두드리시면 반갑게 맞이하겠습니다.

■ 메이트북스 SNS는 보물창고입니다

메이트북스 홈페이지 www.matebooks.co.kr

책에 대한 칼럼 및 신간정보, 베스트셀러 및 스테디셀러 정보뿐만 아니라 저자의 인터뷰 및 책 소개 동영상을 보실 수 있습니다.

메이트북스 유튜브 bit.ly/2qXrcUb

활발하게 업로드되는 저자의 인터뷰, 책 소개 동영상을 통해 책에서는 접할 수 없었던 입체적인 정보들을 경험하실 수 있습니다.

초록북스 블로그 blog.naver.com/soulmatebooks

화제의 책, 화제의 동영상 등 독자 여러분을 위해 다양한 콘텐츠를 매일 올리고 있습니다.

메이트북스 네이버 포스트 post.naver.com/1n1media

도서 내용을 재구성해 만든 블로그형, 카드뉴스형 포스트를 통해 유익하고 통찰력 있는 정보들을 경험하실 수 있습니다.

STEP 1. 네이버 검색창 옆의 카메라 모양 아이콘을 누르세요. STEP 2. 스마트렌즈를 통해 각 QR코드를 스캔하시면 됩니다. STEP 3. 팝업창을 누르시면 메이트북스의 SNS가 나옵니다.